hänssler

OSWALD CHAMBERS

Woher kommt mir Hilfe?

Seine Stärke
für meine Schwachheit

Die Deutsche Bibliothek – CIP-Einheitsaufnahme

Chambers, Oswald:
Woher kommt mir Hilfe? : Seine Stärke für meine Schwachheit / Oswald Chambers. [Übersetzt von Sieglinde Denzel und Susanne Naumann]. – Neuhausen-Stuttgart : Hänssler, 1992
(TELOS-Bücher ; Nr.1344 : Telos-Paperback)
ISBN 3-7751-1732-6
NE: GT

TELOS-Paperback Nr. 1344
Bestell-Nr. 71.344

Published by Discovery House Publishers, Grand Rapids, Michigan
Originaltitel: The Place of Help. God's Provision for our Daily Needs
Übersetzt von Siglinde Denzel und Susanne Naumann

Titelbild: CEFA, Düsseldorf
Umschlaggestaltung: Daniel Dolmetsch
Satz: Absatz Ewert-Mohr, Klein Nordende
Printed in Germany

Inhalt

Vorwort

Die Ehre, dieses Vorwort schreiben zu dürfen, verdankt der Verfasser der Tatsache, daß er einer der wenigen war, der bei allen oder doch fast allen der in diesem Buch aufgenommenen Predigten anwesend war und so die besondere Ausstrahlung, die von diesen Ansprachen ausging, ganz unmittelbar und lebendig miterleben durfte.

Was die Auswahl der Predigten anbelangt, so wurden sie nur grob in eine chronologische Reihenfolge gebracht: Die undatierten Texte geben Predigten wieder, die in England gehalten wurden, entweder bei Sonntagsgottesdiensten in mehreren verschiedenen Dörfern oder Städten (im Zeitraum von 1908-15), oder im Bible Training College in Clapham Common (in der Zeit von 1911-15). Die datierten Ansprachen fallen in die Zeit, in der Oswald Chambers als Pfarrer des C.V.J.M. in Zeitoun, Ägypten, tätig war – einem christlichen Zentrum, in das Männer aus nahezu allen im Nahen Osten stationierten Heereseinheiten kamen (1915-17).

Die Predigten mit dem Titel »Geistliche Nachfolge« und »Sakramentale Nachfolge« wurden an dem Sonntag gehalten, bevor Oswald Chambers im Oktober 1915 nach Ägypten abreiste.

Die verschiedenen Ansprachen am B.T.C. wurden im Rahmen von Bibelarbeiten gehalten. Ihnen fehlen im vorliegenden Kontext natürlich die aktuellen Bezüge, die sie so lebendig machten, doch manchmal kann aus dem Inhalt auf die Bibelpassagen geschlossen werden, die Gegenstand der jeweiligen Diskussionen waren.

Die Predigten in Zeitoun in diesen Jahren der Angst und Sorge verkörperten gewissermaßen das Sakrament der Predigt selbst; daran zweifelte niemand, der mit dem feinen Sinn des geistlichen Gehörs das Wunder der Stille wahrnahm, die eine Versammlung von Menschen in den seltenen Augenblicken befällt, in denen es dem Prediger gelingt, sein Gegenüber wirklich anzusprechen, in denen Geist sich an Geist wendet und wahre Gemeinschaft stattfindet. Der Augenblick geht vorüber, doch die »innere und geistliche Gnade« bleiben – als sakramentaler Besitz für die Ewigkeit.

Alle, die Oswald Chambers kannten, wissen, daß er wahrhaft lebte, was er lehrte. All jenen, die seine Predigten jetzt zum ersten Mal lesen, wird sich ihre Bedeutung auf den verborgenen und ganz persönlichen Wegen Gottes erschließen. Der Verfasser dieses Vorwortes ist indessen fest davon überzeugt, daß der Geist Gottes die Aussagen dieser Texte in vielen Ländern und für viele Menschen als ein Korrektiv der Oberflächlichkeit und religiösen Seichtheit gebrauchen wird, die viele christliche Gemeinden überall auf der Welt wie eine Krankheit befallen hat.

Oswald Chambers gelingt es immer wieder in heilsamer Weise, die Menschen zurückzuführen auf die grundlegenden Dinge des menschlichen Lebens in seiner Dreigeteiltheit in Geist, Seele und Körper. Er trägt das Bewußtsein der göttlichen Erlösung hinein in unseren Alltag und zeigt uns das Kreuz auf Golgatha als Zentrum der Offenbarung Gottes in der Person unseres Herrn und Heilandes Jesus Christus.

»Ihm sei Ehre und Gewalt von Ewigkeit zu Ewigkeit! Amen.«

Ein Absolvent des B.T.C.
28. September 1935

Der Ort der Hilfe

»Ich hebe meine Augen auf zu den Bergen. –
Woher kommt mir Hilfe?
Meine Hilfe kommt vom Herrn, der Himmel und Erde
gemacht hat.«
(Ps 121,1-2)

Unsere Übersetzung faßt das, worum es hier geht, in die Form einer Frage: »Ich hebe meine Augen auf zu den Bergen. – Woher kommt mir Hilfe?« Das erinnert an die Worte des Propheten Jeremia: »Wahrlich, es ist ja nichts als Betrug mit den Hügeln und mit dem Lärm auf den Bergen. Wahrlich, es hat Israel keine andere Hilfe als am Herrn, unserm Gott.« Diese Aussage möchte ich in geistlicher Weise deuten.

Große Erwartungen

Berge stacheln immer wieder große Hoffnungen im Menschen an. Sie wecken und stimulieren all seine Kräfte, doch am Ende bleibt der ehrgeizige Kletterer oft erschöpft und ausgelaugt am Wegrand liegen. Ebenso weckt auch der Gedanke an bedeutende Persönlichkeiten und große Heilige manchmal kühne Hoffnungen und hochfliegende Pläne in uns, um uns dann ebenfalls erschöpft und mit einem Gefühl der Hoffnungslosigkeit zurückzulassen. All diese Erfahrungen lehren uns also letztlich nur, daß die Menschen, deren Vorbild wir so leidenschaftlich nachstreben, offenbar aus anderem Holz geschnitzt sind als wir: Uns bleibt nichts, als sie von ferne zu bewundern. Longfellow schrieb, daß das Leben großer Männer uns stets daran erinnere, daß auch wir Großes in unserem Leben vollbringen können, doch ich frage mich, ob das wirklich stimmt. Weitaus häufiger macht uns das Leben großer Männer doch wohl nur unsere eigene Unbedeutendheit bewußt und lähmt unser Bemühen, anders und besser zu werden.

Kehren wir zu unserem Psalm zurück. Angesichts der Szenerie, die hier beschworen wird, wird uns bewußt, welch hohe Sehnsüchte die erhabene Schönheit der Bergwelt weckt. Die endlose Weite über den Gipfeln, die schneebedeckten Höhen und zerklüfteten Hänge, die allmählich in das sanfte Grün, die leuchtende Schönheit der darunterliegenden Täler übergehen, sind ein Sinnbild für alles, was hoch, erhaben und edel ist. Und solange wir jung sind, lieben wir diesen Anblick denn auch: Das Blut pulst rascher durch unsere Adern, die Luft ist reiner und kräftiger, und der weite Ausblick rückt Dinge in den Bereich des Möglichen, die uns unmöglich scheinen, wenn wir unten im Tal sind. Wenn wir aber älter werden und die Grenzen erkennen, die uns gesetzt sind – nicht nur die Grenzen des Körperlichen, auch die des inneren Lebens –, macht uns die Erinnerung an die Berge und die Augenblicke des Glücks, die wir auf ihren Gipfeln erleben durften, meist nur noch wehmütig. Wir spüren eine Traurigkeit, die sich vielleicht am deutlichsten in dem Ausruf Bahn bricht: »Was hätte nicht alles sein können, wenn ich der Wahrheit immer treu geblieben wäre, wenn ich nie gesündigt, wenn ich nie Fehler gemacht hätte!«

Schon die simplen Überlegungen, die wir hier angestellt haben, führen uns mitten in das Herz des Liedes, das der Psalmist auf seiner Wallfahrt betet – »Ich hebe meine Augen auf zu den Bergen. – Woher kommt mir Hilfe?« Die Antwort lautet: »Meine Hilfe kommt von dem Herrn, der Himmel und Erde gemacht hat.« Und damit stehen wir vor dem innersten Kern jeder geistlichen Wahrheit. Nicht auf die großen Dinge, die Gott getan, nicht auf die edlen Heiligen und berühmten Männer, die er geschaffen hat, sondern auf Gott selbst sollen wir sehen.

Die Beschäftigung mit der eigenen Biographie ist einerseits immer anregend, birgt jedoch andererseits häufig die Gefahr, daß man sich dabei in Gefühlen und nutzlosem Grübeln verliert, statt

Einsichten zu gewinnen und die eigenen Kräfte von nun an gezielter einzusetzen. Wenn wir uns aber klar machen, wovon der Psalmist hier spricht und was auch das ganze Neue Testament so eindringlich betont – »Meine Hilfe kommt von dem Herrn« –, dann begreifen wir eine Aussage wie die des Apostels Paulus, der selbst die höchsten Gipfel erreicht hat: »Erinnert euch »an meine Wege in Christus«.« Damit meint er nicht etwa, daß wir versuchen sollen, den uns berghoch überlegenen Menschen in allen Dingen gleich zu werden, – er fordert uns vielmehr auf, in die Fußstapfen des Glaubens dieser Menschen zu treten, des Glaubens an eine Person.

Große Errungenschaften

Das Thema, von dem wir hier sprechen, ist von so großer Wichtigkeit, daß wir es vielleicht noch von einer anderen Seite betrachten sollten. Wir leben heute in einem Zeitalter, in dem Erziehung und Ausbildung über alles gestellt werden. In jedem zivilisierten Land wird uns gepredigt, daß wir die Menschen, wenn wir sie besser ausbilden und ihnen ein besseres Umfeld schaffen, damit gleichzeitig auch besser machen. Auf diese Weise werden abermals große Erwartungen in uns geweckt, doch auch sie können in der Realität nicht bestehen. Bevor die Ausbildung in einem Menschen Früchte tragen kann, muß zunächst sein Inneres bestellt werden. Einem Nichtwiedergeborenen eine gute Ausbildung zukommen zu lassen, bedeutet lediglich, der Degeneration der Zivilisation immer mehr in die Hand zu arbeiten. Ich möchte hier keineswegs die großartigen Errungenschaften des Fortschritts und der Zivilisation schmälern, doch wir müssen einsehen, daß ihnen in all ihrer Hoheit und Macht doch nur der zweite Platz zukommt. Ihnen gebührt die zweite Stelle im menschlichen Leben, nicht die erste. Der Mensch, den Gott geschaffen hat, ist das Erste, und der Gott, der ihn schuf, ist seine einzige Hilfe. Das ist eine Grundwahrheit, auf die Gott in der ganzen Heiligen Schrift immer wieder hinweist. So erkennt der mit aller Weisheit des Orients vertraute, der höchste und fähigste Prophet und Staatsmann Ägyptens, Mose, mit klarem Blick die Knechtschaft und geistige Verkommenheit, in der seine Brüder im Exil dahinvegetieren, und weiß ganz genau, daß nur er allein sie aus diesem Zustand retten kann. Und doch schickt Gott ihn für vierzig Jahre zum Schafehüten in die Wüste. Dort schleift Er zunächst seine Vermessenheit und im Laufe der Zeit dann auch alle kleinen Eitelkeiten von ihm ab. Und am Ende dieser vierzig Jahre, als Gott erneut zu Mose spricht und ihm gebietet: »So geh nun hin, ich will dich zum Pharao senden, damit du mein Volk, die Israeliten, aus Ägypten führst«, fragt der Prophet in Demut: »Wer bin ich?«. Diese Geschichte lehrt uns, daß die Fähigkeit eines Menschen, seinen Mitmenschen zu helfen, einzig und allein auf der Hilfe Gottes beruht und nichts mit seinem Wollen, seinen Fertigkeiten oder dem, was er erreicht hat, zu tun hat.

Dasselbe lesen wir im 15. Kapitel des Johannesevangeliums, in dem unser Herr Seine Jünger das neue »Ich bin« lehrt – das Vertrauen, das sich auf den Herrn allein gründet. »Ich bin der Weinstock ….« Wenn die Person des Jüngers, sein ganzes Tun und Lassen, nicht ausschließlich auf Gott gegründet ist, schaut er umsonst nach den Bergen auf um Hilfe. Denn diejenigen, die durch eigene Anstrengungen, durch Gebet, Heiligung und Gehorsam und mit festem Blick auf die Lebensläufe der Großen, die unerschütterlich vor ihnen stehen wie Berge, versuchen, diesen Großen gleich zu werden, werden immer nur aufs Neue schmerzliche Niederlagen hinnehmen müssen. Ihre Lippen erblassen in dem furchtbaren Kampf und sie taumeln auf dem Weg. Diejenigen aber, die überhaupt erst so große Hoffnungen in ihnen geweckt haben, stürzen ihre Seele nur umso tiefer in die traurige Klage über das, »was hätte sein können« und nun doch niemals sein wird. Ihnen, den Entmutigten und Enttäuschten, soll die Botschaft von Psalm 121 neue Hoffnung zusprechen: »Meine Hilfe kommt von dem Herrn, der Himmel und Erde gemacht hat.« Ein wahrhaft starker, heiliger Mensch ist nicht das Produkt menschlicher Erziehung oder Bildung und auch nicht eigenen Bemühens, er ist das Werk Gottes.

Große Bewunderung

Und noch von einem dritten Aspekt her wollen wir unser Thema angehen. Es gibt heute Menschen, die unsern Herrn in Seiner Eigenschaft als Lehrer über alles setzen, die zwar an die hohen Ideale der Bergpredigt glauben, nicht aber an das Kreuz. Alles, was not tue, so sagen sie, sei, der Menschheit die reinen, edlen Ideale der Bergpredigt vor Augen zu halten, damit sie ihnen nachstreben – der Opfertod Christi sei überflüssig. Auf junge Menschen und junge Gemüter und auch auf junge Nationen übt eine solche Lehre in der Tat große Faszination aus. Doch früher oder später müssen wir einsehen, daß Jesus Christus, wenn wir in Ihm nur den Lehrer sehen, die Last, die die Menschen tragen, nur noch schwerer macht, denn Er stellt ihnen ein Ideal vor Augen, das unerreichbar für sie ist. Er quält uns mit Forderungen, die die menschliche Natur allein, von sich aus, niemals erfüllen kann. Denn weder durch Gebet noch durch Selbstaufopferung, weder durch Frömmigkeit noch durch leidenschaftliches Streben kann ein Mensch die Reinheit des Herzens erreichen, die nach Christi Worten unerläßlich ist, wenn wir Gott sehen wollen.

Doch unser Herr tritt in den Berichten des Neuen Testaments nicht nur als Lehrer auf – Er ist der Retter. Das, was er uns lehrt, ist nur eine Beschreibung des Lebens, das wir führen, wenn wir uns durch Sein Kreuz und durch das Kommen Seines Geistes haben erneuern lassen. Wir sind aufgefordert, uns das Leben Jesu zu eigen zu machen, aber nicht durch Nachahmung oder eigene Anstrengung, sondern durch den Tod, den Christus gestorben ist. In die Nachfolge Christi treten wir nicht durch die Bewunderung der Heiligen und auch nicht durch das Streben nach Heiligung, sondern durch den Erwerb der Heiligkeit. Diese Heiligkeit aber können wir uns nicht durch irgendein Ritual der Nachahmung selbst verschaffen – sie wird uns von Gott geschenkt.

Ich möchte diesen Gedanken all jenen als eine heilsame Lehre und Ermutigung ans Herz legen, die auf dem Weg mutlos geworden sind, die die Ideale ihrer Jugend verloren haben, für die das Leben keinerlei Verheißungen mehr birgt. Dreißig Jahre oder länger bildete ihr Leben vielleicht eine endlose Kette von Möglichkeiten. Der einladende Anblick der hohen Gipfel hat ihren Geist immer weiter vorangelockt. Nun aber drückt sie die Last und quält sie die Glut des Tages. Die Berggipfel verschwimmen in der täuschenden, flimmernden Hitze, der Weg ist staubig und lang, die Füße sind müde, die Kräfte erschöpft. In diese Situation möchte ich die Botschaft unseres Psalms hineintragen wie einen labenden Trunk aus der frischen, funkelnden Quelle des Lebens: »Meine Hilfe kommt von dem Herrn, der Himmel und Erde gemacht hat.« Er wird euch aufheben und neu machen, Er wird eure Seele verjüngen und euch die Jahre wiederschenken, die das Leben euch genommen hat, und Er wird euch höher stellen als den höchsten Berggipfel, geborgen in den Armen des Herrn, sicher vor allen Gefahren, und euch einen unzerstörbaren Frieden geben, den die Welt euch niemals mehr nehmen kann.

Dieser Psalm ist eines der fünfzehn Gebete, das die Menschen auf ihrer mühsamen Pilgerschaft hin zu Gottes Fest sangen. Er wird daher zu Recht zu den »Wallfahrtsliedern« gerechnet. Der Psalmist fährt fort: »Daß dich des Tages die Sonne nicht steche noch der Mond des Nachts. Der Herr behüte dich vor allem Übel«, damit du deinen Weg fortsetzen kannst, ohne zu ermatten. »Der Herr behüte deinen Ausgang und Eingang von nun an bis in Ewigkeit.«

Auf wen schauen wir? Auf irgendeinen großen, uns berghoch überlegenen Menschen, womöglich gar auf den Herrn Jesus Christus selbst als unerreichbares Vorbild? Dieser Weg kann uns nicht voranbringen, auf ihm kommt uns keine Hilfe entgegen. Wir müssen auf den Herrn allein sehen, und mit der alten, demütigen Bitte zu ihm kommen:

Christe, du Lamm Gottes,
der du trägst die Sünd der Welt,
erbarm dich unser.
Christe, du Lamm Gottes,
der du trägst die Sünd der Welt,
gibt uns deinen Frieden.

Jeder, ganz gleich, was er erlebt, der von dieser Grundeinstellung abweicht, ist in Gefahr, »aus der Gnade zu fallen«. Dagegen welche Geborgenheit, welche unvergleichliche Ruhe liegt darin, daß der Gott, der die Berge gemacht hat, uns zu Hilfe kommt! Flüchten wir uns unter den »Schatten des Allmächtigen«, an den »verborgenen Ort des Allerhöchsten«, denn dort wird uns kein Übel treffen. Jesus hat gesagt: »Wer zu mir kommt, den will ich nicht hinausstoßen.«

Der Weg

Der verborgene Weg

Für die Propheten und Sänger der Bibel ist das Leben eine Wildnis ohne Weg und Steg. Von allen Seiten dringen Stimmen an unser Ohr, die uns zuflüstern: »Komm her, dies ist der Weg!« Wohin wir auch sehen, überall werden uns Ideale angepriesen, mit Schildern versehen, die uns angeblich die rechte Richtung weisen. Angesichts dieser Vielfalt an vermeintlichen Wegweisern wäre es interessant, einmal der Traurigkeit nachzugehen, die die Gemüter derer befällt, die den einzigen, wahren und lebendigen Weg niemals gekannt haben und in deren Weltanschauung die Ziel- und Ausweglosigkeit des Lebens zum alles beherrschenden Moment geworden ist. Nehmen wir z. B. Thomas Carlyle. Sein überragender literarischer Genius und sein instinktives Suchen nach Gott ließen ihn immer wieder aufbegehren gegen einen Gott, der seiner Ansicht nach stumm blieb, trieben ihn wieder und wieder zu der verzweifelten Frage, warum Gott dem Lug und Trug der Welt nicht endlich mit seiner ganzen Allmacht Einhalt gebiete. Es kann nicht weiter überraschen, daß das Gemüt Carlyles sich schließlich in einem düsteren Stoizismus verfinsterte, hat er doch nie erkannt, daß Gott sich sehr wohl in dieser Welt manifestiert hat: Am Kreuz unseres Herrn Jesus Christus wies Er den Weg aus allen Rätseln des Lebens. Oder nehmen wir jene unter unseren Dichtern, die ebenfalls nie den Weg gefunden haben – ihre »süßesten Lieder sind die, die von tiefster Trauer erzählen«. Im Grunde ist es die tiefe Unsicherheit, die rätselhafte Verborgenheit des Weges, die für sie alle zum tragenden Gedanken ihres schöpferischen Werkes wurde. Und schließlich brauchen wir nur uns selbst anzusehen, wenn wir aus irgendeinem Grund plötzlich aus unserem gewohnten Gleichgewicht aufgeschreckt werden und uns mit einem Mal in aller Deutlichkeit bewußt wird, wie sehr der menschliche Geist doch dem Labyrinth des Lebens gleicht: Unser Herz, unser Verstand und unser Geist werden uns solange in die Irre führen, bis wir den Herrn Jesus Christus gefunden haben.

Der Wanderer

Doch es gibt viele Anlässe im Leben eines Menschen, in denen ihn unversehens ein Hauch der »Unsterblichkeit« streift, in denen sich plötzlich die Spreu vom Weizen trennt und ihm sein wahres Wesen, seine wahren Motive deutlich werden. In diesem Augenblick wird er mit unbestechlicher Sicherheit wissen, ob er auf dem richtigen oder auf dem falschen Weg ist, ob er den Sieg erringen wird oder der endgültigen Vernichtung entgegengeht. Ein solcher Augenblick der Erleuchtung kann ausgelöst werden durch die Erkenntnis der Sünde oder durch die Befreiung aus der schrecklichen Isolation des eigenen Wesens, das dem Menschen Angst macht. Oder aber er geht einher mit der unvermuteten Gewißheit, daß man irgendwo dem Einen begegnen wird, der einem den richtigen Weg weisen, der alle Fragen beantworten und auch noch den letzten quälenden Abgrund des menschlichen Herzens zur Ruhe bringen wird und der den Schlüssel zu allen verborgenen Schätzen des Lebens in der Hand hält. Viele Tore führen in die Heilige Stadt, und es sind der Wege viele, auf denen Gott in die Seele des Menschen einkehrt.

All denen, deren Seele durch ein solches Erlebnis oder durch das Bewußtwerden ihrer Sünden geweckt worden ist und deren Leben dadurch eine tiefgreifende Wandlung erfahren hat, gilt das Wort unseres Herrn Jesus Christus als ein Wort aus der Ewigkeit: »Ich bin der Weg.« Wenn ein Mensch sich rückhaltlos dem Herrn anvertraut, wird er feststellen, daß Christus die suchende Seele auf grüne Weiden und an stille Wasser führt, und er wird sich auch im dunklen Tal, in der Finsternis einer schweren Zeit, nicht mehr fürchten. In diesem Augenblick kann ihn nichts, weder im Leben noch im Tod, weder in Zeit noch Ewigkeit, von der Gewißheit des Weges abbringen.

Der gefundene Weg

Doch wer sein kindliches Herz verloren hat, hat auch den Weg verloren. Gerade weil der Weg so einfach ist, müssen wir demütig werden, um nicht von ihm abzukommen. Gott hat diese Dinge vor den Weisen und Klugen verborgen und sie den Kindern offenbart. Wenn ein Mensch von Jesus Christus gefunden worden ist und sich und sein Leben bedingungslos diesem Herrn übergeben hat, wird ihm die Tatsache, daß er nun den Weg weiß, nicht so sehr zu einem bewußten Besitz als vielmehr zu einem unbewußten Erbe. Absolute Gewißheit macht die Menschen oft hochmütig, Hochmut aber verträgt sich nicht mit Heiligung. Das Leben eines Heiligen, der wirklich den Weg gefunden hat, gleicht dem Leben eines Kindes: Er lebt ganz von selbst nach dem Willen Gottes.

Eine der augenfälligsten Eigenschaften derer, die auf dem Weg sind, ist ihre Ähnlichkeit mit Jesus – Sein Friede durchstrahlt gleichsam ihr ganzes Wesen. Auf ihren Gesichtern leuchtet das Licht des Morgens, in ihren Herzen ist die Freude des ewigen Lebens. Wohin sie auch kommen, werden die Menschen froh und heil, oder sie erkennen auf einmal, was ihnen fehlt.

Jesus Christus selbst ist der Weg hin zur Erfüllung der höchsten Ideale und tiefsten Sehnsüchte des menschlichen Lebens. Er wartet geduldig, bis wir uns endlich, all des vergeblichen Anrennens gegen die unüberwindlichen Grenzen unseres Universums müde, demütig und geschlagen in seine Arme werfen und verwundert erkennen, daß all unsere Kämpfe und Ängste, all unser Wollen und Streben eigentlich gar nicht nötig gewesen wären, wenn wir gleich in aller Einfalt zu Ihm gekommen wären. »Manchem scheint ein Weg recht; aber zuletzt bringt er ihn zum Tode.« Gebe Gott um unserer selbst willen, um derer willen, die uns nahestehen und die wir lieben, um der ganzen Welt willen und um Jesu Christi willen, daß wir seinen neuen, lebendigen Weg beschreiten, denn »wer auf dem Weg geht«, wird »nicht irregehen …, sondern die Erlösten werden darauf gehen … mit Jubel, und ewig Freude wird über ihrem Herzen sein.«

Die zwei Seiten der Gemeinschaft mit Gott

»Was ich euch sage in der Finsternis,
das redet im Licht; und was euch gesagt wird in das Ohr,
das predigt auf den Dächern.«
(Mt 10, 27)

»Was ich euch sage in der Finsternis ...«

Wohlverstanden, die Finsternis, von der unser Herr hier spricht, ist nicht die Finsternis der Sünde oder des Ungehorsams. Es ist vielmehr eine Finsternis, die vom Übermaß des Lichts herrührt. Im Leben eines jeden, der Jesus nachfolgt, gibt es Zeiten, in denen der Weg alles andere als klar und deutlich vor ihm liegt, Zeiten, in denen er nicht die leiseste Ahnung hat, was er tun oder sagen soll. Diese Zeiten der Finsternis werden uns als Prüfung auferlegt, damit wir in der Erkenntnis Gottes wachsen und fest werden. Es sollen Zeiten des Stillwerdens und Zuhörens, nicht Zeiten des Redens sein. Denn auch in dieser besonderen Finsternis, von der in der Bibel an verschiedenen Stellen die Rede ist (vgl. Jes 5, 30; 50, 10; 1.Petr 1, 6-7), haben wir Gemeinschaft mit Gott, auch in der Finsternis ist der Herr bei uns: »Was immer ich euch sage in der Finsternis ....« Er ist da, und Er weiß, wie uns zumute ist. Das Geheimnis, das in einer solchen Zeit liegt, darf nicht verlorengehen, denn »Geheimnis« bedeutet, sich im Gehorsam von einem anderen leiten lassen, der mehr weiß als wir. Ganz deutlich wird die Finsternis, die hier gemeint ist, die Finsternis, in der wir nichts sehen können, weil das Licht allzu hell strahlt, bei der Verklärung Jesu: Die Jünger fielen »auf ihr Angesicht und erschraken sehr ... als sie aber ihre Augen aufhoben, sahen sie niemand als Jesus allein.«

In einer solchen Zeit der Gemeinschaft mit Gott soll ein

Christ nicht trauern oder sich nach dem Licht verzehren. Er soll auch keine gewaltsamen Anstrengungen unternehmen, wieder zum Licht zurückzufinden, oder gar selbst versuchen, ein Licht anzuzünden. Gerade jetzt, in dieser Situation, lauern viele Gefahren, die in die Verblendung führen. Wer zu sich sagt: »Jetzt muß aber etwas geschehen, jetzt muß Gott sich einfach offenbaren«, verliert den Blick dafür, was Gott in dieser Finsternis eigentlich von ihm will: Er soll zuhören und sich gerade nicht in hektischer Aktivität verzetteln. »Durch Stillesein und Hoffen würdet ihr stark sein.«

Ein Christ muß sich hüten, in solcher Finsternis zu reden. Er soll vielmehr lauschen – aber nicht etwa der Stimme mitfühlender Glaubensbrüder oder gar der Stimme des Selbstmitleids, sondern einzig und allein auf die Stimme des Herrn: »Was ich euch sage in der Finsternis, das redet im Licht; und was euch gesagt wird in das Ohr, das predigt auf den Dächern.« Nicht das, was ein Mensch im öffentlichen Gebet sagt, was er von Kanzel oder Rednertribüne herab verkündet, was er in Büchern oder Briefen niederschreibt, sondern das, was in seinem Herzen ist und was Gott allein kennt, entscheidet darüber, was Gott ihm offenbart. Es hängt vom Wesen des einzelnen ab, wie Gott ihm entgegentritt (vgl. Ps 18,25-27). »Gegen die Heiligen bist du heilig, und gegen die Treuen bist du treu« (V. 25). »Darum sprich zu ihnen: So wahr ich lebe, spricht der Herr: ich will mit euch tun, wie ihr vor meinen Ohren gesagt habt« (4.Mos 14,28).

Doch die Gemeinschaft mit Gott, die wir in der Finsternis haben, hat noch einen anderen Aspekt: »Was ich euch sage in der Finsternis, das redet im Licht.« Was aber reden wir im Licht? Viele Christen verbreiten sich in eleganten, schön formulierten Sätzen über die unfaßbaren Wahrheiten, die sie glauben, doch meistens handelt es sich dabei eben nicht um Dinge, die der Herr ihnen in der Finsternis offenbart hat. Deshalb wird die Vorsehung Gottes denjenigen, der Seine herrlichen Wahrheiten verkündet, in Bedrängnis und Finsternis führen, damit er sie sich tatsächlich zu eigen machen kann. Denn Jesus sagt uns ganz eindeutig, was wir im Licht reden sollen: »Was ich euch sage in der Finsternis.«

Dieser Prüfung in der Finsternis müssen sich alle Knechte und Mägde des Herrn unterziehen, damit sie daran lernen, genau auf das Wort ihres Meisters zu hören. Unser Herr hat keine Günstlinge, denen er besondere Erleuchtungen zuteil werden läßt. Er arbeitet stets in zwiefacher Weise an den Seinen: Durch Formung des Charakters und durch Erleuchtung aus dem Wort Gottes. Heutzutage sind wir vielen Stimmen ausgesetzt, die im Licht reden, doch Jesus sagt von sich, daß »die Schafe ... seine Stimme hören, ... einem Fremden aber folgen sie nicht nach, sondern fliehen vor ihm; denn sie kennen die Stimme der Fremden nicht.« Wenn uns der Herr nun in eine Zeit der Finsternis führt, so hindern uns Lärm und Geschrei vielleicht zunächst daran, Seine Stimme zu vernehmen. Doch früher oder später wird der Christ, der zuerst vielleicht nur Entsetzen empfand und meinte, drohenden Donner zu hören, in Ehrfurcht und Erschütterung sagen können: »Deine Stimme ist im Rollen des Donners; Ich sehe Dich im Untergang der Sonne und in ihrem Aufgang, Du bist gerecht.«

Die Stimme des Herrn, die dem Gläubigen in der Finsternis vernehmbar wird, ist so herrlich, daß er, wenn er sie einmal vernommen hat, keine irdische Stimme, und hätte sie auch den betörendsten Klang, mehr mit ihr verwechseln wird. Doch wo treffen wir heutzutage Menschen, die eine solche Gemeinschaft mit dem Herrn haben? »Wenn wir aber im Licht wandeln, wie er im Licht ist, so haben wir Gemeinschaft untereinander.« Die Gemeinschaft der Gläubigen beruht nicht auf willkürlicher, menschlicher Zuneigung, sondern auf der Gemeinschaft des Heiligen Geistes, einer Gemeinschaft, die durch die Liebe unseres Herrn und Retters Jesus Christus und durch die Gemeinschaft mit Ihm gestiftet und am Leben gehalten wird. Und wenn wir die beiden Aspekte dieser Gemeinschaft, das Zuhören in der Finsternis und das Reden im Licht, verwirklichen, kann die Finsternis uns nicht mehr schrecken.

Du tatest gut daran, dein Knie zu beugen und zu sprechen,
»Der Herr, der gibt, kann uns auch alles nehmen,
Und schickt er Leiden mir, will ich gehorchen!«

Du tatest gut daran, dein Herz zu trösten:
»In dieser Bitternis verborgen liegt dein Glück,
die Qualen, die du duldest, werden dich erheben …
So tue deine Arbeit ohne Murren;
sie sei so unvollkommen und so dunkel, wie sie will,
es führt doch eins zum andern.
Und was noch heute deinen Augen, die gehalten,
als Schatten auf der Seele lastet, kann, bei Licht besehen,
das Helle nur noch umso heller strahlen lassen,
so wie der Blitz, der deinen festen Grund verbrannte –
und dich zum Heimatlosen machte –, den Himmel aufbricht
und das Blau dir zeigt, wo du es nie gesehen.«

Welch unaussprechlicher Segen liegt in dieser Finsternis! Ohne das Dunkel der Nacht wüßten wir nichts vom Mond und den Sternen, dächten wir nie die tiefen Gedanken der Mitternacht. Und auch in geistlicher Hinsicht sind es nicht die sonnigen Tage in Freude, Freiheit und Licht, die sich der Seele unauslöschlich einbrennen; es sind die Nächte des Geistes, in denen wir wachen, überschattet von der Hand Gottes, und in denen wir durch eine Spalte im Fels in der lichtlosen Öde die Herrlichkeit Gottes an uns vorbeigehen sehen. In Augenblicken wie diesen, in denen die Seele sich vom Gaukelspiel der Welt abwendet und in eine »andere Welt« versetzt wird, wird das Werk des Herrn fortgeführt und die Gemeinschaft mit Ihm in dieser gegenwärtigen, bösen Welt befestigt.

»So wäre auch Finsternis nicht finster bei dir, und die Nacht leuchtete wie der Tag. Finsternis ist wie das Licht.«

Verfehlte Frömmigkeit

»Hüte dich,
daß du deine Brandopfer
nicht an jeder Stätte opferst, die du siehst;
sondern an der Stätte,
die der Herr erwählt in einem deiner Stämme,
da sollst du dein Brandopfer opfern
und alles tun, was ich dir gebiete.«
(5.Mos 12,13-14)

Es ist ein ungewöhnliches Thema, dem wir uns nun zuwenden wollen, doch diese alttestamentliche Textstelle, in der davon die Rede ist, daß das Volk Gottes zu viele Altäre hat, enthält eine Lehre, die auch für uns als Erben des Neuen Testaments von größter Bedeutung ist: Hinter unserer Hingabe an Gott verbirgt sich manchmal ein Willensakt unsererseits, der nicht sein darf, ja, der ausgerottet werden muß.

Das Bedürfnis nach Gottesverehrung ist der Mehrheit der Menschen angeboren. Daher muß sehr genau zwischen dem Impuls zur Anbetung bei Nichtwiedergeborenen und bei Wiedergeborenen unterschieden werden. Die natürliche Frömmigkeit wählt sich selbst ihre Altäre, ihr Umfeld, ja sogar den Schauplatz ihres Martyriums. Der Gedanke, daß ein Mensch die Arena, in der er den Märtyrertod sterben wird, selbst festlegt, daß er höchstpersönlich die Zuschauer plaziert und die ganze Szenerie nach seinem eigenen Gutdünken ordnet, hat sicherlich etwas Bestechendes. Unsere alttestamentliche Textstelle sagt uns jedoch, daß es nur Gott allein zusteht, den Ort, an dem wir Ihm opfern dürfen, zu bestimmen. Und damit sind wir auch schon beim Kern des Problems: Gott will nicht, daß wir Ihm Gaben weihen, die ja letztlich gar nicht uns gehören, – wir sollen Ihm vielmehr uns selbst, d. h. das Recht, über uns zu bestimmen, übergeben.

Der Ort der Hingabe

An dem obigen Bibelzitat fällt auf, daß der Ort, an dem die Gläubigen den Altar errichten sollen, nicht näher bezeichnet wird – offensichtlich wechselt er also von Fall zu Fall. Wäre der Altar immer am selben Ort gestanden, so hätten die Menschen die Heiligkeit Gottes bald nicht mehr mit Gott, sondern mit diesem besonderen Ort verknüpft, der daraufhin wohl schon nach kurzer Zeit zum Wallfahrtsort für religiöse Feste, zum Schauplatz hohler Rituale und sinnentleerter Routine ohne jede wirkliche Frömmigkeit verkommen wäre.

Durch alle prophetischen Bücher der Heiligen Schrift zieht sich der Vorwurf, daß das Volk Israel die Fastenzeiten und religiösen Feste nur für sich selbst, aus eigensüchtigen Motiven, einhalte und daß die Menschen nur dann fromm seien, wenn es ihnen gerade zupaß komme. Die einzige Frömmigkeit, die Gott wahrhaft wohlgefällig ist, entspringt jedoch aus einer wiedergeborenen Seele. Sie hat ihren Ursprung in dem Akt, in dem der Gläubige sich Gott aus ganzem Herzen selbst am Altar zum Opfer darbringt. Dafür schenkt Gott ihm die höchste Heiligung, die immerwährende Gemeinschaft mit dem Leben des Herrn. Der Ort, an dem dies geschieht, kann nicht von einem Menschen oder aus irgendeiner religiösen Intuition heraus bestimmt werden, sondern einzig und allein vom Geist Gottes.

An dieser Stelle müssen wir uns daran erinnern, daß ein Brandopfer kein Sühnopfer ist. Der Apostel Paulus beschreibt uns den Ort, an dem wir den Altar errichten sollen, und das Opfer, das Gott von uns verlangt, ganz genau: »Ich ermahne euch nun, liebe Brüder, durch die Barmherzigkeit Gottes, daß ihr eure Leiber hingebt als ein Opfer, das lebendig, heilig und Gott wohlgefällig ist.« Das heißt nichts anderes als: »Gebt die Rechte an euch selbst, gebt euer Selbstbestimmungsrecht auf!« Dieses Recht aufzugeben, fällt uns allerdings sehr, sehr schwer, und der Grund dafür liegt auf der Hand. Wir wählen uns lieber unsere eigenen Altäre, wir sagen: »Ich möchte mich der Integration von Ausländern widmen«, »Ich will in die Slums gehen«, »Ich werde in einem Waisenhaus arbeiten«, oder wir stellen uns in den Dienst irgendeiner anderen humanitären oder karitativen Sache. Für das natürliche Empfinden mögen all das Tätigkeiten sein, die uns geradezu »vor die Füße gelegt sind«, doch es ist möglich, daß das nicht der Ort ist, den Gott für uns ausgewählt hat.

Den Ort, den Gott einem Menschen bestimmt hat, kennt nur der Heilige Geist, und zu dem Opfer, das Gott verlangt, soll uns nicht die Hingabe an die Pflicht oder an eine Lehre, sondern die Hingabe an ein göttliches Wesen, an Gott selbst, bewegen. Als unser Herr mit der Samariterin sprach, wies er sie darauf hin, daß sowohl die Juden als auch die Samariter einen Ort verehrten, statt den wahren Gott, und er fuhr fort: »Es kommt die Zeit und ist schon jetzt, in der die wahren Anbeter den Vater anbeten werden im Geist und in der Wahrheit.«

Der Zweck der Hingabe

Wenn es um Heiligung geht, lassen wir uns leicht von Menschen in die Irre führen, die eine Art natürlicher Frömmigkeit besitzen. Diese Leute sprechen davon, daß man Gott in der Natur erkennen kann, doch sie laufen dabei Gefahr, den Impuls mißzuverstehen, der Gott um Gottes willen sucht. Diesen Unterschied macht Paulus uns in Apostelgeschichte 17, 27 ganz deutlich: »Damit sie Gott suchen sollen, ob sie ihn wohl fühlen und finden könnten; und fürwahr, er ist nicht ferne von einem jeden unter uns.« Aus dem Gefühl heraus deuten die Leser diese Passage dahingehend, daß der dem Menschen immanente Trieb der Gottesverehrung, der ihn den Ort, wo er anbeten will, selbständig festlegen läßt, schon ein Ausdruck des Willens Gottes ist, dabei ist das, wovon Paulus hier spricht, lediglich die dem Menschen angeborene Sehnsucht nach Gott.

Dem Altar, den Gott erwählt, kann man sich nicht durch unbestimmte Gefühle der Hingabe oder durch den immanenten Drang zur Gottesverehrung nähern – gerade deshalb ist er auch so schwer zu finden. Der Höhepunkt aller Naturreligionen liegt in ihren Ritualen, in der Schönheit der sinnlichen Gottesverehrung, die darin zum Ausdruck kommt. Den Altar Gottes aber findet nur der vom Heiligen Geist erfüllte Mensch.

Immer wieder werden wir darauf gestoßen, wie vergeblich unsere »eigenmächtige« Frömmigkeit sein kann. Oft geben die Menschen ihr Leben an Dinge hin, die sie eigentlich gar nichts angehen. Es steht niemandem zu, sein Selbstbestimmungsrecht einem anderen als Gott dem Allmächtigen zu übergeben, und die Hingabe an eine Sache, wie schön und edel sie auch sein mag, hat nichts mit der Tiefgründigkeit der Hingabe an Gott gemein. Wenn wir gerufen werden, müssen wir uns Jesus Christus anheimgeben, und wir müssen fragen – wenn wir diese Frage nicht stellen, haben wir die Situation nicht begriffen -: »Wer ist es, der diese Hingabe von uns verlangt?« Kann es ein Prinzip, eine Sache oder ein Unternehmen geben, das so wichtig ist, daß ein Mensch das Höchste, das er besitzt, sein Selbstbestimmungsrecht, dafür hingibt? Der Einzige, der ein solches Opfer von mir verlangen darf, ist der Herr Jesus Christus.

Das Ziel des Teufels ist es stets, uns dem Mittelpunkt, dem Wesentlichen zu entfremden. Ihm ist es gleichgültig, ob wir für eine Sache, für eine Utopie oder für irgendetwas anderes »sterben«, wenn wir es nur nicht für den Herrn tun. Wird nun aber jemand vom Geist Gottes aufgeschreckt, so stellt er sich die Frage, ob er die Sache, der er sein Leben hingegeben hat, nicht vielleicht aus Selbstsucht erwählt hat. Wie oft geschieht es, daß ein junger Mensch, der neu bekehrt wurde, fest überzeugt ist, Gott habe ihn zu dieser oder jener Aufgabe berufen, und daß er daraufhin sein Leben ganz in den Dienst an dieser Sache stellt. Solches Verhalten wird den Christen häufig sogar ans Herz gelegt, doch ich bezweifle, daß es ihnen von Gott ans Herz gelegt wird. Es ist vielmehr der Instinkt, der Drang zur Hingabe, der von Gott kommt. Keine Seele ist je gerettet oder geheiligt worden, die nicht in der Hingabe an den Willen Gottes augenblicklich ihre Heimat und die Menschen, die sie liebt, aufgegeben hätte; doch in dem Moment, in dem der Mensch den Ort, an dem er seinen Altar aufstellt, selbst auswählt, geht seine ganze Frömmigkeit fehl.

Wann immer unser Herr von der Nachfolge sprach, hielt er den einen grundlegenden Satz fest: »Will mir jemand nachfolgen, der … nehme sein Kreuz auf sich und folge mir.« Und von sich selbst sagte Er ausdrücklich, daß Er gekommen sei, den Willen Seines Vaters zu erfüllen. »Meine Speise ist die, daß ich den Willen dessen tue, der mich gesandt hat.« Jesu höchstes Anliegen war es nicht, den Menschen zu helfen, sondern den Willen des Vaters zu tun. Er suchte sich den Altar seines Opfers nicht selbst aus, Gott bestimmte ihn für Ihn. Der Sohn aber machte sein ganzes Leben zu einem willigen und gehorsamen Opfer, auf daß der Wille des Vaters erfüllt werde, und Er spricht: »Wie mich der Vater gesandt hat, so sende ich euch.«

Das Objekt der Hingabe

Und wir heute? Machen wir nicht die Bedürfnisse der Menschen, der Heiden oder irgend einer Sache zur Grundlage unserer Heiligung? Es ist erschreckend, wieviel angeblich für Gott aufgebrachte Begeisterung, Energie, Leidenschaft und Bereitschaft zum Märtyrertum zur Kategorie der verfehlten Frömmigkeit gerechnet werden muß, weil die Menschen sich ihre Aufgaben selbst ausgesucht haben. Gebe Gott, daß wir die vornehmste Berufung der Christen – den Willen Gottes zu tun – wahrhaft annehmen, und erfülle Er unser Herz mit der leidenschaftlichen Hingabe an Jesus Christus.

Paulus schreibt: »Und wenn ich alle meine Habe den Armen gäbe und ließe meinen Leib verbrennen, und hätte die Liebe nicht, so wäre mir's nichts nütze.« Und genau darin lassen sich denn auch neun von zehn Menschen täuschen. Wenn sie sich einer Sache hingeben, glauben sie, das tiefste Geheimnis der Religion ergründet zu haben. Dabei erfordert eine solche Hingabe lediglich den Mut, den alle Menschen besitzen. Das große Geheimnis des geistlichen Christentums aber, das in der absoluten, von ganzem Herzen erfolgten Hingabe an Jesus besteht – an Jesus selbst, nicht an seine Sache oder die »Liga der Barmherzigkeit«, die er in seinen Nachfolgern aufstellte –, haben sie nicht im entferntesten begriffen. »Denn wir predigen nicht uns selbst, sondern Jesus Christus, daß er der Herr ist, wir aber eure Knechte um Jesu willen« schreibt der Apostel Paulus in 2. Korinther 4, 5. Wir sind nicht in erster Linie deshalb die Knechte der Menschen, sagt Paulus, weil die Menschen uns leid tun, sondern weil Jesus Christus unser Herr ist; nicht, weil wir die Augen nicht von der schreienden Not unserer Zeit abwenden könnten oder weil uns ein anderer Ruf in den Ohren gellt, sondern weil der Herr Jesus Christus uns gerettet und geheiligt hat. Er ist jetzt der Herr über unser Leben und macht uns, uns selbst unbewußt, zu Knechten anderer Menschen, aber nicht um ihretwillen, sondern um Seinetwillen. Darin – daß wir alles für den Herrn tun – liegt denn auch das Geheimnis, die Erfüllung des alttestamentlichen Befehls, das Brandopfer auf dem Altar darzubringen, den Gott erwählt.

Die Leidenschaft der Hingabe

Wenn die leidenschaftliche Liebe zu den Menschen nicht aus dieser Quelle schöpft, ist sie eine gefährliche Leidenschaft. Der Sozialist ist getragen von der Liebe zu den Menschen, in der Liebe des Christen aber geht es nicht in erster Linie um die Menschen, sondern um den Herrn Jesus Christus. Er ist der Urgrund aller Evangelisation. Der missionarische Appell darf sich nicht darauf gründen, daß die Heiden ohne das Wissen um Gott verloren sind. Damit wird zu einer vom eigenen Willen gelenkten Hingabe aufgerufen, die die Energien des Lebens in die Irre lenkt. Lassen wir uns stattdessen als Prediger und als Hörer und als Suchende mit unserer ganzen eigenmächtigen Frömmigkeit zurückholen in den Garten von Gethsemane, in die stille Mitternachtsstunde unter den Bäumen, in das kalte Licht des Mondes über den Wipfeln, und stellen wir uns dann vor, wie er dort auf den Knien liegt, unser König, Erlöser und Gott, wie sein blutiger Schweiß wie schwerer Tau den Boden tränkt, und vernehmen wir in uns die Stimme des Heiligen Geistes: »Also hat Gott die Welt geliebt.«

Gehen wir – als Prediger und als Hörer – den Weg zurück nach Golgatha, jenem historischen Angelpunkt von Zeit und Ewigkeit, zum Kreuz Christi, und lassen wir die Leidenschaft und die Kraft des Heiligen Geistes Besitz ergreifen von unserem Herzen, unserem Verstand und unserer Vorstellungskraft, damit unsere Hingabe mit unauflöslichen Banden an diesen Altar geknüpft wird und wir unser Leben ganz und gar Gott zur Verfügung stellen.

Die entstellten, ausgemergelten, von der Sünde gezeichneten, zerstörten Gesichter der Menschen anzuschauen und ihnen zu Hilfe zu kommen, genügt nicht, um ein Christ zu sein. Ein Christ muß hinter diesen Gesichtern stets das Gesicht dessen sehen, der »mehr gelitten hat als jeder Mensch«, bis der Schmerz der ganzen Welt, den Er getragen hat, auch unsere Herzen erfüllt, bis wir Sein sind für immer und aus dem Kelch der Gemeinschaft mit Seinem Kreuz getrunken haben, der unsern Leib, unsere Seele und unsern Geist Christus zu eigen macht.

»Menschenfischer«

»Er muß wachsen,
ich aber muß abnehmen.«
(Joh 3,30)

Hinter Jesus zurücktreten

Menschen für Jesus zu gewinnen, ohne dabei durch die eigene Persönlichkeit auf sie Einfluß zu nehmen und sie vom Eigentlichen abzulenken, erfordert Sendungsbewußtsein und einen klaren Blick. Die oben zitierte Aussage Johannes des Täufers zeugt denn auch weder von Entmutigung noch von tiefsinniger Bescheidenheit, sie ist vielmehr die nüchterne Einschätzung seiner eigenen Stellung als Wegbereiter des Herrn. Als Christen, die im Weinberg des Herrn arbeiten, sind wir mit einer der vornehmsten Aufgaben betraut – Menschen für Jesus zu gewinnen. Wir dienen der heiligen Verbindung von Bräutigam und Braut. Deshalb müssen wir uns hüten, durch unser Verhalten oder unser Auftreten bei unserem Gegenüber einen falschen Eindruck vom Bräutigam zu erwecken, der die künftige Braut vielleicht sogar abschrekken könnte. Unser Dienst gilt dem Herrn, und wir dürfen nichts tun, was Seinem Ansehen Abbruch tut. Das kann manchmal so weit gehen, daß wir eine Seele bewußt von uns stoßen, damit die Anziehungskraft Christi selbst ihre Wirkung tun kann.

Vor allem müssen wir dafür Sorge tragen, daß das Bild unseres Herrn, das wir in unserem Predigen und Reden gezeichnet haben, auch im persönlichen Kontakt mit unseren Zuhörern nicht in den Hintergrund tritt. Ein leidenschaftlicher, durch seinen Charakter tief beeindruckender Christ kann hier geradezu zu einem Hindernis für die Wirkung Jesu werden, denn er repräsentiert nicht Jesus Christus, sondern das, was Christus an ihm getan hat, und es geschieht nur allzu leicht, daß den Menschen nur dieser Eindruck im Gedächtnis haften bleibt, so daß sie am Ende sagen: »Was für ein wunderbarer Mensch!« Damit aber nähme der Arbeiter zu und nicht Jesus Christus.

Zu Jesus locken

Die Anfänge des Glaubens sind ebenso empfindlich und zart wie das Erwachen der ersten Liebe. Die köstlichste Zeit im Leben eines Menschen ist die, in der seine Seele sich erstmals dem Herrn zuwendet. Als Brautwerber für Christus müssen wir dieses Verlangen und die Liebe, die unsere Botschaft in den Seelen der Menschen geweckt hat, solange festigen, bis die Suchenden Jesus – dem Höchsten und Liebenswertesten – ganz nahe gerückt sind. Wir dürfen nicht ruhen, bis die Seele schließlich den Arbeiter aus den Augen verloren hat und seiner nicht mehr bedarf, weil sie den Herrn besitzt. Wenn nun aber nicht bei allem, was wir sagen und tun, die Sache des Bräutigams im Vordergrund steht, so laufen wir Gefahr, religiöse Fanatiker statt Jesus Christus fromm ergebene Männer und Frauen zu erziehen. Wir locken die Menschen in unsere religiöse Gemeinschaft oder verführen sie dazu, unseren persönlichen Standpunkt zu übernehmen, statt sich ganz der Macht des Herrn zu unterstellen. Die größte Freude Johannes des Täufers dagegen war es, daß die, die er zu Jesus bekehrt hatte, zum Bräutigam fanden. »Er muß wachsen, ich aber muß abnehmen!« In diesem Satz schwingt keinerlei Traurigkeit über das eigene Zurücktreten mit, sondern nur die Freude an Dem, der, wie er wohl weiß, wichtiger ist als er.

Wer im Dienste Gottes über die Seelen anderer Menschen wacht und um sie ringt, ist weniger dazu berufen, sie aus Sünde und Unrecht herauszureißen. Sein erstes Anliegen sollte vielmehr sein, ihnen Jesus vor Augen zu malen. Wenn der Arbeiter selbst dabei unentbehrlich für eine Seele wird, dann hat er das Gebot Gottes überschritten, denn seine vornehmste Pflicht ist es ja, der Freund des Bräutigams zu sein. Er darf sich nicht durch seine eigene Güte und Reinheit in den Vordergrund stellen. Sein Wesen soll nur der Magnet sein, der Menschen zu Jesus zieht, sonst ist er kein wirklicher Diener Christi, sondern weckt zügellosen Fanatismus und führt die Seele auf Irrwege und in geistliche »Sackgassen«. So kann es beispielsweise geschehen, daß jemand einen Menschen, der sich neu bekehrt hat, wieder und wieder aufsucht, in sein Leben eingreift und ihm dies und jenes verbietet, und sich so bei allem vielleicht ursprünglich vorhandenen rechten Wollen statt wie ein Freund des Bräutigams eher wie ein »Nebenbuhler« beträgt. Von einem solchen Arbeiter wird die Seele später nicht sagen: »Er war ein Freund des Bräutigams«, sondern sie wird ihn anklagen: »Er war ein Dieb, er hat meine Liebe von Jesus Christus abgezogen und auf etwas anderes gerichtet, und ich habe den Weg verloren.«

Sich an Jesus freuen

Wann immer du eine Seele im Kampf mit den Forderungen Jesu stehen siehst, kannst du gewiß sein, daß dein Einfluß das Richtige bewirkt hat. Statt nun die Hand auszustrecken, um die Schmerzen der Geburt zu lindern, bete darum, daß sie noch zehnmal stärker werden, bis keine Macht auf Erden oder in der Hölle diese Seele mehr von Jesus Christus trennen kann (vgl. Lk 14, 26). Hüte dich davor, in die Freude über etwas Falsches einzustimmen, achte vielmehr darauf, daß du dich über das Richtige freust. »Der Freund des Bräutigams aber, der dabeisteht und ihm zuhört, freut sich sehr über die Stimme des Bräutigams. Diese meine Freude ist nun erfüllt.«

Es ist nicht die Sünde, die die Menschen daran hindert, zu Christus zu finden, sondern die Tatsache, daß wir uns nicht wie Freunde des Bräutigams verhalten. Angenommen, wir sprechen darüber, wie völlig abhängig wir von Gott sind und wie herrlich diese Abhängigkeit ist, doch unsere Zuhörer stellen fest, daß wir uns dabei nicht auf Gott, sondern auf unsere eigenen geistigen Fähigkeiten verlassen. Vielleicht sagen sie dann: »Schön und gut, aber im Grunde genommen ist das Ganze eine Täuschung, es gibt gar keinen allmächtigen Christus, das ist reine Gefühlsduselei.« Dann haben wir den Eindruck erweckt, daß Jesus Christus keine Wirklichkeit für uns ist. »Johannes hat kein Zeichen getan; aber alles, was Johannes von diesem gesagt hat, das ist wahr« (Joh 10,41).

Sich Jesus hingeben

Entscheidend dafür, daß wir Christus wirklich treue Freunde sein können, ist vor allem anderen, ja sogar vor dem Gehorsam, unsere lebendige Beziehung zum Herrn. Es gibt Zeiten in unserem Glaubensleben, in denen nicht so sehr der Gehorsam im Vordergrund steht, sondern vielmehr das innige Bemühen um die Lebendigerhaltung unserer Gemeinschaft mit Jesus Christus, damit sich nichts und niemand zwischen Ihn und uns drängen kann. Gehorsam dagegen ist gefordert, wenn wir z. B. vor einer Entscheidung stehen und herausfinden müssen, was der Wille Gottes ist. In einer solchen Situation sind wir jedoch relativ selten. Die meiste Zeit geht es weniger um Gehorsam, als um die Gemeinschaft mit Gott. Wer stets nur darauf sieht, wie er Christus am besten dienen kann, macht womöglich einen der schlimmsten Fehler, die einem Arbeiter im Weinberg Gottes unterlaufen können, denn er ist in Gefahr, sich von Christus selbst, um den es doch eigentlich geht, abzuwenden. Aus einem Freund des Bräutigams wird so ein Antichrist, der mit Gottes eigenen Waffen gegen Gott arbeitet, ein Mensch, der selbst Vorsehung spielen möchte und sich dabei der Sprache der göttlichen Vorsehung bedient, der aber den Bräutigam in Wirklichkeit gar nicht hört, wenn er spricht. Das völlige Zurücktreten des Brautwerbers hinter Den, den er angekündigt hat, bis schließlich die, die er bekehrt hat, gar nicht mehr an ihn denken, ist dagegen die Frucht wahrer Frömmigkeit. Johannes sagt deshalb: »Darin besteht meine Freude. Bleibe wachsam bei der Arbeit, bis du die Stimme des Bräutigams im Leben eines anderen hörst. Laß dich nicht schrecken durch die Unruhe und Anstrengung, die damit vielleicht einhergehen, sondern freue dich mit gottgeschenkter Fröhlichkeit über diese Seele, weil sie die Stimme des Bräutigams vernommen hat.«

Menschliche und göttliche Liebe

»Die Liebe hört niemals auf.«
(1. KOR 13,8)

»Die Liebe hört niemals auf!« Welch ein herrlicher Satz! Und wieviel herrlicher muß die Wirklichkeit dieser Liebe sein. Größer als die prophetische Rede – die unfaßbare Prophezeiung der Ratschlüsse Gottes –, größer als der Glaube, der doch Berge versetzen kann, größer als die Selbstaufopferung um der Menschen willen, größer als die unbegreifliche Gabe der Zungenrede! Und diese Liebe ist durch den Heiligen Geist in unsere Herzen ausgegossen.

Die höchste menschliche Liebe

»Niemand hat größere Liebe als die,
daß er sein Leben läßt für seine Freunde.«
(JOH 15,13)

Dieser wunderschöne, auch im Krieg oft zitierte Vers ist sowohl durch Einschränkungen als auch durch Übertreibungen immer wieder entstellt worden, und dennoch stehen seine Worte unerschütterlich fest als Worte des Herrn. Sie sind ein Ausdruck der höchsten menschlichen, nicht der göttlichen Liebe. Die Liebe, die einen Menschen dazu bestimmt, sein Leben für seinen Freund hinzugeben, hat nichts mit Glauben oder Unglauben zu tun. Atheisten und Heiden, Heilige und Sünder – in allen Lagern haben immer wieder Menschen diese höchste menschliche Liebe bewiesen.

Vor allem im Krieg gab und gibt es zahllose Beispiele, wo Menschen ihr Leben für andere in die Schanze schlugen. Die Kirche Christi allerdings läßt solche Zeichen selbstloser Liebe oft schmerzlich vermissen. Im Gegensatz zur selbstlosen Liebe beruht die selbstsüchtige Liebe zum Teil auf Schwäche, zum Teil auf Egoismus und zum Teil auch auf romantischen Vorstellungen. Leider wirft diese verfehlte Auffassung von der Liebe ihren Schatten auch auf die höhere, wahre Liebe, so daß auch diese von vielen Menschen als ein sentimentales Gefühl belächelt wird.

»Mein Äußerstes für den Höchsten« war der Wahlspruch des großen Künstlers G. F. Watts, und es war wohl auch die Losung der Tausende junger Männer, deren Namen später auf den Gefallenenlisten der Kriege zu finden waren. Doch bei aller Hochschätzung für die Einsatzbereitschaft dieser Menschen dürfen wir niemals vergessen, daß auch die höchste menschliche Liebe nichts mit religiösem Glauben zu tun hat, denn aus ebendiesem Mißverständnis rührt die Verdrehung der oben zitierten, wichtigen Aussage Jesu Christi her.
Die schönste biblische Veranschaulichung der höchsten menschlichen Liebe findet sich wahrscheinlich in 2. Samuel 23, 15-17.

Die höchste göttliche Liebe

»Gott aber erweist seine Liebe zu uns darin,
daß Christus für uns gestorben ist,
als wir noch Sünder waren.«
(Röm 5, 8)

Und dies ist das Merkmal der göttlichen Liebe: Gott gibt sein Leben nicht für Seine Freunde, sondern für Seine Feinde hin (V. 10). So handelt menschliche Liebe nicht. Das soll nicht heißen, daß niemals ein Mensch für seine Feinde gestorben ist, aber es bedeutet, daß kein Mensch das jemals getan hat, ohne daß er durch die Erlösung, die unser Herr vollbracht hat, Anteil am göttlichen Wesen erhalten hatte.

Uns heutigen Menschen klingt diese Aussage fremd, denn unsere Köpfe sind vollgestopft mit evolutionären Ideen, und unser modernes Denken lehnt jeden Bruch zwischen dem Menschlichen und dem Göttlichen ab. Es ist einfach zu sagen, daß die menschliche und die göttliche Liebe ein und dasselbe sind, doch in Wirklichkeit liegt ein weiter Abstand zwischen den beiden Arten der Liebe. Es ist auch einfach zu sagen, daß die menschlichen Tugenden dem Wesen Gottes gleichen, aber auch das ist alles andere als wahr. Wir sollten unser Denken in dieser Hinsicht endlich mit den Tatsachen in Einklang bringen. Der Einbruch der Sünde hat unleugbar eine riesige Kluft zwischen die Liebe der Menschen und die Liebe Gottes, zwischen menschliche Tugenden und das Wesen Gottes aufgetan. Was wir jetzt noch an Göttlichem in der menschlichen Natur wahrnehmen, ist nicht mehr als ein kärglicher Rest, ein matter Abglanz. Unser Herr läßt deshalb keinen Zweifel daran, daß ein Mensch erst wiedergeboren werden muß, bevor er das Menschliche und das Göttliche in sich tragen und spiegeln kann. In der Vorstellung lassen sich die beiden vielleicht zusammensehen, doch im realen Leben hat die Sünde sie entzweit, und erst das Versöhnungswerk Jesu Christi hat sie wieder vereint. Deshalb ist die Unterscheidung zwischen der göttlichen und der menschlichen Liebe nicht nur eine theologische Lehraussage, sondern eine Erfahrungstatsache.

»Seht, welch eine Liebe hat uns der Vater erwiesen« – man kann die Liebe Gottes zwar an menschlichen Beziehungen veranschaulichen, z. B. an der Liebe eines Vaters, einer Mutter, einer Frau, eines Liebenden, nie aber ist eine solche Beschreibung gleichbedeutend mit einer völligen Übereinstimmung. Die menschliche Liebe kann ein Bild der göttlichen Liebe sein, doch sie kann ihr nicht wirklich gleich sein, denn dem steht die Sünde im Wege. Ja, die Liebe Gottes ist unserer Vorstellungskraft so fremd, daß wir sie unter Umständen gar nicht als Liebe erkennen. Erst dann, wenn wir uns unserer Sünde und unserer Auflehnung bewußt geworden sind, begreifen wir die Liebe, die er uns erwies, »als wir noch Sünder waren«.

Tennysons Satz: »Wir müssen das Höchste lieben, wenn wir es sehen, nicht Lancelot oder irgendjemand anderen,« enthält gerade soviel Wahrheit, daß uns der Irrtum, der zugleich darin steckt, gefährlich werden kann: Als die gläubigen Juden einst Jesus Christus, die Inkarnation des Höchsten, in ihrer Mitte sahen, haßten sie ihn so sehr, daß sie ihn kreuzigten.

Es ist zwar beschämend, aber der Prophet Jesaja hat recht, wenn er sagt, daß uns der Höchste, wenn wir ihn sehen, erscheint »wie eine Wurzel aus dürrem Erdreich. Er hat keine Gestalt und Hoheit. Wir sahen ihn, aber da war keine Gestalt, die uns gefallen hätte« (Jes 53, 2). Die höchste göttliche Liebe zeigte sich nicht nur in der Tragödie auf Golgatha, sondern genauso in den dreißig Jahren davor, die der menschgewordene Gott in Nazareth verbrachte, in den drei Jahren seiner Popularität, in dem Aufruhr und Haß, den er erregte – aber auch schon in der unermeßlich langen Zeitspanne vor der Menschwerdung (vgl. Offb 13, 8).

Das Kreuz ist der höchste Augenblick in Zeit und Ewigkeit, in ihm konzentriert sich gleichsam das Wesen der göttlichen Liebe. Doch Gott gibt sein Leben schon in der Schöpfung dran, die wir zu selbstsüchtigen Zwecken mißbrauchen. Er gibt sein Leben hin für uns in seiner unermeßlichen Geduld mit der zivilisierten Welt, die die Menschen auf Seiner Erde errichtet haben – in Mißachtung alles dessen, was Er ihnen offenbart hat. Die Selbstaufopferung Gottes für seine Feinde im Leben und im Tod unseres Herrn Jesus Christus schließlich ist zur Brücke über den Abgrund der Sünde geworden, über die die menschliche Liebe hinübergehen darf, um sich von den Armen der göttlichen Liebe, die niemals aufhört, auffangen zu lassen.

Die höchste christliche Liebe

»Ich sage hinfort nicht, daß ihr Knechte seid; …
Euch aber habe ich gesagt, daß ihr Freunde seid.«
(Joh 15, 15)

Hier verbindet unser Herr auf wunderbare Weise die höchste menschliche mit der höchsten göttlichen Liebe. Diese »neue« Liebe offenbart sich an denen, die Ihm nachfolgen. Die Betonung liegt dabei auf der bewußten Hingabe des ganzen Lebens. Eine solche Entscheidung wird nicht in einem ein für allemal getroffenen dramatischen Entschluß deutlich, sie muß sich im grauen, von keiner Romantik mehr verklärten Alltag bewähren, in der Tag für Tag erneut vollzogenen Hingabe an den Herrn und Seine Freunde – das ist die Liebe, die niemals aufhört! Es ist keine nur menschliche Liebe, aber auch nicht nur göttliche Liebe, sondern die Versöhnung und Verschmelzung beider, die sich an denen zeigt, die Jesus nachfolgen.

Wie arm und unbedeutend unsere menschlichen Vorstellungen im Grunde sind, zeigt sich besonders in unserem Alltagsjargon – da ist von »Wirtschaft« die Rede, von »Versicherung« und »Diplomatie«. All diese Begriffe sind letztlich nur Schönfärbereien des weitverbreiteten Unglaubens an die sorgende Hand unseres himmlischen Vaters. Dabei ist von uns verlangt: »Darum sollt ihr vollkommen sein, wie euer Vater im Himmel vollkommen ist.« Und diese Vollkommenheit wird in einem ganz bestimmten Kontext gefordert: »Damit ihr Kinder seid eures Vaters im Himmel. Denn er läßt seine Sonne aufgehen über Böse und Gute und läßt regnen über Gerechte und Ungerechte.« (Mt 5,45). Unter Vollkommenheit versteht unser Herr also offensichtlich, daß wir den Menschen, denen wir in unserem Leben begegnen, dieselbe Gastfreundschaft und Großzügigkeit erweisen sollen, die er uns erwiesen hat. In 2. Korinther 4, 7-11 macht Paulus unmißverständlich deutlich, daß die Bedingungen, unter denen wir leben, keineswegs ideal sind, doch auch und gerade unter diesen Umständen müssen wir unser »Äußerstes für sein Höchstes« tun.

Die höchste christliche Liebe offenbart sich nicht in der Hingabe an ein Werk oder eine Sache, sondern allein in der Hingabe an Jesus Christus. Unser Herr selbst hat seinen Eltern Maria und Josef in seiner Kindheit durch eben diese unbedingte Hingabe an den Vater erschreckt und erstaunt: »Und er sprach zu ihnen: Warum habt ihr mich gesucht? Wißt ihr nicht, daß ich sein muß in dem, was meines Vaters ist? Und sie verstanden das Wort nicht, das er zu ihnen sagte« (Luk 2,49-50). Es gibt sicherlich Dinge und Aktivitäten, die durchaus richtig sind und einen hohen Einsatz lohnen, doch die Liebe zu ihnen hat irgendwann ein Ende. In der Hingabe des Lebens um Christi willen dagegen offenbart sich eine Liebe, die niemals aufhört. Unser Herr galt als aufrührerisch und unberechenbar, weil er sich nicht mit der »Sache« der Pharisäer oder Zeloten identifizierte, sondern sein Leben als Knecht Jehovas hingab. »Darum hat auch Jesus, damit er das Volk heilige durch sein eigenes Blut, gelitten draußen vor dem Tor«, und der Verfasser des Briefes folgert daraus: »So laßt nun uns zu ihm hinausgehen aus dem Lager und seine Schmach tragen. Denn wir haben hier keine bleibende Stadt, sondern die zukünftige suchen wir« (Hebr 13,12-14).

Gott sei Dank, der uns die Möglichkeit gegeben hat, uns mit der Sorge des Herrn für die Menschen zu identifizieren in einer Liebe, die niemals aufhört, denn diese »Liebe ist langmütig und freundlich, die Liebe eifert nicht, die Liebe treibt nicht Mutwillen, sie bläht sich nicht auf, sie verhält sich nicht ungehörig, sie sucht nicht das Ihre, sie läßt sich nicht erbittern, sie rechnet das Böse nicht zu, sie freut sich nicht über die Ungerechtigkeit, sie freut sich aber an der Wahrheit, sie erträgt alles, sie duldet alles. Die Liebe hört niemals auf.«

Leidenschaft für Christus

»Ihr werdet meine Zeugen sein.«
(Apg 1,8)

Diese Worte sprach der auferstandene Herr unmittelbar vor Seiner Himmelfahrt. Wir sollten uns im Blick auf diesen Satz davor hüten, die »Leidenschaft für die Seelen« anderer Menschen und die »Leidenschaft für Christus« in unserem Herzen und in unserem Leben zu rivalisierenden Ansprüchen werden zu lassen. Die große, allumfassende Leidenschaft, die der Heilige Geist in uns weckt und in der Er die Erlösung, die unser Herr vollbracht hat, in uns und durch uns praktische Realität werden läßt, ist und bleibt die Leidenschaft für Jesus Christus selbst. Ihr »werdet meine Zeugen sein« – das bedeutet, wir sind nicht nur aufgerufen zu bezeugen, was Jesus getan hat oder tun kann, wir sollen außerdem Zeugen sein, die Seine Anforderungen voll und ganz erfüllen, wo auch immer sie hingestellt werden. Die große Gefahr des modernen Christentums liegt darin, daß es seinem Mittelpunkt, der zentralen Gestalt des Herrn Jesus Christus, immer stärker entfremdet wird.

Christliche Erfahrung heißt nicht, daß wir uns gedanklich damit auseinandergesetzt haben, wie Gott im Leben der Menschen Seine Gnade erweist oder daß wir theologisch belegen können, daß Gott denen, die Ihn darum bitten, den Heiligen Geist gibt – das mag Aufgabe der christlichen Lehre sein, doch christliche Erfahrung ist etwas anderes. Christliche Erfahrung bedeutet, all dies durch die wunderbare Kraft des Heiligen Geistes am eigenen Leibe zu erleben.

Der Heilige Geist, der in mir wirksam ist, bewirkt keine großartigen Ereignisse in meinem Leben, so daß andere Leute voller Staunen und Bewunderung sagen: »Was für ein wunderbares Leben führt doch dieser Mensch!« Der in mir wohnende Heilige Geist macht vielmehr aus mir einen Menschen, der Jesus Christus, unseren Herrn, leidenschaftlich und hingebend liebt. »Leidenschaft« ist ein herrliches Wort. In ihm kommt all das zum Ausdruck, was wir unter widerspruchslosem Leiden und bewundernswerter Geduld verstehen. Und in geistlicher Hinsicht verwandelt sich darin das, was menschliche Leidenschaft für uns bedeutet, in die starke, strahlende, glühende Begeisterung für Jesus Christus. Gebe Gott, daß der Heilige Geist so vollständig von uns Besitz ergreift, daß wir tatsächlich Zeugen Jesu Christi werden.

Johannes 7, 39; 14, 16; 16, 24 und 20, 22 weisen allesamt schon auf den Heiligen Geist hin. Der Einfluß und die Macht des Heiligen Geistes waren auch vor Pfingsten bereits am Werk, wenngleich Er damals noch nicht unter den Menschen war. Dabei ist es wichtig zu begreifen, daß es nicht die Taufe des Heiligen Geistes ist, die die Menschen verändert, sondern die Macht des auferstandenen Christus, der durch den Heiligen Geist in den Menschen Wohnung nimmt. Die Taufe des Heiligen Geistes ist ein Zeugnis für diesen auferstandenen Christus. Der Geist setzt das Erlösungswerk Christi fort – darin besteht Seine einzige Aufgabe. Die gewaltige Macht des Heiligen Geistes führt die Menschen zu Gott und wird Ihm schließlich eine erlöste Welt, einen neuen Himmel und eine neue Erde zu Füßen legen.

»Wenn aber jener … kommen wird«, dann wird Er »mich verherrlichen«. Möge Gott uns unmißverständlich klar machen, daß kein einziger Mensch den Herrn so lieben kann, wie Er es in Lukas 14, 26 von uns verlangt. Dort können wir Seinen Anspruch nachlesen, streng und unerbittlich: Unsere Liebe zu Ihm soll unermeßlich viel größer und leidenschaftlicher sein als die tiefste, leidenschaftlichste Liebe zwischen Menschen. Wie können wir zu einer solchen Beziehung zu Christus finden? Nur Einer ist, der den Herrn tatsächlich so liebt, das ist der Heilige Geist. Wenn wir Ihn empfangen, wird Er seine leidenschaftliche Liebe in unsere Herzen senken. Dann wird von unserem Leben jener Strom lebendigen Wassers ausgehen, der heilt und segnet. Der Heilige Geist wird uns reich machen, so daß wir andere beschenken können, und Er wird uns die Geduld geben, dem Herrn zuliebe alles zu leiden und zu ertragen. Es ist nicht die leidenschaftliche Liebe zu den Menschen, die die Menschen rettet; eine solche Liebe führt nur allzu oft zu gebrochenen Herzen. Die vom Heiligen Geist in unsere Herzen gesenkte Liebe zu Christus dagegen ist tiefer als der tiefste Schmerz, den die Welt, das Fleisch und der Teufel bereiten können. Diese Liebe reicht bis dorthin, wo auch unser Herr hinging. Der Heilige Geist weckt – nicht in der Theorie, sondern im praktischen Leben – die Leidenschaft für Christus in jeglichem Umfeld, in das ein vom Geist erfüllter Mensch gestellt ist, bis Jesus am Ende die Mühen der Seinen sehen und an ihnen Wohlgefallen haben wird.

Gott verlangt nicht von uns, daß wir glauben, die Menschen könnten gerettet werden. Wir können niemand nur dadurch der Hölle entreißen, daß wir glauben, es zu können. Wenn wir einen Menschen sehen, der in der Hölle gefangen ist, sind wir im Gegenteil oft an Geist und Seele wie gelähmt, und es ist uns unmöglich, an seine Rettung zu glauben. Doch das verlangt Gott auch gar nicht. Er verlangt nur, daß wir glauben, daß Jesus Christus glaubt, daß Er es kann. Das Leben in der Welt ist schrecklich, und all das Böse, das wir täglich sehen, ist kaum zu ertragen. Wenn der Heilige Geist in uns Wohnung nimmt, dann hebt Er das Furchtbare zwar nicht auf, doch hinter all dem Verbrechen, all dem Bösen und dem Unrecht zeichnet sich ganz langsam die herrliche Gestalt Jesu Christi ab, und die Menschen, in denen der Heilige Geist Wohnung genommen und denen Er die Erlösung Christi gebracht hat, können vertrauensvoll sagen: »Herr, du weißt«, und das Erlösungswerk nimmt seinen Lauf.

Galater 2,20 ist keine theologische Aussage, sondern eine Aussage über die christliche Erfahrung, die der Heilige Geist in den Menschen bewirkt: »Ich lebe, doch nun nicht ich, sondern Christus lebt in mir.« Das ist die Sprache wahrer Leidenschaft. Der herrlichen Erfahrung der Einheit der Gläubigen mit Jesus Christus gegenüber ist dieser Sprachgebrauch der einzig angemessene. Der Apostel Paulus z. B. ist so erfüllt von Jesus, daß er sich selbst gar nicht mehr ohne diese wunderbare Gleichförmigkeit mit seinem Herrn sehen kann, eine Gleichförmigkeit, die weit mehr ist als bloße Zusammengehörigkeit; hier ist von einem Einssein die Rede, wie es im Bild vom Weinstock und den Reben so schön zum Ausdruck kommt. »Ich bin der Weinstock« – nicht die Wurzel, sondern der Stock selbst –, »ihr seid die Reben«. So eng wie diese Einheit ist auch unser Einssein mit Christus. Wir werden mit unserem Herrn »eins sein, wie« Er und der Vater »eins sind«.

Paulus hatte eine dramatische Wende in seinem Leben durchgemacht, einen Augenblick, in dem sein ganzer Eigensinn vor der Kraft des Heiligen Geistes zu Staub zerfiel. Auch viele andere Menschen haben solche erschütternden Erlebnisse, in denen alles um sie her zusammenbricht – dabei wäre eine solche Krisenerfahrung im Grunde gar nicht nötig. Die großen Erschütterungen, Aufregungen und Enttäuschungen, die uns aus der Bahn werfen, sind oft nur eine Folge unserer Verstocktheit. Wir müssen den Heiligen Geist um die Gabe bitten, daß wir uns auf Ihn einlassen können, in einfältigem Glauben an das wunderbare Versöhnungswerk Jesu Christi, dann wird Er in uns die leidenschaftliche Liebe zum Herrn wecken. Und wenn wir diese Liebe besitzen, werden wir zu Zeugen Jesu, wo immer wir auch sind, zu Männern und Frauen, an denen Er Freude hat, auf die Er mit Wohlwollen blickt, zu Männern und Frauen, die er in die Sonne oder in den Schatten stellen kann, die Er ans Bett fesseln oder auf die Wanderschaft schicken kann, zu Boten, die Er überallhin senden kann. Gebe Gott, daß wir von der »Leidenschaft für Christus« angetrieben werden und daß der Heilige Geist uns die Gewißheit schenkt, daß Christus »alles in allem« ist, so daß Er mit uns tun kann, was Er will.

Teilhabe an den Leiden des Herrn

»Sondern freut euch,
daß ihr mit Christus leidet.«
(1. PETR 4, 13)

Wenn Gott uns zu seinen Werkzeugen machen will, dann wird Er uns durch eine Vielzahl von Erfahrungen führen – nicht um unserer selbst willen, sondern um uns brauchbar zu machen für die Aufgabe, die Er uns zugedacht hat. Nur so ist manches von dem, was uns zustößt, zu erklären, und je näher wir Gott kommen, desto geheimnisvoller scheinen uns Seine Wege. Erst im Rückblick oder aus dem Wort Gottes wird uns vielleicht der Sinn des Geschehenen deutlich und wir begreifen auf einmal, was Er mit uns vorhatte. Als Christen kennen wir das große Ziel Gottes. Jesus Christus litt denn auch »nach dem Willen Gottes«, nicht, wie wir Menschen leiden. In seiner Person haben wir das Abbild des vollkommenen Menschen.

Der beschwerliche Weg des Glaubens

»Ihr aber seid's,
die ihr ausgeharrt habt bei mir
in meinen Anfechtungen.«
(LUK 22, 28)

Das Leben Christi war nicht frei von Versuchungen. Heute nun steht Er durch uns gleichsam noch einmal vor denselben Anfechtungen, denen Er in der Zeit, als Er unter uns lebte, ausgesetzt war. Das Wesen des Christentums besteht ja darin, daß wir dem Sohn Gottes Raum lassen, in uns lebendig zu werden, und das Ziel allen geistlichen Wachstums ist es, Ihm immer häufiger Gelegenheit zu geben, sich in unserem sterblichen Leib zu manifestieren. Die Versuchungen, die Jesus begegneten, waren nicht die, die ein Mensch als Mensch zu bewältigen hat, sondern die, vor die sich Gott als Mensch gestellt sieht. »Daher mußte er in allem seinen Brüdern gleich werden« (Hebr 2,17). Die Versuchungen Christi und die Versuchungen der Christen sind solange völlig unterschiedlicher Natur, bis wir durch die Wiedergeburt wahrhaft zu seinen Brüdern werden. »Denn weil sie alle von einem kommen, beide, der heiligt und die geheiligt werden, darum schämt er sich auch nicht, sie Brüder zu nennen« (Hebr 2,11). In der Wiedergeburt zieht der Sohn Gottes in mir ein. Damit begibt Er sich in dasselbe Umfeld, in dem Er lebte, als Er noch selbst auf der Erde wandelte. In meinem Leben steht deshalb die Ehre Jesu Christi auf dem Spiel – bleibe ich Ihm treu in den Versuchungen, die an mich und in mir auch an Ihn herantreten?

Was die Versuchung so besonders verführerisch macht, ist, daß sie meist eine Abkürzung zum Guten, nicht zum Schlechten, anbietet. So näherte sich der Satan unserem Herrn als ein Engel des Lichts, und alle Versuchungen, in die er ihn führte, drehten sich immer wieder um den einen Punkt: »Du bist doch der Sohn Gottes, dann handle auch wie ein Gott. Nimm dich der Menschen an, gib ihnen zu essen und mach sie gesund, dann werden sie dich zum König krönen.« Doch auf diese Weise wollte unser Herr nicht König werden. Er wies die Abkürzung bewußt von sich und wählte den langen, dornenvollen Weg mit allen Leiden, die damit verknüpft waren (vgl. Joh 6,15).

»Er aber antwortete und sprach: Es steht geschrieben (5. Mose 8,3): ›Der Mensch lebt nicht vom Brot allein, sondern von einem jeden Wort, das aus dem Mund Gottes geht‹.« Es dauert lange, bis wir wirklich imstande sind, auf jedes Wort Gottes zu hören. Wenn wir hungrig sind, nehmen wir in dem oben zitierten Satz nur das Wort »Brot« wahr, doch da ist noch mehr. Der Fanatiker hört nur auf das Wort Gottes, das in der Bibel fixiert ist, doch die Stimme Gottes ist auch in der Geschichte, in der christlichen Kirche und in der Natur zu vernehmen. Wir müssen lernen, durch jegliches Wort Gottes zu leben, und das braucht Zeit. Wenn wir versuchen, auf alle Worte Gottes auf einmal zu hören, sind wir überfordert.

Der entsagungsvolle Weg der Hoffnung

»Könnt ihr denn nicht eine Stunde mit mir wachen?«
(Mt 26,40)

Wache ich in meinem Leben mit Jesus? Strebe ich nach dem, wonach Er strebt, oder trachte ich nur nach der Befriedigung meiner eigenen Bedürfnisse? Nur wenige von uns wachen mit Jesus, wir gehen nur immer davon aus, daß Er mit uns wacht und für uns da ist. Christus bleibt uns unergründlich, denn Er setzt einen Maßstab an die Dinge, den nur wenige von uns begreifen. Wie rasch sind wir aufgebracht über Verletzungen, die man uns zufügt, wie schockiert und empört reagieren wir angesichts der Unmoral und Rücksichtslosigkeit der Menschen! Dabei gibt es etwas sehr viel Entscheidenderes als den Abscheu, den moralische Vergehen in uns auslösen, und das ist der Abscheu des Sohnes Gottes angesichts der Sünde. In Gethsemane wird der Schleier gelüftet. Wir erhaschen einen kurzen Blick auf das Leiden, das aus dem Entsetzen vor der Sünde erwächst. Wir aber sind vor die Frage gestellt: Trifft uns die Verhärtung des menschlichen Herzens gegen Gott schwerer als menschliches Elend und menschliche Unmoral? Unsere Antwort ist gleichsam der Prüfstein unserer christlichen Existenz.

»Bist du Gottes Sohn, so wirf dich hinab.« Das heißt: »Du wirst der König der Menschen werden, wenn du etwas Übernatürliches vollbringst, wenn du Zeichen und Wunder tust und die Menschen verhext; dann wird dir die Welt zu Füßen liegen.« Doch Jesus entgegnete: »Wiederum steht auch geschrieben (5.Mose 6,16): »Du sollst den Herrn, deinen Gott, nicht versuchen«. Sind wir nicht heute wieder dabei, Ihn zu versuchen? »Wenn Er doch nur ein Wunder täte!« Wir haben nicht das Recht, ein Wunder von Gott zu verlangen. Auch die Kirche muß sich gegen diese Versuchung zur Wehr setzen, sie ist sonst in Gefahr, zum »Showbusiness« zur verkommen. Wenn Gott das Wunder seiner Gnade in uns Menschen bewirkt, so offenbart sich das stets in einem geläuterten, von Bescheidenheit und Demut geprägten Leben.

Und wie steht es mit mir? Habe ich den »langen, beschwerlichen Weg« abgelehnt und stattdessen lieber die »Abkürzung« der Selbstverwirklichung gewählt? Und warum sollte ich mich auch nicht um die Erfüllung meiner eigenen Bedürfnisse kümmern? Warum sollte ich dies und jenes lassen? Warum sollte ich mich nicht voll und ganz einer Sache hingeben, wenn sie es mir wert ist? Wir Christen haben nicht das Recht, uns mit irgendetwas zu identifizieren, es sei denn, es repräsentiert das, wofür Jesus Christus starb. Wenn wir es zulassen, daß der Herr sich in uns verwirklicht, werden wir zwar nicht von allen Versuchungen verschont bleiben, aber wir werden frei darin, werden hingeführt zu dem, was Gott Versuchung nennt. Sind wir bereit, all unseren persönlichen Ehrgeiz für Gott aufzugeben, bereit, unsere selbstgewählten Ziele von Ihm zerstören und verwandeln zu lassen und die Leiden Seines Sohnes in ernstgemeinter Nachfolge auf uns zu nehmen? Der Wille Gottes ist nicht immer leicht zu verstehen; oft hat es den Anschein, als ob Er es bewußt zulasse, daß wichtige Dinge in unserem Leben zunichte werden. Und doch ist es die Hoffnung Jesu Christi, daß die Menschen werden wie Er – vollkommen eins mit Gott und Seinem Willen. »Doch wenn der Menschensohn kommen wird, meinst du, er werde Glauben finden auf Erden?«

Der lange Weg der Liebe

»Wer ist meine Mutter?«
(Mt 12,46-50)

»Siehe, das ist deine Mutter!«
(Joh 19,25-27)

Die größten Segnungen, mit denen Gott das Leben des Menschen ausgestattet hat – Vater, Mutter, Kindheit, Heim – können sich zum Fluch verkehren, wenn Jesus Christus nicht mehr das Zentrum ist. Eine Familiengemeinschaft, die Ihn nicht als Haupt anerkennt, wird sich ganz in der Liebe der Angehörigen untereinander erschöpfen. In einem Heim aber, in dem Er herrscht, wird die Liebe innerhalb der Familie nicht auf den häuslichen Kreis beschränkt bleiben, sondern nach außen strahlen – die »Tore« eines solchen Heims stehen im wahrsten Sinne des Wortes der ganzen »Welt offen«. Unser Herr hat durch Seinen Tod und Seine Auferstehung das Recht erworben, jedem Menschen das ewige Leben zu schenken.

Durch seine Himmelfahrt ist Er in den Himmel eingegangen und hält nun uns Menschen die Tür zum Himmel auf.

In den Mühen aller Völker wirkt der Heilige Geist in eben diesem Augenblick auf dieses Ziel hin; es gibt keine Nation, die darin der besondere »Günstling« Gottes wäre. Wenn der Heilige Geist in einem Menschen Wohnung nimmt, fühlt dieser sich augenblicklich zum Missionar berufen, denn in ihn wurde das Wesen Gottes selbst ausgegossen, von dem Johannes sagt: »Denn also hat Gott die Welt geliebt …« Der Geist erfüllt unsere Herzen mit der Liebe Gottes, einer Liebe, die alle Grenzen von Leib, Seele und Geist überwindet. Er durchtrennt die menschlichen Bindungen und schafft dafür universale Bindungen – die vollkommene Gemeinschaft von Männern und Frauen in der ganzen Welt, zusammengehalten durch ein wahrhaftiges Band. Gottes Ruf gilt der ganzen Welt; wo er jeweils im besonderen hörbar wird, ist eine Sache Seiner Vorsehung.

Manche Dinge gelingen auf Anhieb und sind für alle sichtbar, andere, wie z. B. der Lebenszyklus eines Samenkorns, vollziehen sich langsam und in der Stille. Es gibt Einsichten, die wir nicht verstehen, doch sie ergreifen Besitz von uns, d. h., sie nehmen uns in sich auf. So verhält es sich auch mit manchen von Gottes Wahrheiten. Wir sagen: »Das verstehe ich nicht«, und begreifen es nicht, weil wir zu sehr darinstecken. Nicht wir nehmen Gott in unser Bewußtsein auf, Gott nimmt uns in Sein Bewußtsein auf. Das aber heißt, daß wir in Seine Pläne hineingenommen sind, ohne daß wir diese Pläne bewußt bejahen müßten, denn Gottes Pläne sind stets weiter in ihren Dimensionen, als unser Bewußtsein reicht. Die göttliche Ordnung begegnet uns im Zufall – Dinge scheinen zufällig zu geschehen, doch hinter diesen Ereignissen steht der große Plan Gottes. Das Neue Testament hat uns offenbart, worin dieser Plan besteht: Wir werden teilhaben am Leiden Christi, und darüber, so sagt Petrus, haben wir allen Anlaß, uns zu freuen, denn wenn einst Christus verherrlicht wird, werden auch wir Freude die Fülle erhalten.

In dieser neuen Ausrichtung unseres Lebens ist kein Raum mehr für Selbstgerechtigkeit und Hochmut, denn es geht ja nun nicht mehr um unsere eigenen Ziele und Wünsche, sondern einzig um das große Ziel Gottes.

Der Ort der Ruhe

Markus 4,35-41

»Kommt her zu mir ... ich will euch erquicken.« Das heißt: »Ich will euch Kraft geben für ein standhaftes Leben, in dem es weder Überdruß noch Stillstand gibt.« Die Bibel orientiert sich nicht an unserer Auffassung der Dinge; sie benutzt die Worte »Ruhe«, »Freude« und »Frieden« nicht, wie wir es tun. Wir müssen deshalb unser alltägliches Verständnis dieser Begriffe immer wieder mit dem Verständnis, das Gott von ihnen hat, in Übereinstimmung bringen, sonst verlieren wir das Gefühl für Gott.

Markus 4,35-41 schildert nicht eine Episode aus dem Leben eines Menschen, sondern ein Ereignis im Leben Gottes, der Mensch geworden ist. Dieser Mann, der da im Boot schläft, ist der fleischgewordene Gott. Jesus hatte zu seinen Jüngern gesagt: »Laßt uns hinüberfahren«, doch als dann der Sturm aufkam, verließen sie sich nicht etwa auf Ihn, sondern es verließ sie der Mut. Ihre Lage war so beängstigend, daß sie nur noch die Gefahr sahen und in Panik gerieten - schlotternd vor Angst weckten sie schließlich Jesus. Wenn wir Angst haben, können wir in der Tat nichts besseres tun, als zu Gott zu beten, doch unser Herr hat umgekehrt das Recht, von denen, die Ihn beim Namen rufen und in denen Er Wohnung genommen hat, Vertrauen zu erwarten. Stattdessen fallen wir, wenn wir mit unserem Wissen am Ende sind, nur allzuoft in Gebete zurück, wie sie Menschen sprechen, die Jesus Christus nicht kennen, und beweisen damit, wie wenig wir Ihm und Seiner Herrschaft über die Welt im Grunde zutrauen: Er schläft, Er hält das Steuer nicht in der Hand – und schon werden wir ängstlich. Dabei erwartet Gott von seinen Kindern feste Zuversicht, die auch in der Bedrängnis nicht wankt. Es ist in einem solchen Augenblick schon viel gewonnen, wenn wir damit aufhören, Gott mit unseren persönlichen Bitten und belanglosen Angelegenheiten zu bestürmen. Gott verlangt letztlich nur eines von uns, daß wir Ihn verherrlichen - das heißt, daß wir Ihm absolutes Vertrauen entgegenbringen, uns immer wieder daran erinnern, was Er uns gesagt hat und gewiß sind, daß Er sein Werk vollenden wird.

Hüten wir uns vor dem, was uns zwar vielleicht beruhigt, aber nicht trägt - vor dem gesunden Menschenverstand! Was nützt er uns in einer Situation wie der oben beschriebenen? Die – äußerlich betrachtet »vernünftigen« – Ängste der Jünger, die »vernünftigen« Bedenken der Christen sind höchstens eine Belästigung für Gott. In dem Zwischenfall auf dem See reagierte Jesus zwar auf den Hilferuf der Jünger, aber Er tadelte sie gleichzeitig für ihren mangelnden Glauben: »Was seid ihr so furchtsam? Habt ihr noch keinen Glauben?« Wie müssen sie da erschrocken sein – »Wieder einen Fehler gemacht!« Und welch ein schmerzliches Erschrecken muß auch uns befallen, wenn wir feststellen, daß wir uns verhalten haben wie die Jünger auf dem See, statt Jesus die Freude zu machen, Ihm völlig zu vertrauen, ganz gleich, was geschieht. Die Freude, die ein Gläubiger Gott bereitet, ist auch die reinste Freude, die einem Christen widerfahren kann; umso trauriger und demütigender ist es für uns zu erkennen, wie wenig Freude wir unserem Herrn machen. Unser Vertrauen in Gott geht stets nur bis zu einem gewissen Punkt, dann meinen wir: »Jetzt muß mich selbst anstrengen und mein Bestes tun.« Doch es gibt Zeiten, in denen auch das innigste Bemühen des Menschen nichts mehr nützt, in denen nur noch Gott helfen kann, Gott aber erwartet von denen, die Ihn kennen, Vertrauen in Seine Macht. Wir müssen lernen, was diese Fischer lernen mußten: daß der Zimmermann aus Nazareth ein besserer Seemann war als sie. Ist Jesus Christus für mich nur ein menschlicher Zimmermann, oder ist Er mein Gott? Wenn Er nur ein Mensch ist, warum sollten wir Ihm dann das Steuer anvertrauen? Warum zu Ihm beten? Doch wenn Er Gott ist, dann seien wir mutig genug, unser Vertrauen in Ihn zu beweisen, indem wir uns in jeder Situation – auch der beängstigendsten – voll und ganz auf Ihn verlassen.

Wenn wir Glauben haben, so glauben wir ja an den allmächtigen Gott. Was Er gesagt hat, wird Er auch tun. Wir aber müssen in unserem Gehorsam standhaft bleiben. Lernen wir, stille vor Gott zu werden, oder belästigen wir Ihn mit nutzlosen Gebeten? In dem schrecklichen Kampf, den wir erleben, sind viele von uns am Ende ihrer Weisheit angelangt. Wir starren auf die haushohen Wellen, die über uns zusammenzubrechen drohen, und können nichts tun, als unserem eigenen Untergang zuzusehen. Und doch sagte Jesus: »Laßt uns hinüberfahren.« So wie ein General sich Soldaten wünscht, die in der Schlacht einen klaren Kopf behalten, so sucht unser Herr Menschen, die im Kampf des Lebens einen festen Glauben behalten. »Doch wenn der Menschensohn kommen wird, meinst du, er werde Glauben finden auf Erden?« (Lk 18,8). Hier und heute ist uns die Gelegenheit geboten, uns im persönlichen Leben zu bewähren und zu beweisen, daß wir Gott ganz und gar vertrauen!

Die Sterne ziehen unbeirrt ihre Bahn, genauso unbeirrt führt Gott sein Werk fort, und Seine Heiligen erfüllen ihre Pflicht ohne Aufhebens. Menschen, die sich ständig in verzweifelter Aktvität aufreiben, sind Gott ein Ärgernis; Er wirkt vielmehr durch die, die in der Stille eins sind mit Ihm. Den Gebrochenen, den Erschöpften und Verwirrten wird Er aufhelfen durch Menschen, die sich durch ihre eigene Angst nicht erschrecken lassen, sondern in ihrer Einheit mit Gott Ruhe finden – durch sie kann Er in der Welt wirken. Ein wahrhaft geheiligter Christ wurzelt fest im Vertrauen in Gott, denn Heiligung ist ja nicht etwas, das der Herr mir gibt, Er selbst ist die Heiligung in mir. Es gibt nur eine Heiligkeit, die Heiligkeit Gottes, und nur eine Heiligung, die Heiligung, die ihren Ursprung in Jesus Christus hat. »Durch ihn aber seid ihr in Christus Jesus, der uns von Gott gemacht ist zur … Heiligung« (1. Kor 1,30). Ein geheiligter Christ ist seiner selbst und seiner eigenen Anliegen ledig und vertraut darauf, daß Gott alles zu einem guten Ende führen wird.

Man kann die geistlichen Wahrheiten jederzeit verfälschen, aus der »Ruhe im Herrn« kann leicht der fromme »Rost« der Sentimentalität werden. Was ist dagegen mit unserer Rede von der Heiligung gemeint? Ihr höchstes Ziel ist die Ruhe in Gott, jene Einheit mit ihm, wie Jesus sie hatte: Denn Er war nicht nur untadelig vor den Augen Gottes, der Vater hatte Wohlgefallen an Ihm. Gebe Gott, daß wir Christus darin gleichwerden.

Der Altar der Gemeinschaft

»Denn wir wollen euch,
liebe Brüder, nicht verschweigen die Bedrängnis,
die uns in der Provinz Asien widerfahren ist …«
(2. Kor 1, 8)

Ein Mensch kann uns ein langes Stück unseres Weges begleiten, aber nicht bis zum Ende – doch Gott geht den ganzen Weg mit uns. Der Apostel Paulus realisierte in seinem Leben bis zur äußersten Konsequenz, was mit der Wendung »Altar der Gemeinschaft« gemeint ist: Er gab sich freiwillig und rückhaltlos in die Hände Gottes und stellte sich ebenso freiwillig und vollständig in den Dienst Gottes an den Menschen, unbekümmert darum, ob diese ihn nun verstanden oder nicht. »Ich will aber gern hingeben und hingegeben werden für eure Seelen. Wenn ich euch mehr liebe, soll ich darum weniger geliebt werden?« (2. Kor 12, 15). Was wissen wir über den Altar der Gemeinschaft, auf dem wir Gott das Beste, das Er uns gegeben hat, zurückgeben und auf dem Er es uns dann wiederschenkt als Brot und Wein für Seine Kinder?

Die Probleme der Gemeinschaft

»… so daß wir auch am Leben verzagten.«
(2. Kor 1, 8)

Der Christ, der in wirklicher Gemeinschaft mit dem Herrn Jesus Christus lebt, muß Schwierigkeiten gewärtig sein. Gott hat dem Menschen nie verheißen, daß er gegen alle Not gefeit sei, er hat nur gesagt: »Ich bin bei ihm in der Not« – das ist etwas ganz anderes. Paulus war »ein Apostel Christi Jesu durch den Willen Gottes«, und gerade daran entzündete sich denn auch die niederschmetternde Kritik und schändliche Behandlung von seiten derer, die nicht verstanden, auf wessen Autorität er sein Apostelamt gründete. Paulus stammte aus der gebildetsten Schicht des Judentums, er war ein fanatischer Pharisäer, bis Jesus ihm erschien, ihn überwältigte, mit Blindheit schlug, all seine persönlichen Ziele auslöschte und ihn schließlich als Apostel unter die Heiden sandte – »Ich habe ihn erwählt«. Das war der Grund, auf dem Paulus stand, der einzige Grund: Er war ein Apostel »durch den Willen Gottes« (vgl. Gal 1,15-16).

Wenn auch wir mit Problemen konfrontiert werden, wie sie die Gemeinschaft mit Jesus mit sich bringen kann, so müssen wir nicht verzweifeln, sondern sollen uns ganz auf den Herrn verlassen, ohne auch nur eine einzige Sekunde von unserem Weg abzuweichen. Sagen wir nicht: »Das ist unmöglich«, wenn wir sehen, daß etwas unsere Kräfte übersteigt, sondern denken wir daran, daß Gott uns durch die Schwierigkeiten, in die die Gemeinschaft mit Ihm uns bringen kann, zur Gemeinschaft mit Seinem Sohn führt! Auch das ist Dienst für Gott – »Wenn das Weizenkorn nicht in die Erde fällt und erstirbt ...«

Die Zucht der Gemeinschaft

»... und es bei uns selbst für beschlossen hielten,
wir müßten sterben.«
(2. Kor 1,9)

Wenn ich Jesus Christus nachfolge und Er in mir Wohnung genommen hat, habe ich die Antwort auf den Tod in mir selbst, und nichts, was Welt, Fleisch oder Teufel vermögen, kann mir noch Furcht machen. Diese Erkenntnis wurde Paulus in der verzweifelten Situation, in der er sich in Ephesus befand, zuteil. Damals wurde ihm bewußt, daß die Welt keine Schrecken mehr für ihn hatte. Die Zucht der Gemeinschaft mit Gott führte Paulus in eine Prüfung, in der er am eigenen Leibe erfuhr, was er glaubte. Wir sagen viele Dinge, an die wir angeblich glauben, ohne je dafür auf die Probe gestellt worden zu sein. Und doch müssen wir in allem, was wir glauben, streng gefordert werden, damit die Inhalte unseres Glaubens auch wirklich zu unserem geistigen Eigentum werden. Insofern ist jede Anfechtung im Glauben etwas Kostbares. Wir sollen Jesus Christus durch alle widrigen Umstände hindurch »anhangen«, bis Er unsere geistlichen Überzeugungen in wahre geistliche Besitztümer verwandelt. Es braucht immer Mut, an Gott zu glauben.

Die Hingabe an die Gemeinschaft

»… damit wir unser Vertrauen nicht auf uns selbst setzten«.
(2. Kor 1, 9)

Sobald wir unseren Erfolgen für die Sache Gottes Beachtung zu schenken beginnen, fangen wir an, auf uns selbst zu vertrauen. In Lukas 10, 20 sagt unser Herr: »Darüber freut euch nicht, daß euch die Geister untertan sind. Freut euch aber, daß eure Namen im Himmel geschrieben sind.« Der Herr Jesus Christus ist der Anfang, die Mitte und das Ende. Viele sind bereit, nach Heiligung zu streben, aber sie verschließen sich dem Einen, der die Heiligung ist. Sie »bemühen« sich darum, ein Segen zu sein. Welch entmutigender Anblick hätte sich dem Apostel Paulus geboten, wenn er auf den Gedanken gekommen wäre, das Resultat seiner Arbeit unter den Korinthern zu betrachten! Nach außen hin war es eine einzige Niederlage. Doch wahre Hingabe an die Gemeinschaft mit Gott meint vielmehr, daß wir wie Paulus gewiß sind, »daß weder Tod noch Leben … noch eine andere Kreatur uns scheiden kann von der Liebe Gottes, die in Christus Jesus ist, unserm Herrn«. Dann ist Gott für uns die eine, lebendige Wirklichkeit geworden.

Das Bekenntnis zur Gemeinschaft

»… sondern auf Gott,
der die Toten auferweckt.«
(2. Kor 1,9)

»Wie ich sehnlich warte und hoffe, daß … Christus verherrlicht werde an meinem Leibe, sei es durch Leben oder durch Tod« (Phil 1,20). Es ist Paulus eins, ob er für Gott leben oder sterben soll. Er vertraut felsenfest auf seinen Herrn und weiß, daß dieser Herr Seinen Plan mit ihm erfüllen wird und daß Ihn nichts und niemand davon abhalten kann.

Wissen wir, was am Altar der Gemeinschaft von uns verlangt wird? Sehe ich alles, was mir begegnet, sei es Glück oder Unglück, unter dem Blickwinkel meiner Einheit mit dem Herrn? Paulus hat diese Frage für sich beantwortet. Die große, alles in den Schatten stellende Leidenschaft im Leben des Apostels war seine tiefe persönliche Hingabe an Jesus Christus: »In dem allen überwinden wir weit durch den, der uns geliebt hat.«

Die letzte Treueprobe

»Denn Joab hatte Adonija angehangen und nicht Absalom.«
(1. Kön 2,28)

Gibt es in Ihrem Leben vielleicht etwas Ähnliches? Müssen auch Sie feststellen, daß Sie über einer unbedeutenden Sache die Treue zu Jesus verraten haben? Es gab einmal eine Zeit, in der Sie ganz Gott gehörten, Tage, an denen Ihr ganzes Wesen in der Hingabe an Jesus Christus aufging, an denen Sie alles für Ihn getan hätten. Wenn der Fürst dieser Welt damals zu ihnen gekommen wäre, hätte er nichts bei Ihnen ausrichten können; sie waren gefeit gegen die Verlockungen der Welt. Doch nun? Hat Gott nun den Schleier gelüftet und Sie sehen plötzlich, daß Ihre Begeisterung abgeflaut ist, daß ihre leidenschaftliche Hingabe an Jesus Christus nachgelassen hat? Der Fürst dieser Welt hat schließlich doch eine Schwachstelle an Ihnen entdeckt, und mit was für einer elenden, unbedeutenden Sache ist es ihm womöglich gelungen, Sie von Christus abzubringen! Ihre glühende Begeisterung für die Herrlichkeit Gottes ist erloschen, Ihr geistliches Leben besitzt nicht mehr den hohen Stellenwert wie früher für Sie, weil Ihre Moral ganz unmerklich vor der Welt kapituliert hat.

Hüten wir uns vor geistlicher Gleichgültigkeit

»Zur Freiheit hat uns Christus befreit!
So steht nun fest und laßt euch nicht wieder
das Joch der Knechtschaft auflegen!«
(Gal 5,1)

Joab hat die schwere Prüfung bestanden und ist der Faszination Absaloms nicht erlegen, doch am Ende seines Lebens scheiterte er an dem Feigling Adonija. Denken Sie immer daran, daß dort, wo einer gefallen ist, wir alle fallen können! (»Darum, wer meint, er stehe, mag zusehen, daß er nicht falle.«) Sie haben die Last und die Hitze des Tages getragen, Sie haben die Feuerprobe bestanden – doch jetzt hüten Sie sich vor der Grauzone, vor dem Zwielicht, das auch im geistlichen Leben auf das Licht des Tages folgt. Wir vergessen nur allzu rasch, daß es immer ein »Später« gibt, das der Gegenwart dicht auf den Fersen ist. Wer all dem, was Absalom repräsentierte, erfolgreich widerstanden hat, denkt vielleicht, daß ihm danach nichts mehr gefährlich werden kann; doch das ist ein verhängnisvoller Irrtum. Die erste Prüfung ist vorüber – Sie sind Absalom nicht erlegen. Nun hüten Sie sich vor Adonija! Denn gerade in der Zeit nach einem großen geistlichen Sieg beginnt oft das heimtückische Zerstörungswerk im kleinen. »Jetzt, nachdem ich die Krise überwunden habe, ist es sehr unwahrscheinlich, daß ich mich noch einmal den Dingen dieser Welt zuwende,« so meinen wir. Doch gerade im Unwahrscheinlichsten verbirgt sich häufig die größte Gefahr. Die Gestalten der Bibel stolperten nicht über ihre Schwächen, sondern über ihre Stärken, denn Stärken, auf die man sich blindlings verläßt, sind häufig die gefährlichsten Schwachstellen. In dem Dämmerlicht, das auf einen strahlenden Tag folgt, müssen wir doppelt vorsichtig sein. Das heißt nicht, daß Sie sich von nun an ganz einer krankhaften Innenschau ergeben und fortwährend ängstlich in sich hineinhorchen sollen, es ist nur eine Mahnung zur Wachsamkeit. Wiegen Sie sich nicht in der trügerischen Sicherheit, Sie wüßten, an welcher Stelle die Versuchung ansetzen wird. Zu den hilfreichsten Dingen, die Sie für Ihr geistliches Wohl tun können, gehört es, sich die Wunder, die Gott in Ihrem Leben getan hat, ständig neu in Erinnerung zu rufen, ja sie möglichst sogar aufzuschreiben. Kennzeichnen Sie wichtige Passagen in Ihrer Bibel und beschäftigen Sie sich immer wieder damit, so daß sie Ihnen stets frisch im Gedächtnis bleiben. Thomas Boston pflegte zu beten: »O Herr, erhalte mir ein offenes Ohr für Deinen Ruf.« Wir können uns das Idealbild unserer Verbundenheit mit Jesus gar nicht oft genug vor Augen stellen.

Hüten wir uns vor geistlichen Unterströmungen

»Ihr lieft so gut.
Wer hat euch aufgehalten?«
(Gal 5,7)

Eine Unterströmung ist eine unter der Wasseroberfläche verborgene Gegenströmung. Solche Unterströmungen sind äußerst gefährlich für den Schwimmer. Ein geübter Schwimmer wird sich daher grundsätzlich vorsehen, ein Narr dagegen setzt sich der Gefahr mutwillig aus. Der geistliche Strudel, der die Galater in die Tiefe zog, war ihr Rückfall in das gesetzliche Judentum. Die geistige Strömung, die diesen Rückfall bewirkt hatte, war an der Oberfläche des Gemeindelebens nicht sichtbar, sie untergrub es im Verborgenen. Es war die Gegenströmung zu dem Geist der Freiheit, den Christus seinen Anhängern gebracht hatte. Statt aufs offene Meer hinauszusegeln, in die herrliche Freiheit der Kinder Gottes, wurden die Galater abgetrieben. »Ihr lieft so gut ….« Sie hatten Kurs auf den weiten Ozean genommen, doch die Gegenströmung der jüdischen Gesetzlichkeit hatte sie erfaßt und hinderte sie daran, der christlichen Wahrheit zu gehorchen. Nach der Begegnung mit Gott trägt uns die Strömung unseres Lebens mit vollen Segeln aus dem sicheren Hafen hinaus auf die offene See. Nun gilt es wachsam zu sein gegen die geistlichen Gegenströmungen, die uns vom Kurs abbringen können. Am gefährlichsten ist eine solche Unterströmung dort, wo ein Fluß ins Meer mündet. Hier bilden sich die reißendsten Strudel, die das Schiff nicht einfach nur auf den alten Kurs abdrängen, sondern es oft mitten unter die zahllosen Wracks an den Klippen zu werfen drohen.

Nun, nachdem die Wellen des Glaubens Sie hinausgetragen haben in die Mitarbeit an der Verwirklichung der Pläne Gottes, seien Sie wachsam gegenüber all den Dingen, die in Ihrem früheren Leben eine wichtige Rolle gespielt haben. Die Strömung an der Wasseroberfläche, in die Gott unser Lebensschiff gesteuert hat, ist die stärkste; doch wir müssen stets auf der Hut sein vor geistlichen Unterströmungen, die uns hinabziehen können. Nach der brausenden Flut eines Höhepunktes in unserem geistlichen Leben setzt das drohende Wispern der Unterströmung ein. Für jeden von uns sieht diese Bedrohung anders aus. Man spürt sie nur an bestimmten Punkten der Gezeiten; wenn die Flut da ist, gibt es keine Strömungen.

Hüten wir uns vor geistlichen Untertönen

»Denn Demas hat mich verlassen
und diese Welt liebgewonnen ...«
(2. Tim 4,10)

In der Musik ist ein Unterton ein Ton, der nicht in der Melodie hörbar wird. Wenn eine Orgel oder ein Klavier um einen Viertelton verstimmt ist, entsteht ein besonderer Nachhall. So ist das Vox Humana Register, das den Klang der menschlichen Stimme nachahmt, einen Viertelton tiefer gestimmt als die übrigen Stimmen, wodurch der spezifische, fast disharmonische Effekt bewirkt wird. Im geistlichen Leben ist es ganz ähnlich. Wenn wir konzentriert auf die Musik lauschen, die Gott in unserem Leben erklingen läßt, wird dann nicht ein Unterton hörbar, ein Mißklang, der sich nicht ganz in die Harmonie einfügt, eine Kleinigkeit, die man kaum wahrnimmt, wenn man kein Experte in geistlichen Dingen ist? Bei Demas bestand dieser Unterton in seiner Liebe zur Welt. Früher hatte Paulus freudig von ihm als seinem »Mitarbeiter« (Phlm 24) gesprochen, doch nun wurde der Mißklang der Weltlichkeit hörbar und brachte ihn aus dem Takt. Der Unterton in der Musik hat etwas Faszinierendes, das uns bezaubern kann. Im geistlichen Leben ist es gerade ein solcher Unterton, der den Hauch von Gefahr signalisiert. Achten Sie auf ihn. Es mag uns völlig unwahrscheinlich vorkommen, daß wir uns von Gott abwenden könnten, doch wenn wir nicht vorbereitet sind, geschehen gerade die unwahrscheinlichsten Dinge.

Sie haben Höhepunkte in Ihrem Glaubensleben gehabt und werden nun hineingenommen in die Teilnahme an Gottes Plänen. Jetzt gilt es, sich vor dem Zwielicht, dem Nachspiel der geistlichen Helle in acht zu nehmen. Sie sind Gott in schweren Prüfungen treu geblieben, hüten Sie sich nun vor den Kleinigkeiten. »Große Ereignisse hängen an einem Strohhalm« (Carlyle). Vorgewarnt sein heißt vorbereitet sein. Die Wachsamkeit eines Christen besteht darin, daß er sich immer wieder an Gott erinnert. Bitten Sie Gott, daß Er sie nie vergessen lassen möge, wie nah Sie Ihm gewesen sind. Sagt Gott vielleicht zu Ihnen: »Du liebst mich jetzt nicht mehr, aber "ich gedenke der Treue deiner Jugend und der Liebe deiner Brautzeit«? Wenn Sie an Gottes Antwort merken, daß der Herr in Ihrem Leben nicht mehr den Stellenwert hat, den Er früher hatte, dann lassen Sie sich davon beschämen und demütigen, denn Scham führt zu Schmerz und zur Reue. Nehmen Sie den Tadel Gottes nicht einfach hin, sondern ändern Sie ihr Leben sofort. Unsere einzige Sicherheit liegt darin, uns beim Vater zu bergen: »Aus Gottes Macht … bewahrt«.

Die Zucht der Enttäuschung

Jesaja 38,15-20

Ent-täuscht zu sein heißt, daß es für uns keine Täuschung, keinen falschen Schein mehr im Leben gibt. Ein enttäuschter Mensch äußert sich – wenn das, was er sagt, auch durchaus richtig sein mag – oft schroff, ja sogar zynisch gegenüber anderen Menschen. Eine Enttäuschung, die Gott uns schickt, mag genauso brennend und scharf sein, doch Zynismus hat keinen Platz in ihr. »Aber Jesus vertraute sich ihnen nicht an ... denn er wußte, was im Menschen war« (Joh 2,24-25).

Die erzieherische Wirkung, die eine Enttäuschung auf uns ausübt, bewirkt, daß wir die Menschen sehen, wie sie sind. Doch das ist kein Grund, zynisch, bitter und verletzend zu werden. Viele Grausamkeiten entspringen aus unseren Illusionen, aus der Tatsache, daß wir den anderen nicht so nehmen, wie er ist, sondern uns an das Bild klammern, das wir uns von ihm gemacht haben. Für uns ist alles entweder schön und erfreulich oder aber gemein und abstoßend – je nachdem, wie das Bild, das wir uns davon machen, ist. Jesus Christus aber ist der Herr der menschlichen Seele, Er weiß, was im Herzen des Menschen ist (vgl. Mk 7,21-22), Er macht sich keine Illusionen.

Nur wenige von uns glauben, was Jesus Christus sagt; wir ziehen es vor, uns der Illusion der Unwissenheit hinzugeben. Wenn wir das tun, räumen wir unseren Illusionen, nicht Jesus, die Macht über unser Leben ein, und daraufhin wird sehr wahrscheinlich etwas geschehen, das uns bewußt macht, daß das, was Jesus Christus sagt, wahr ist. Wenn wir unsere Herzen Ihm übergeben, daß Er sie hüte, dann müssen wir nicht erst durch unsere Erfahrung davon überzeugt werden. Doch eine bestimmte Form der Unschuld ist beinahe sträflich. Unschuld ist die Charaktereigenschaft eines

Kindes, bei erwachsenen Menschen dagegen ist sie völlig unangebracht und kann zur Schuld werden. Vielleicht sind diese Menschen ihr Leben lang so behütet gewesen, daß sie lebensuntauglich wurden. Christen sollen rein und tugendhaft sein, doch Tugend entsteht nur aus einem bewältigten Konflikt.

Die meisten Leiden der Menschen beruhen auf ihrer Weigerung, sich mit Enttäuschungen abzufinden. Wenn ich z. B. einen Menschen liebe, nicht aber Gott, verlange ich von diesem Menschen die absolute Befriedigung aller meiner Ansprüche, die er natürlich nicht geben kann. Ich verlange von ihm, daß er vollkommen und absolut aufrichtig ist, und wenn er das nicht erfüllt, werde ich grausam, rachsüchtig und mißgünstig ihm gegenüber. Denken wir nur an eine durchschnittliche Ehe nach, sagen wir fünf oder zehn Jahren: Nur allzu oft ist sie zu einem öden Nebeneinanderherleben geworden. Der Grund dafür ist, daß die Eheleute Gott nicht richtig kennen, sie haben weder die verwandelnde Liebe Gottes erfahren noch durch die Zucht der Enttäuschung die Zufriedenheit in Gott kennengelernt, und nun ertragen sie einander nur noch, statt sich in Gott am anderen zu freuen. Das Herz des Menschen will zufriedengestellt werden, und das einzige Wesen, das diesen schmerzlichen Abgrund im menschlichen Herzen überwinden kann, ist Jesus Christus. Deshalb nahm er eine scheinbar so strenge Haltung gegenüber allen unseren menschlichen Beziehungen ein. Wenn wir Ihm nachfolgen wollen, müssen wir nach Seinen Worten bereit sein, Mutter und Vater und alle anderen geliebten Menschen zu verlassen, denn unser Herr macht sich keine Illusionen über die Menschen: Er weiß, daß jede Beziehung, die nicht auf der Treue zu Ihm basiert, zum Scheitern verurteilt ist.

Läuterung durch Leiden

»Ich will dich loben alle meine Jahre«
(V. 15; Elberfelder Übersetzung)

Das Leben dessen, der dem Tod in die Augen sah, gewinnt eine neue Würde, ein Element der Beständigkeit: Er sieht die Dinge, wie sie wirklich sind. Leiden, die uns auferlegt werden, desillusionieren uns – selbstsüchtigen Leiden aber fehlt dieser Effekt. Ein Mensch kann durch Leiden vervollkommnet werden oder aber nur noch tiefer fallen, das hängt von seiner Haltung ab. Nehme ich die Enttäuschungen an oder lasse ich mir meine Illusionen nicht nehmen, wenn Gott durch Probleme oder Leiden versucht, zu mir zu sprechen? Letzteres ist ein Zeichen dafür, daß ich noch an meinen Illusionen hänge; ich bin noch immer schuldhaft unschuldig. Doch die Schuld daran trägt nicht etwa Gott, die trage ich allein.

Das moralische Format eines Menschen zeigt sich in der Art und Weise, wie er sich in den unbedeutenden Dingen des Lebens, im Alltag, verhält. Unser Leben ist in zwei Bereiche geteilt: das Oberflächliche und das Tiefe. Jesus Christus erschien den frommen Menschen seiner Zeit als so oberflächlich, daß sie Ihn einen »Fresser und Weinsäufer« schimpften. Er lebte ein so selbstverständliches, »heiles« Leben, daß man Ihm gar keine Aufmerksamkeit schenkte, sondern Ihn einfach ignorierte. Jesus provozierte keine Skandale. Doch für die wirkliche Tiefe Seines Lebens waren die Menschen blind. So gilt auch unser tieferes Leben einzig und allein Gott, und wir haben keinen Anlaß, es vor anderen auszubreiten, es sei denn, Gott holt sie ebenfalls in diese Tiefe hinein. Das Oberflächliche umfaßt den Alltag unseres Zusammenlebens. Bin ich darauf bereit, Gott sowohl über das Oberflächliche als auch über das Tiefe herrschen zu lassen?

Der Prüfstein für unser geistliches Leben ist die Art und Weise, wie wir uns in unserem »oberflächlichen« Leben verhalten. Es ist nicht schwer, sich in einem Gebetskreis richtig zu benehmen, doch wenn wir auf eine Hochzeit gehen, bedürfen wir der ganzen Gnade Gottes. Wir dürfen unser Verhalten in Gebetskreisen nicht auf die oberflächlichen Situationen übertragen, sondern müssen auch dort ohne alle Illusionen ebenfalls unsere Beziehung zu Gott realisieren.

Niemand wurde je wiedergeboren, ohne eine Zeitlang »fanatisch« zu sein. Die oberflächlichen Begegnungen unseres Lebens fallen in dieser Zeit fort und die Menschen wenden sich gegen uns, denn wenn wir recht haben, sind sie im Irrtum. Es ist ein Ausschwingen des Pendels in das entgegengesetzte Extrem dessen, was bis dahin unser Leben ausmachte. Meine »rechte Hand« ist die, die mich den anderen genehm macht, doch Christus sagt: »Wenn dich deine rechte Hand zum Abfall verführt, so hau sie ab.« Diese Verstümmelung ist allerdings nur vorübergehend, denn das Vorbild eines Christen ist nicht etwa ein verstümmeltes Leben, sondern das Leben des Herrn Jesus Christus (vgl. Mt 5,29-30).

Sündenerkenntnis durch Rechtfertigung

»Du aber hast dich
meiner Seele herzlich angenommen.«
(V. 17)

Das ist die größte Offenbarung, die einem Menschen zuteil werden kann: Gott liebt den Sünder. Gott hat die Welt so sehr geliebt, daß Er, als sie sündigte, Seinen einzigen Sohn sandte, der für sie starb. Unser Herr macht sich keine Illusionen über uns. Er sieht in jedem Mann und in jeder Frau die Nachkommen Adams, der gesündigt hat, und Er sieht Möglichkeiten in unseren Herzen, von denen wir uns keine Vorstellung machen. Unsere natürlichen Fähigkeiten prädestinieren uns nicht für das ewige Heil, höchstens für den christlichen Dienst, doch das ist lediglich eine Sache der Erziehung.

Hiskia hat sich allmählich genauso gesehen, wie er in den Augen Gottes war. Wenn ein Mensch erst einmal vom Heiligen Geist seiner Illusionen »entkleidet« worden ist, wird er nie wieder an einem anderen Menschen verzweifeln. Unsere äußerlichen Sünden sind meist das Ergebnis unserer Erziehung, doch wenn der Geist Gottes in uns Wohnung nimmt, unsere Tiefe auslotet und die Liebe zur Sünde, die wir in uns haben, aufdeckt, verstehen wir, was das Heil bedeutet. Gott kann dem Sünder nur seine Sündhaftigkeit nehmen, sonst wäre die Rechtfertigung für ihn ohne Bedeutung (vgl. 2. Kor 5,21).

Sind mir angesichts des ewigen Heils meine Illusionen bewußt geworden? Denken Sie an den schlimmsten Menschen, den sie kennen: Glauben Sie, daß er in Jesus Christus vollkommen werden kann? Wenn nicht, dann machen Sie sich noch immer Illusionen über sich selbst, dann denken Sie noch immer, daß Sie eine Tugend besitzen, aufgrund derer Sie gerettet werden. Es gibt Männer und Frauen, wie z. B. den reichen Jüngling und Maria von Betanien, die solange völlig unbefleckt sind, bis sie den Geist Gottes empfangen, und dann geschieht etwas Bemerkenswertes mit ihnen: Ihre natürlichen Tugenden verkehren sich ins Gegenteil. Wenn ein außergewöhnlich geduldiger Mensch wiedergeboren wird, wird er ungeduldig; jemandem, der von Natur aus rein und aufrichtig und anständig ist, kommen böse Gedanken, an die er früher nicht einmal im Traum gedacht hat. Unsere natürlichen Tugenden versagen, weil sie nicht Verheißungen dessen sind, was wir sein werden, sondern Überbleibsel dessen, was wir einst waren, Überbleibsel des Menschen, den Gott geschaffen und den die Sünde zerstört hat. Jesus Christus flickt nicht an unseren natürlichen Tugenden herum; er macht einen neuen Menschen aus uns. »Darum: Ist jemand in Christus, so ist er eine neue Kreatur; das Alte ist vergangen, siehe, Neues ist geworden« (2. Kor 5,17). Von nun an finden wir jede Tugend, die wir besitzen, in Ihm allein.

Von Jesus Christus können wir nicht in Begriffen der natürlichen Tugenden sprechen, Er ist kein geduldiger, reiner, edler Mensch. Er ist »vom Himmel«, sein Leben ist heil, und das Neue Testament ruft uns dazu auf, so zu leben, wie Er gelebt hat. Unsere alten Denk- und Betrachtungsweisen müssen vergehen, und alles muß neu werden. Die Art, wie wir mit den Dingen umgehen, zeigt, ob wir in heilsamer Weise enttäuscht wurden oder nicht –

trauen wir auf unseren eigenen gesunden Menschenverstand, oder beten wir zu Gott? Wenn wir immer noch auf unsere eigene Weisheit bauen, wird Gott uns dieselbe Lehre nocheinmal erteilen müssen, solange, bis wir sie schließlich begriffen haben. Solange unser Glaube nicht in Gott ruht und nur in Ihm allein, geben wir uns immer noch irgendwelchen Illusionen hin.

Erleuchtung durch Unterwerfung

»Und die in die Grube fahren,
warten nicht auf deine Treue.«
(V. 18)

Unterwerfung aus christlicher Sicht bedeutet nicht, daß ich mich der Macht Gottes unterwerfe, weil mir keine andere Wahl bleibt. Ein Stoiker mag sein Schicksal mit Gleichmut hinnehmen, doch das ist im Grunde Sklaverei. Der Christ sieht Gottes Willen und unterwirft sich ihm aus leidenschaftlicher Liebe; sein ganzes Leben wird ein Zeugnis der Liebe zu dem Gott, dem er sich unterstellt. Am deutlichsten wird das in der Bergpredigt. Dort sagt Jesus, daß unsere Beziehung zu Gott in unserem Umgang mit den Menschen sichtbar werden sollte. Unsere Unterwerfung unter den Willen Gottes muß in unserem alltäglichen Leben zum Ausdruck kommen: Als Christen nehmen wir das Gesetz nicht in die eigenen Hände, wir wehren uns nicht, wenn wir geschlagen werden. Es ist nicht unbedingt gesagt, daß wir in unserem Leben verletzt oder geschlagen werden, doch jedesmal, wenn wir einen Schlag von uns abwehren, trifft er den Herrn. »Nun freue ich mich in den Leiden, die ich für euch leide, und erstatte an meinem Fleisch, was an den Leiden Christi noch fehlt, für seinen Leib, das ist die Gemeinde« (Kol 1, 24). Wenn jemand uns übervorteilt, so ist es unsere erste, natürlich Reaktion, das nicht einfach hinzunehmen. Vom moralischen Standpunkt aus ist das auch durchaus in Ordnung. Jesus Christus aber fordert von uns, wenn wir Seine Jünger sein wollen, daß wir ihm nicht nur das unrechtmäßig Angeeignete lassen, sondern Ihm alles schenken, was wir besitzen. Sobald wir uns eine solche Haltung wirklich zu eigen machen, machen wir uns Feinde unter den Menschen, wie Jesus es uns vorhergesagt hat.

Bevor wir zu einer lebendigen Beziehung zu Gott gefunden haben, vergöttern wir oft eine mutige und heroische Haltung. Wir sind bereit, alles zu tun, was einen heroischen Anstrich hat, alles, was uns mühevoll scheint, doch wenn es darum geht, sich der Forderung unseres Herrn zu unterwerfen und für Ihn schwach zu sein, dann brauchen wir die Hilfe des allmächtigen Gottes: »Und wenn wir auch schwach sind in ihm ...« Mancher von uns muß hier noch Enttäuschung erfahren. Wir haben es noch nicht gelernt, uns zu unterwerfen, und neigen dazu, auf unserem Recht zu beharren. Doch Jesus sagt uns ganz klar, welchen Weg wir gehen müssen: »Nehmt auf euch mein Joch und lernt von mir.« Bin ich Ihm wirklich treu, oder klammere ich mich immer noch an meine eigenen Rechte? Spricht meine Zunge die Worte Gottes, oder ist Natterngift in ihr verborgen?

Freude durch Opfer

»Darum wollen wir singen und spielen,
solange wir leben, im Hause des Herrn.«
(V. 20)

Hiskia sitzt nicht gemütlich in einem bequemen Sessel. Er leidet noch immer an einem Geschwür, und doch kann er sagen: »Ich will dir ein Dankopfer darbringen.« Es ist manchmal viel von uns verlangt, Gott zu loben, denn das kann heißen: Wenn es dir schlecht geht, sing Loblieder. »Opfer« bedeutet, daß wir etwas aufgeben müssen, was wir nicht aufgeben wollen. Wir reden davon, unsere Besitztümer hinzugeben, dabei gehört nichts davon wirklich uns. »Niemand lebt davon, daß er viele Güter hat.« Unser Herr fordert von uns, daß wir das aufgeben, was uns am schwersten fällt: unser Selbstbestimmungsrecht.

Jesus lehrte seine Jünger eine Art »Heuchelei«! »Wenn du aber fastest, so salbe dein Haupt und wasche dein Gesicht, damit du dich nicht vor den Leuten zeigst mit deinem Fasten.« Zeig nicht, daß du fastest oder daß du die Nacht im Gebet verbracht hast, sondern wasch dein Gesicht und laß auch nicht deinen besten Freund wissen, was du durchlitten hast. Gott hat uns eine Art natürlichen Stoizismus mitgegeben, und wenn dieser durch die Einwohnung des Heiligen Geistes verwandelt ist, so kann er bewirken, daß die Menschen sozusagen unsichtbar werden: »Er muß wachsen, ich aber muß abnehmen.« Johannes der Täufer sagt diesen Satz weder in Wehmut noch aus übertriebener Bescheidenheit, sondern er gibt damit der geistlichen Freude seines Lebens Ausdruck. Ich muß abnehmen, weil Er gekommen ist. Johannes sagt das in Begeisterung. Wächst Jesus in meinem Leben, oder nehme ich alles für mich selbst in Anspruch? Wenn ich enttäuscht werde, richte ich dann meinen Blick auf Ihn und Ihn allein? Auf diese Weise werden Enttäuschungen nicht überdauern. Es ist gleichgültig, was mir geschieht, das einzige, was für mich zählt, ist, »einen jeden Menschen in Christus vollkommen« zu machen.

Hat Jesus Christus den Frieden gebracht?

»Und er heißt … Friedefürst.«
(Jes 9,5)

Die Weihnachtsbotschaft

»Ehre sei Gott in der Höhe und Friede auf Erden
bei den Menschen seines Wohlgefallens!«
(Luk 2,14)

Diese Worte sind keine Prophezeiung, sondern eine Verkündigung.

Was man gemeinhin unter dem christlichen Glauben versteht, scheint solange richtig, bis man die Dinge einmal näher betrachtet. Die Ansicht z. B., daß das Christentum für Frieden auf Erden, die Verbrüderung aller Menschen, friedliches Zusammenleben und Wohlstand der Völker stehe, entspricht oberflächlich gesehen durchaus der Wahrheit. Doch wenn man dann genauer hinsieht, stellt man fest, daß vieles in der Welt dieser Auffassung zu widersprechen scheint, und ein kritischer Beobachter – er muß noch nicht einmal besonders klug sein, nur jemand, der mit offenen Augen durch die Welt geht – wird mit Recht fragen: »Was bedeutet das alles? Seit Jesus, der Friedefürst, gekommen ist, und die Engel den Menschen Frieden auf Erden verkündeten, sind zweitausend Jahre vergangen. Aber wo bleibt der Friede?« Das Neue Testament sagt nicht, daß die Engel Frieden prophezeiten. Sie verkündeten Frieden – »Friede auf Erden bei den Menschen seines Wohlgefallens«, d. h. Friede allen Menschen, die Gott mit ehrlichem Bemühen entgegenkommen. Jesus kam in die Welt, um ein für alle Mal deutlich zu machen, daß Gott mit den Menschen ist, »und sie werden ihm den Namen Immanuel geben, das heißt übersetzt: Gott mit uns«. Jesus Christus ist ein einzigartiges Wesen – ein Gott-Mensch. Er bringt allen Menschen, die Ihm gleichförmig werden, die Gotteskindschaft. Das ist der Kern der christlichen Offenbarung. Jesus sagt: »Kommt her zu mir«, und wer diesem Ruf folgt, ist hineingeboren in ein anderes Reich und in eine neue Zukunft. Die Erlösung von der Sünde ist dabei nur ein Teil dessen, was die Wiedergeburt durch den Geist mit sich bringt, doch sie ist entscheidend für uns, weil wir Sünder sind. Von Gott her aber bedeutet Wiedergeburt, daß der Mensch Seinem Sohn gleich wird. In der Weihnachtsbotschaft wird diese Aussage auf den Punkt gebracht: »Darum wird auch das Heilige, das geboren wird, Gottes Sohn genannt werden.« Durch die Menschwerdung Gottes ist es allen Menschen möglich geworden, in der Erlösung Gottes Kinder zu werden.

Die Drohung Christi

»Ihr sollt nicht meinen, daß ich gekommen bin,
Frieden zu bringen auf die Erde.
Ich bin nicht gekommen,
Frieden zu bringen,
sondern das Schwert.«
(Mt 10,34)

Hier spricht einer nicht aus Propagandagründen, sondern aus persönlicher Vollmacht.

Wie stimmt eine solche Aussage mit der allgemeinen Sicht, die wir von Jesu Auftrag in der Welt haben, überein? Die meisten sehen ihn doch als sanfte, milde, freundliche Persönlichkeit, die Frieden und Liebe um sich verbreitete und das Leben der Menschen schöner machte. Doch Jesus sagt hier ganz deutlich, daß wir uns keinesfalls solchen Träumereien überlassen dürfen. Er ist nicht gekommen, um allgemeine Verbrüderung zu stiften – Er brachte das Schwert. Wir neigen immer wieder dazu, unsere Vorstellungen an dem zu orientieren, was uns von Jesus Christus erzählt wird, und nicht an dem, was das Neue Testament tatsächlich über Ihn sagt. Wir hören, daß Jesus Christus sanft und liebevoll war, und das ist teilweise auch durchaus richtig. Doch wir vergessen dabei die Augenblicke, in denen Er flammend für die Ehre Seines Vaters eintrat. So begegnet uns z. B. im Tempel keineswegs ein »sanfter, milder, freundlicher Jesus«, sondern ein Mann, der schrecklich ist in seinem Zorn und mit der Peitsche in der Hand die Geldwechsler hinausjagt. »Denn ich bin sanftmütig und von Herzen demütig«, sagt Jesus, doch seine Sanftmut galt Gott und nicht den Menschen. Der Vater konnte mit dem Sohn tun, was Er wollte, und der Sohn nahm in völligem Gehorsam die Befehle des Vaters entgegen.

„Ich bin nicht gekommen, Frieden zu bringen, sondern das Schwert.« Sobald der Heilige Geist uns die Wahrheit in einer Klarheit vor Augen führt, wie wir sie nie zuvor gesehen haben, ist es aus mit unserem inneren Frieden, und stattdessen herrscht das Schwert der Überzeugung. Das Kommen Jesu Christi ist keine friedliche Angelegenheit, sondern etwas zutiefst Beunruhigendes, denn es bedeutet das Ende für allen Frieden, der nicht auf einer persönlichen Beziehung zu Christus beruht. Wenn unser moralisches Gleichgewicht erst einmal durch die Erkenntnis der Sünde erschüttert worden ist, so führt das entweder in die Heiligung oder in die ewige Friedlosigkeit. »Ich lebte einst ohne Gesetz«, sagt Paulus. Wenn ein Mensch begreift, was Jesus Christus von ihm verlangt, ist es vorbei mit seinem inneren Frieden. »Wenn ich nicht gekommen wäre und hätte es ihnen gesagt, so hätten sie keine Sünde.« Warum ist er dann überhaupt gekommen? Die Menschen sagen: »Die Bergpredigt reicht mir fürs Leben« (Wohl wahr!), »aber ich sehe die Notwendigkeit für die Rede von der Versöhnung und vom Kreuz Christi nicht ein.« Doch wann fangen sie damit an, die Bergpredigt in die Tat umzusetzen? Jesus fordert, daß wir so heilig sein sollen wie Er selbst es war, daß wir in unserem Wandel weißer sein sollen als Schnee und makellos rein in unserem Herzen. Sind Sie wirklich innerlich so geläutert, daß Sie nie Begierden verspüren, nie einen Gedanken denken, der Gott nicht wohlgefällig ist? Wenn Jesus nur gekommen wäre, um uns ein Ideal zu zeigen, das wir nie erreichen können, so wären wir in der Tat glücklicher ohne das Wissen um dieses Ideal. Doch Jesus kam nicht in erster Linie, um zu lehren, sondern um Sein Wesen in unsere Herzen zu legen, d. h. den Heiligen Geist, mit dessen Hilfe wir ein völlig neues Leben beginnen können. Durch die Erkenntnis der Sünde wird der Mensch wachgerüttelt, und es wird ihm bewußt, daß er der Erneuerung bedarf. Sobald er innerlich so weit gekommen ist, empfängt ihn Jesus mit den Worten: »Selig bist du.« Das, was einen Menschen zum Christen macht, sind nicht seine verstandesmäßigen Überzeugungen, sondern sein inneres Sein. Jesus Christus dringt in das Zentrum des menschlichen Lebens ein, und das Fundament aller christlichen Lehre ist, daß Jesus Christus etwas für uns getan hat, was wir selbst nicht für uns tun können. Christsein bedeutet nicht nur, sich an ein bestimmtes Regelsystem oder einen Heilsplan zu halten, sondern eine persönliche Beziehung zu Jesus Christus zu haben. Daher kann auch das spontane Wirken des Heiligen Geistes in einem Menschen ihn nach außen hin unbeständig aussehen lassen. Ein Christ klammert sich nicht an festgeprägte Glaubensbekenntnisse, sondern einzig und allein an den Sohn Gottes, der in ihm lebendig ist.

Die Bedeutung des Christseins

»Darum: Ist jemand in Christus,
so ist er eine neue Kreatur.«
(2. Kor 5,17)

Das ist keine Predigtaussage, sondern eine Wahrheit.

Wenn wir durch die Gnade Gottes gerettet sind, so bedeutet das nicht nur die Rettung aus der Zerstörung, sondern den Beginn einer neuen Schöpfung. Wer das Rechte weiß, aber nicht tut, der fällt der Verurteilung anheim. Wir wissen, daß uns die Gnade Gottes zuteil geworden ist, aber leben wir auch als Wiedergeborene? Wie oft machen wir uns die christlichen Wahrheiten bis zu einem gewissen Punkt zueigen und verfahren dann nach unserem eigenen Gutdünken mit ihnen? Der Durchschnittschrist pflegt zu sagen: »O ja, ich weiß, ich bin gerettet.« Nun, dann zeig deine Früchte! Wo sind die äußeren Zeichen, die wir nach den Worten Jesu bei einem Christen erwarten dürfen? Inwiefern unterscheidest du dich von anderen Menschen? Bist du genauso hart im Geschäftsleben, wie sie es sind? Wenn mein Christsein keinerlei Auswirkungen auf meinem Umgang mit dem Geld oder auf meine Ehe hat, so taugt es nichts. Heutzutage fragen die Menschen nicht mehr so sehr danach, ob die Sätze des Christentums wahr sind, sondern ob sie verwirklicht werden. Kommen sie irgendwie im Leben der Christen zum Ausdruck? Wenn ich eine persönliche Beziehung zu Jesus habe, die auf dem Fundament Seiner Erlösung basiert, dann wird sich das notwendig auch in meinem Leben und in meiner Art, mit anderen umzugehen, widerspiegeln, denn »das Alte ist vergangen, siehe, Neues ist geworden.«

Wie lautet nun die Antwort auf unsere Frage, ob Jesus Frieden gebracht hat? Sie lautet Ja, doch es ist kein Friede um jeden Preis, sondern ein Friede, der Seinem Wesen entspricht. »Meinen Frieden gebe ich euch.« Der Friede, den Jesus schenkt, ist völlig unabhängig von den äußeren Umständen, es ist ein Friede, der auf einer persönlichen Beziehung zu Ihm gegründet ist, die durchträgt durch alle Widrigkeiten des Lebens. »In der Welt habt ihr Angst; in mir Frieden.«

O Frieden, den mein Heiland gibt,
wie nie ich Fried' verspürt,
das ist ein biblischer Gedanke.
Dieser Friede ist die tiefste Erfahrung,
die ein Mensch machen kann.
Er ist allmächtig
und übersteigt alles menschliche Erkennen.

Geistliche Erziehung

»Fasset eure Seelen mit Geduld«
(LK 21, 19; URSPR. FASSUNG LUTHERS).

Erziehung bedeutet Entfaltung und Entwicklung vorhandener Fähigkeiten und Ausdrucksmöglichkeiten, ohne dabei dem Wesen des Betreffenden etwas Fremdes aufzupfropfen. Geistliche Erziehung bedeutet dementsprechend, daß wir lernen, dem göttlichen Wesen Ausdruck zu geben, das in uns lebt, wenn wir wiedergeboren sind.

»Fasset eure Seelen mit Geduld«, sagte Jesus zu Seinen Jüngern. Die Seele ist der Ausdruck des Geistigen, das in meinem Körper wohnt, meine Vernunft, mein Denken und Handeln. Jesus hat gelehrt, daß der Mensch seine Seele verlieren muß, um sie wahrhaft zu gewinnen – er muß seinen gesunden Menschenverstand, seine eigene Auffassung von den Dingen gänzlich fahrenlassen und alles von einem völlig neuen Standpunkt aus betrachten lernen. Der Geist Jesu ist uns zwar geschenkt, doch wir müssen nun auch danach trachten, unseren Geist Jesus gleichförmig zu machen und von Ihm verwandeln zu lassen. Niemand wird einfach von selbst in seinem Fühlen, Denken und Handeln Christus gleich.

Die Dimensionen der Liebe Gottes

»Also hat Gott die Welt geliebt,
daß er seinen eingeborenen Sohn gab ...«
(Joh 3,16)

»... welches die Breite und die Länge
und die Höhe und die Tiefe ist,
... die Liebe Christi erkennen,
die alle Erkenntnis übertrifft ...«
(Eph 3,18-19)

Die erste Lektion in unserer geistlichen Erziehung befaßt sich mit der Erkenntnis der Dimensionen der göttlichen Liebe – ihrer Länge und Tiefe, ihrer Breite und Höhe. Daß Gott Liebe ist, ist die Grundoffenbarung unseres Glaubens. Doch was nützt es mir, wenn man mir sagt, daß Gott die Liebe ist, und ich bin nicht durch den Geist wiedergeboren? Für mich ist dieser Gott dann nicht die Liebe. Wo ist die Liebe Gottes im Krieg? Im Leid? In all den unvermeidlichen Ungerechtigkeiten und Ungereimtheiten des Lebens? Kein verantwortlicher Mensch, der die Realität mit nüchternen Augen betrachtet, könnte jemals den Satz beweisen, daß Gott die Liebe ist – es sei denn, er akzeptiert die endgültige Offenbarung der göttlichen Liebe in Jesus Christus. Für den normalen Menschen, der nichts von dem Reich weiß, das mit Jesus Christus angebrochen ist, hat Johannes 3,16 zunächst einmal keinerlei Bedeutung. Doch wenn er dann bestimmte Erfahrungen in seinem Leben macht und eines Tages vielleicht völlig rat- und hilflos dasteht, und wenn er dann diese Worte liest, gewinnen sie mit einem Mal einen völlig neuen Sinn für ihn. Erst wenn wir erkennen, daß dem menschlichen Leben in seiner letzten Tiefe etwas Tragisches anhaftet, wächst uns auch das Verständnis für die Liebe Gottes zu.

Das wahre Ausmaß der göttlichen Liebe wird sichtbar am Kreuz. Es ist nicht das Kreuz eines Menschen – an diesem Kreuz hängt das offene Herz Gottes! Am Ende dieser Welt steht Gott mit ausgebreiteten Armen, und jeder Mensch, der gehetzt und erschöpft dort anlangt, fällt hinein in die Arme Gottes. Das Kreuz Jesu ist und bleibt der höchste Erweis der göttlichen Liebe (Röm 8, 35-39). »Wer will uns scheiden von der Liebe Christi?« (V.35).

Das Kreuz Jesu macht aber auch unmißverständlich deutlich, daß der lodernde, glühende Mittelpunkt der Liebe Gottes in Seiner Heiligkeit und Gerechtigkeit liegt, und nicht, wie wir Menschen uns so gerne einreden, in Seiner Freundlichkeit und Milde. Wenn die göttliche Liebe unsere Fehler einfach zudecken würde, die doch zum Himmel schreien, dann hätten wir Menschen ein schärferes Gerechtigkeitsempfinden als der Allmächtige. Gott aber ist ein heiliger Gott, und die Herrlichkeit der Erlösung liegt darin, daß dieser heilige Gott in mich, das unheilige Geschöpf, ein neues Wesen legt – das Wesen Seines Sohnes.

Das Leben unter der Liebe Gottes

1. Korinther 13, 4-8

In der Liebe räume ich einem anderen den wichtigsten Platz in meinem Leben ein. Dieser andere will Jesus sein. Ein Leben in der Gemeinschaft mit Ihm verlangt von mir, daß ich mich bewußt und freiwillig in die Liebe Jesu zu anderen Menschen hineinnehmen lasse.

»Die Liebe ist langmütig und freundlich, die Liebe eifert nicht, die Liebe ... sucht nicht das Ihre, sie läßt sich nicht erbittern, sie rechnet das Böse nicht zu, ... sie erträgt alles, sie glaubt alles, sie hofft alles, sie duldet alles. Die Liebe hört niemals auf.« Das ist die Richtschnur für ein christlich gelebtes Leben. Ein Mensch, der ständig auf den Fehlern anderer herumhackt, ist sicherlich für seine Umgebung ein äußerst unangenehmer Zeitgenosse, sobald jedoch die Liebe Gottes in unser Herz ausgegossen ist, fangen wir an, selbst unter der rauhesten Außenseite noch die Gabe selbstloser Liebe zu erkennen. Wir sind auf einmal imstande, Gutes zu entdecken, wo wir zuvor nur Gemeinheit vermuteten, denn letztlich sehen wir immer nur so gut, wie wir selbst sind, so beschämend es auch ist, sich das klar zu machen.

Es gehört unabdingbar zu einem Leben in Christus, daß wir uns die Anteilnahme Gottes für andere Menschen zueigen machen, und Gott ist nun einmal an recht seltsamen Leuten interessiert, zum Beispiel an Ihnen und mir! Eigentlich ist es so etwas wie ein Ausdruck des Humors unseres himmlischen Vaters, wenn Er uns mit Menschen konfrontiert, die sich uns gegenüber genauso verhalten, wie wir uns früher Ihm gegenüber verhalten haben. Nun sieht Er uns zu, wie wir mit ihnen umgehen. Wie hat Jesus uns behandelt? Mit unendlicher Geduld, mit unbegrenzter Bereitschaft zur Vergebung, mit weitherziger Großzügigkeit. Und so sollen auch wir nach Seinem Willen denen begegnen, die uns vor die Füße gelegt sind. »Wenn ihr aber den Menschen nicht vergebt, so wird euch euer Vater eure Verfehlungen auch nicht vergeben.«

Versuche nie, mit einem abstrakten Feind Frieden zu schließen, sondern komm mit dem Feind ins reine, der dir gegenübersteht. Es ist leicht, von der Liebe zu den Heiden zu reden, aber es taugt nicht für den christlichen Alltag. Wir dürfen nie ins Abstrakte abgleiten. Unser Leben als Christen muß darauf ausgerichtet sein, daß wir anderen dieselbe Freundlichkeit erweisen, die Gott uns zuteil werden ließ – und zwar nicht irgendwelchen fernen Menschen, die wir nie gesehen haben, sondern den Menschen, mit denen wir ganz direkt zu tun haben. »Damit ihr Kinder seid eures Vaters im Himmel.«

Eine weitere Voraussetzung für das christliche Leben ist die Erkenntnis, daß ein Christ so frei ist, daß er nicht mehr auf seinem Recht beharren muß. Diese Lektion lernen wir meist nur durch die schwerste und härteste Schule. In der Bergpredigt lehrt uns unser Herr, anderen immer Gerechtigkeit widerfahren zu lassen, ohne dasselbe für uns zu verlangen. Für den gesunden Menschenverstand klingt das nach Unvernunft – oder nach Christentum. Wer Gerechtigkeit um jeden Preis will, übt sich nicht in die Praxis eines Gott wohlgefälligen Lebens ein, sondern verharrt in »göttlicher« Selbstgerechtigkeit. Hüten wir uns davor, auf die Fehler anderer Menschen zu starren. Gott erwartet von uns, daß wir uns so verhalten, wie wir es innerlich beim anderen voraussetzen – sobald wir uns das wirklich bewußt machen, werden wir aufhören, andere zu kritisieren und sie an unserem Maßstab zu messen.

Wenn die Liebe Gottes in mir wohnt, muß ich lernen, diese Liebe in mir zur Sprache kommen zu lassen; ich muß mich darin üben, ihr Ausdruck zu geben, doch das braucht Zeit. »Hab Geduld mit deiner Seele«, sagt Jesus. Wir dürfen nie dem Gedanken Raum geben: »Jetzt, wo ich wieder in mein altes Verhalten zurückgefallen bin, ist sowieso alles egal.« Hab Geduld mit dir selbst und bedenke, daß die Erlösung nicht erst im Jenseits, sondern hier und jetzt beginnt!

Die Treue zur Liebe Gottes

»Hast du mich lieb?
… Weide meine Schafe!«
(Joh 21, 16.17)

Sind wir dieser Aufforderung unseres Herrn nachgekommen, haben wir Jesu Schafe geweidet? Überschauen wir doch einmal unser Leben. Haben wir dazu beigetragen, daß andere Menschen in der Erkenntnis Jesu wuchsen und daß ihr Leben dadurch reicher wurde, oder ging es uns nur darum, unsere spezielle Lehrmeinung durchzusetzen? Treue zu Gott beinhaltet nach den Worten Jesu, daß wir Seinen Schafen von Ihm erzählen und ihnen geistliche Nahrung bieten, ohne ihnen jedoch unsere Lehren aufzuoktruieren. Petrus hatte sich einst mit seiner Liebe zu Jesus gebrüstet – »Wenn sie auch alle Ärgernis nehmen, so will ich doch niemals Ärgernis nehmen an dir.« Doch von dieser stolzen Selbstgewißheit ist nichts mehr übrig: »Herr, du weißt alle Dinge, du weißt, daß ich dich liebhabe.« »Weide meine Schafe!« Treue zu Gott – das ist nicht die Treue zu irgendeinem theologischen Lehrsystem; es bedeutet, Jesus so die Treue zu halten, daß andere in der Erkenntnis des Herrn wachsen und erquickt werden. Wir dürfen uns als Christen von der Idee freimachen, daß wir gute Taten tun müssen, und sollten stattdessen bedenken, was Jesus sagt: »Wer an mich glaubt, ... von dessen Leib werden Ströme lebendigen Wassers fließen.« Im christlichen Leben heißt es nie »tu dies, tu das«, sondern immer »Sei so, lebe so, und ich werde durch dich wirken.« Der Geist Jesu formt einen Menschenschlag, der dem Meister immer ähnlicher wird.

Werde auch ich mit der Zeit gütiger, besser, hilfsbereiter, demütiger? Wird in meinem Leben sichtbar, daß ich es mit Jesus lebe, oder werde ich immer selbstgerechter und eigensinniger? Es ist ungemein wichtig, in dieser Frage aufrichtig gegen sich selbst zu sein.

Die geistliche Erziehung, die ein Christ durchläuft, umfaßt viele Lektionen, von denen wir hier nur einige angesprochen haben: Wir müssen das Ausmaß der göttlichen Liebe kennenlernen und sehen, daß das Zentrum dieser Liebe Gottes Heiligkeit ist; wir müssen lernen, daß ein wahrhaft christlicher Lebenswandel die bewußte Aufgabe unseres eigenen Standpunktes bedeutet, um uns immer mehr den Standpunkt Jesu Christi zueigen zu machen, und daß es zu den vornehmsten Aufgaben christlichen Lebens gehört, Männern und Frauen die Erkenntnis unseres Herrn nahezubringen und sie darin zu bestärken. Das aber kann nur geschehen in absoluter Treue zu Jesus.

Der Arbeiter im Weinberg des Herrn

2. Tim 1,12-17

Diener mit befleckter Vergangenheit

»Zuletzt von allen ist er auch von mir
als einer unzeitlichen Geburt gesehen worden.«
(1. Kor 15,8)

»Denn ihr habt ja gehört
von meinem Leben früher im Judentum,
wie ich über die Maßen
die Gemeinde Gottes verfolgte ...«
(Gal 1,13)

Paulus bezeichnet sich selbst als »unzeitliche Geburt«. Im Grunde hat jeder Arbeiter im Weinberg des Herrn diese Empfindung – »Wenn ich das doch vorher gewußt hätte« oder »Wenn ich meine Zeit nur besser genützt hätte.« Wir haben immer das Gefühl, irgendwie im Nachteil zu sein oder etwas falsch gemacht zu haben. Derartige Gedanken kommen uns in unserem Glaubensleben stets von neuem in den Sinn und müssen immer wieder überwunden werden. Wenn wir Gott wirklich dienen wollen, so gibt es nur einen einzigen Weg: Wir dürfen uns »nicht verlassen auf Fleisch«.

Wenn Paulus sagt: »Ich vergesse, was dahinten ist«, meint er damit nicht sein früheres Leben – er vergaß nie, daß er »ein Lästerer und ein Verfolger und ein Frevler« gewesen war, doch er ließ bewußt alles hinter sich, was er in seinem Leben als Christ erlangt hatte, weil es ihn stets aufs neue vorwärtsdrängte »nach dem, was da vorne ist«. Das Evangelium von der Gnade Gottes nimmt den

Makel von der Vergangenheit des Arbeiters – aber nicht indem es die Erinnerung daran in ihm auslöscht, sondern indem es ihm zeigt, daß Gott ihn auch und gerade mit seiner Vergangenheit für Seinen Dienst brauchen kann. Deshalb sollte ein treuer Arbeiter im Weinberg des Herrn die Menschen nie dazu auffordern, ihre Vergangenheit einfach aus dem Gedächtnis zu streichen, wie es manche Verkünder einer allzu »rosaroten« christlichen Heilsbotschaft tun. Wenn wir die Vergangenheit vergessen, werden wir hart und engstirnig und damit unbrauchbar für Gott. Und solange wir das Kreuz Christi noch nicht als eine befreiende, erneuernde Macht kennengelernt haben, die den schmerzenden Stachel aus unserem Gedächtnis entfernt, sind wir auch untauglich für den Dienst an den Menschen. Solange wir noch nicht am eigenen Leibe erfahren haben, wie die Gnade Gottes den Makel unserer Vergangenheit in persönlich erfahrene Erlösung umwandelt, sind wir in unserer eigenen Schwäche und Erbärmlichkeit gefangen, die es der Botschaft Gottes schwer macht, in uns zu wirken. Ohne Sündenbewußtsein und befleckte Erinnerungen, die der Verwandlung bedürfen, wird die christliche Lehre leicht zur »höheren Lehranstalt«, die bestimmte moralische und kulturelle Werte vermittelt, statt dem Weg zu folgen, den Paulus uns vorgezeichnet hat. Das Evangelium kann nicht von sündlosen Lippen gepredigt werden, und wenn sie mit Engelszungen sprächen. Die Verkündigung braucht Menschen, die durch das Versöhnungswerk Christi aus ihren Sünden gerettet wurden, vergangenheitsbelastete Geschöpfe wie Paulus oder wie Sie und mich. Wenn wir sagen, daß Jesus das Evangelium predigte, so sind wir im Irrtum, denn Er tat mehr: Durch Ihn kam das Evangelium, das wir verkünden, überhaupt erst in die Welt.

Das Wissen um die eigene Vergangenheit, und zwar nicht um die entschuldbaren Taten, sondern um die dunklen Punkte, denen Gott in seiner Gnade ihren Stachel genommen hat, ist gleichsam die Grundlage für die Arbeit im Weinberg des Herrn. In diesem Bewußtsein können wir dann auch zum Heile anderer wirken. Der Heilige Geist wird uns diese dunklen Punkte immer wieder in Erinnerung rufen, und sie werden für uns zu den liebsten und strahlendsten Augenblicken in unserer Gemeinschaft mit Gott gehören. Denn darin zeigt sich ja am mächtigsten das Wunder der göttlichen Gnade: »Wo aber die Sünde mächtig geworden ist, da ist doch die Gnade noch viel mächtiger geworden.«

Zusammenkunft der Jünger

»Danach, drei Jahre später,
kam ich hinauf nach Jerusalem,
um Kephas kennenzulernen,
und blieb fünfzehn Tage bei ihm.«
(Gal 1,18)

Stellen wir uns den Apostel Paulus vor: Nach drei Jahren in Arabien, wo er einen schweren geistigen und körperlichen Zusammenbruch erlitt, bei dem sein ganzes Weltbild in Trümmer ging und nach dessen Überwindung er schließlich, völlig verwandelt durch die Gnade Gottes, zur Heidenmission aufbrach, kommt er zu Petrus und bleibt fünfzehn Tage bei ihm. Was spielte sich wohl bei dieser Begegnung ab? Petrus erzählte dem anderen sicherlich vom Leben Jesu, angefangen mit den Geschehnissen am See Genezareth bis hin zu der Nacht im Garten Gethsemane und zum Kreuz. Er nahm Paulus wohl auch zu einem Abendmahlsgottesdienst mit. Da saßen auch die Frauen, die durch den Fanatismus des einstigen Saulus Witwen geworden waren. Was mag eine solche Erinnerung an die eigene Vergangenheit in einem so sensiblen Menschen wie Paulus ausgelöst haben? Es erfordert auf jeden Fall viel Mut, als Gerechtfertigter denen gegenüberzutreten, denen man früher Unrecht zugefügt hat. Von daher wird auch verständlich, warum Paulus sich sein ganzes Leben lang für die Witwen und Waisen einsetzte, die ihn an das erinnerten, was er einst getan hatte. Diese Erinnerungen waren es wohl, die ihn zu der Aussage veranlaßten: »Denn ich hielt es für richtig, unter euch nichts zu wissen als allein Jesus Christus, den Gekreuzigten.« Doch auch uns sind solche Erfahrungen nicht fremd. Jedesmal, wenn der Geist Gottes den Finger auf eine unserer Verfehlungen in der Vergangenheit legt und wir betrübt sind über unser Tun, will Er uns damit zugleich auch das Wunder unserer Rettung vor Augen führen.

Was wirklich zählt

»Darum kennen wir von nun an niemanden mehr nach dem Fleisch;
und auch wenn wir Christus gekannt haben nach dem Fleisch,
so kennen wir ihn doch jetzt so nicht mehr.«
(2. Kor 5, 16)

»Aus alttestamentlicher Sicht vollzieht sich die Fortentwicklung vom Wissen um Christus hin zum Wissen von Jesus; aus neutestamentlicher Sicht vollzieht sich der Entwicklungsprozeß vom Wissen von Jesus hin zum Wissen um Christus« (Bengel). Für uns heutige Menschen gilt keine dieser Entwicklungslinien. Wir fangen erst in der persönlichen Befreiung an zu begreifen, wer der historische Jesus war. Die Forderung »zurück zu Jesus« hat nur dann ihre Berechtigung, wenn damit gemeint ist, daß wir uns zu Jesus wenden und Ihn so kennen sollen, wie Paulus Ihn kannte, das heißt nach dem Geist. »Er, der göttlicher Gestalt war« – Teil der Dreieinigkeit –, »entäußerte sich selbst dieser Gestalt und nahm Knechtsgestalt an.« Paulus kannte Jesus in keiner der beiden Gestalten – er sah Ihn weder in göttlicher Gestalt, denn kein Mensch hat Gott je gesehen; und er begegnete Ihm nicht in den Tagen Seines Menschseins. Paulus lernte Jesus Christus erst nach der Verklärung kennen, diesem einmaligen Akt, in dem Gott sich in einem verklärten menschlichen Leib manifestierte. Durch diese besondere Konstellation unterscheidet sich Paulus in seiner Lehre und seinem Denken von den anderen Aposteln; er ist derjenige, durch den der Heilige Geist uns von der Person Christi Nachricht gibt. Wir können Jesus nie »nach dem Fleisch« kennen wie die ersten Jünger, wir kennen Ihn nur nach dem Geist. Deshalb beharrt der Apostel so sehr darauf, daß die Gläubigen den Geist empfangen müssen.

Setzen wir vielleicht innerlich die Taten Christi an die Stelle des Kreuzes? Das ist ein Fehler, in den wir immer wieder verfallen, bis wir endlich das Herzstück der paulinischen Lehre begreifen: Es gibt in diesem Leben nur eines, das ich mir ganz zueigen machen muß – »Jesus Christus, den Gekreuzigten«. Die göttliche Berufung zur Verkündigung des Evangeliums zeigt sich nicht in einer besonderen Begabung, auch nicht darin, daß Gott mich geheiligt hat, sondern einzig und allein darin, daß mir durch das Wunder der göttlichen Gnade der Sinn des Kreuzes Christi aufgegangen ist und daß mein Leben dadurch verwandelt wurde. Viele von uns, die sich Arbeiter im Weinberg des Herrn nennen, sollten zuerst einmal in die Schule Gottes auf Golgatha gehen. Es ist zwar sicherlich schon viel wert, wenn wir wissen, was wir dem Kreuz Christi verdanken, doch diese Erkenntnis allein macht uns noch nicht zu Verkündern Seines Wortes. Der wahre Diener des Herrn sieht im Kreuz Christi die Offenbarung des Herzens Gottes und bekennt: »Von nun an soll es mein einziges Bestreben sein, Jesus Christus, den Gekreuzigten, zu predigen – nicht meine eigene Kreuzeserfahrung mit Christus soll im Mittelpunkt stehen, sondern ich will allein von Jesus Christus erzählen, dem Gekreuzigten.«

Treue in Schwachheit

»Hätte ich gedacht:
Ich will reden wie sie,
siehe, dann hätte ich das Geschlecht
deiner Kinder verleugnet.«
(Ps 73,15)

Die höchste Prüfung, der ein Gläubiger in seinem Leben unterzogen wird, ist die Treue zu Gott und Seinen Kindern. Solange wir nicht wahrhaft fest sind in unserem Bekenntnis, sind wir nie ganz frei von Treulosigkeit. Der Psalmist erkannte, daß er zum Verräter an Gottes Kindern wurde, wenn er sich mit seiner Umwelt gemein machte. Und auf wessen Seite stehen wir heute? Sind wir Gott und Seinen Heiligen wirklich treu? Wir dürfen uns in unserem Leben nur unter ein einziges Joch beugen, und das ist das Joch Jesu Christi. Verzagtheit erwächst aus »enttäuschtem Egoismus«, aus dem Aufgeben eigener Wünsche. Ein Gläubiger aber kann auf keinen Fall entmutigter werden als Jesus Christus: »Er wird nicht verlöschen und nicht zerbrechen.« Zu dieser Haltung fand unser Herr, weil Er nie etwas anderes erstrebte, als den Willen Seines Vaters zu tun. Wir Menschen dagegen wollen oft die Wahrheit nicht hören, wir verlangen nur nach Anregung und Befriedigung unserer eigenen Bedürfnisse.

Glaube an die Herrschaft Gottes über die Welt

Psalm 37,1-14

Es ist leicht, einfach nur daherzureden, daß Gott »im Regimente« sitzt, während man zugleich das zerstörerische Wirken Satans, die

Leiden in der Welt und die Herrschaft der Sünde vor Augen hat, denen Gott anscheinend tatenlos zusieht. Unser Glaube darf sich jedoch nicht in Lippenbekenntnissen erschöpfen, er muß die Feuerprobe bestehen, bevor er für Gott oder eines Seiner Kinder wirklich brauchbar ist. Deshalb machen uns die Glaubensanfechtungen, in die wir geraten, in Gottes Augen reifer und reicher. Am Anfang bekennen wir meist noch frohen Herzens: »Ich weiß, daß Gott die Liebe ist, und daß er gerecht, heilig und wahr ist.« Doch dann stoßen wir auf Tatsachen im Leben, die nach den Maßstäben des gesunden Menschenverstandes in offenem Widerspruch zu unserem Glaubensbekenntnis stehen. Werden wir uns von diesen Wahrnehmungen in eine pessimistische Grundstimmung drängen lassen und womöglich sogar zu dem Schluß kommen, daß unsere frühere Sicht von Gott falsch war und wir unsere einstige Überzeugung verwerfen müssen? Wenn wir versuchen, die Probleme dieser Welt mit intellektuellen oder wissenschaftlichen Methoden zu lösen, werden wir entweder in Schwermut verfallen oder am Ende bewußt die Augen verschließen und uns vormachen, daß diese Probleme gar nicht existieren. Wir müssen uns vor der gefährlichen Vogel-Strauß-Manier bestimmter religiöser Richtungen, wie zum Beispiel der Christlichen Wissenschaft, hüten, die behaupten, so etwas wie Tod, Sünde oder Schmerz existiere gar nicht. Jesus Christus hält uns dazu an, mit offenen Augen durch die Welt zu gehen und auch den negativen Dingen nicht auszuweichen. Gott allein kann den Anwürfen standhalten, die aus dem Vorhandensein des Teufels, der Sünde und des Schmerzes in der Welt erwachsen. Wir aber sollen treu sein in unserem mit Christus in Gott verborgenen Glaubensleben und den Tatsachen, mit denen wir konfrontiert sind, nüchtern ins Gesicht sehen. Auch uns wird sicherlich auf viele Fragen keine intellektuell befriedigende Antwort zuteil werden, doch unser Glaube wird so unerschütterlich feststehen, daß schließlich auch andere merken, daß es eine Antwort auf alle Fragen des Lebens geben muß, an die sie nie gedacht haben. Eine Antwort, die lautet: »Ich bin der Weg, die Wahrheit und das Leben.«

Vom metaphysischen Standpunkt aus mag die Schlußfolgerung durchaus richtig sein, daß Leiden ein Resultat der Sünde ist, doch wie steht es mit den Problemen, die diese Theorie schafft? Wir brauchen ja letztlich keine Lösung, die unseren Verstand zufriedenstellt, sondern einen Moralbegriff, eine Lösung, die aus der persönlichen Beziehung zu Gott entspringt, an dessen Wesen wir glauben, dessen Gedanken und Taten wir jedoch noch nicht vollständig begreifen können. Heutzutage neigen wir dazu, unseren eigenen Bekenntnissen, unserer eigenen Vorstellung von der Wahrheit und unseren Erfahrungen Vorrang zu geben vor der Treue zu Gott und dem Glauben an Sein Wesen. Doch damit läßt sich nicht alles erfassen und erklären. Die eigentliche Frage ist, ob ein Gotteskind auch in den »Zwischenräumen« seines Lebens, in denen die Sünde und Satan herrschen, Gott treu bleibt, wenn alles um es herum seinem Glauben an das Wesen Gottes widerspricht.

»Denn ich ereiferte mich über die Ruhmredigen, als ich sah, daß es den Gottlosen so gut ging.« Der Wohlstand und das Wohlleben der bösen Menschen bleibt für jedermann, der nicht in enger Gemeinschaft mit Christus in Gott lebt, ein Problem, das fortbesteht und sich weder intellektuell noch psychologisch lösen läßt. Moralische und geistliche Integrität läßt sich nicht am äußeren Segen Gottes messen. Gott spendet Guten und Schlechten gleichermaßen seine Wohltaten. Diese Wohltaten sind ein Zeichen dafür, daß Gott überreich ist an Gnade und Segen, unabhängig davon, wie die Menschen zu ihm stehen. Er ist so reich, daß Er sie an Seinen Segnungen teilhaben lassen kann, auch wenn sie nie in eine wirkliche Beziehung zu Ihm treten (vgl. Mt 5,45-48).

Glaube an die Herrschaft Gottes inmitten der Weltlichkeit der Welt

Psalm 73,15-22

Die Ausrichtung unseres ganzen Seins auf Gott bewahrt uns vor moralischen und geistlichen Ängsten. Die zentrale Botschaft der ganzen Bergpredigt lautet denn auch: Konzentriere dich ganz auf

Gott und mache dir um alles andere bewußt keine Sorgen. Heute weichen wir einer solchen Fixierung auf Gott aus, indem wir uns ganz dem Dienst christlicher Nächstenliebe verschreiben. Die Geschäftigkeit, in die uns die Erfüllung unserer Pflichten stürzt, bringt unsere Beziehung zu Gott dabei oft rascher zum Erliegen als das Wirken des Satans. Die meisten von uns sind eingebettet in die Gemeinschaft von Mitchristen und führen ein so behütetes Leben, daß sie vergessen, daß es auch Menschen gibt, die ein Leben von untadeliger Heiligkeit inmitten moralischer Verkommenheit führen müssen, ohne daß Gott sie aus dieser Umgebung befreit. Sobald wir einmal unsere persönliche Beziehung zu Gott aus den Augen verlieren, werden Werte wie »richtig« und »falsch« sehr rasch relativ und sind nicht länger absolut. Wie verlockend erscheint es da, endlich der ständigen Forderung nachzugeben – »Mach Zugeständnisse an die Welt!« Das sei fern von uns! Wir können nur durch ein mit Christus in Gott geborgenes Leben lernen, mit welch radikaler Reinheit wir den Schrecken der Welt gegenübertreten müssen. Die Reinheit Christi hat nichts Gefälliges, sie schneidet mit unerbittlicher Schärfe in alles, was nicht rein ist, »denn unser Gott ist ein verzehrendes Feuer.« Wer der Reinheit Christi treu bleibt, wird es deshalb mit »lebensgefährlichen« Problemen zu tun bekommen, und wenn er auch nur für eine Sekunde öffentlich oder im geheimen von einem Wandel im Lichte abkommt, wie Gott im Lichte ist, wird er die Fähigkeit verlieren, zwischen richtig und falsch zu unterscheiden, und das Wort »Neigung« zur Ausrede für seinen Ungehorsam machen. Prüfen wir einmal jede unserer gefühlsmäßigen Neigungen auf diese Weise – »Wenn ich das zulasse, was für Auswirkungen wird es haben?« Wenn wir dabei sehen, daß das Ganze auf einen Fehler oder Irrtum hinausläuft, so sollten wir es bei Gefahr für unsere Seele endgültig aus unseren Gedanken verbannen. Wann immer Sie mit Schwierigkeiten zu kämpfen haben, seien sie nun intellektueller, materieller oder sozialer Art, halten Sie Gott die Treue! Lassen Sie sich nicht auf Kompromisse und Halbheiten ein, denn wenn Sie das tun, wird Ihre ganze Umgebung unter Ihrer Treulosigkeit zu leiden haben, weil Sie damit Jesus Christus und die christliche Weltsicht verraten. Wir dürfen uns nie der Illusion hingeben, etwas vor Gott tun oder denken zu können, von dem niemand sonst etwas zu wissen braucht. Ein Mensch ist das, was er im Dunkeln ist. Wer standhaft bleibt und Gott und Seinen Heiligen in seinem persönlichen Leben wie auch nach außen hin treu bleibt, der wird nicht nur die dauernde Gemeinschaft mit Gott spüren, er wird auch erleben, daß Gott sich auf ihn verläßt.

Glaube an Gott im Blick auf sein Wort

Psalm 73,23-28

Gott und Seine Verheißungen sind ewig: »Die Gabe Gottes aber ist das ewige Leben.« Jesus Christus kam in die Welt, um uns ewiges Leben zu schenken, ein Leben, in dem es weder Zeit noch Raum, weder Schmerz noch Tod gibt – es ist das Leben, das Jesus lebte. Manche Bitten sind so groß und Gott hält eine so überraschende Antwort darauf für uns bereit, daß Er uns erst eine Weile auf ihre Verwirklichung warten läßt. Der wahre Gläubige weiß um den Trost des Satzes: »Dennoch bleibe ich stets an dir« – in Deiner Gegenwart. Deshalb gerät er nicht in Zweifel oder Mutlosigkeit, wenn die Antwort sich verzögert. Es gibt keine logischen Gründe für den Glauben oder für das Leiden. Der Bereich, in dem Gott uns begegnet, ist ein Teil unseres innersten Lebens, das nicht in Worte gefaßt werden kann.

Wenn wir uns wirklich bemühen, die Befehle Christi in unserem Leben zu befolgen, sind die Christen meist die ersten, die sagen: »Sei nicht so dumm, überspann den Bogen nicht. Denkst du etwa, du seist Gottes besonderer Liebling?« Auf diese Weise wird die Treue zu Gott in Mißkredit gebracht. Doch wir sollen Gott und Seinen Heiligen die Treue halten und jeden Eindruck oder Gedanken, der dieser Haltung zuwiderläuft, entschlossen verbannen. Selbst wenn wir nur einer düsteren, depressiven Stimmung nachgeben, versündigen wir uns an Gott und Seinen Heiligen. Denn bei allen, vielleicht teilweise auch schmerzlichen Erfahrungen, die Gott uns machen läßt, hat Er nur ein Ziel: daß wir alles verlernen, was wir an Fähigkeiten mitbringen, bis wir schließlich so schlicht und einfältig vor Ihm stehen wie Kinder.

Geistliche Evolution

Unsere heutige Welt ist besessen vom Gedanken der Evolution. Man munkelt vom »Supermenschen«, von nie dagewesenen Fortschritten der Menschheit, die angeblich bevorstehen, doch keiner weiß im Grunde, wo das Ganze enden wird. Im Gegensatz dazu ist uns das Ziel der geistlichen Evolution, die in Jesus Christus verkörpert ist, von Anfang an gesagt: Es ist Jesus Christus selbst. Die Bibel vertritt denn auch eine völlig andere Sicht des Menschen als die Naturwissenschaft, die den Menschen primär als einen hervorragenden »Macher« sieht, dessen bisherige Leistungen zu glänzenden Hoffnungen für die Zukunft berechtigen. Nach Ansicht der Bibel dagegen ist der Mensch so etwas wie ein grandioser Fehlschlag, der sich genau in die entgegengesetzte Richtung von dem entwickelt hat, was er ursprünglich sein sollte. Die Bibel spricht deshalb nicht von einer Evolution der Menschheit, sondern von einer Revolution: »Du mußt wiedergeboren werden.« Das ist kein Befehl, sondern die schlichte Konstatierung einer grundlegenden Tatsache. Im Leben des Menschen muß es einen Einschnitt, einen Bruch geben, bevor er in die geistliche Wirklichkeit gelangen kann. Am Anfang waren Gott und der Mensch, den Er geschaffen hatte, eine Einheit, doch dann kam die Sünde und trennte beide; erst durch die Menschwerdung Jesu wurde der Abgrund zwischen Gott und Mensch überbrückt. Jesus Christus aber war nichts weniger als ein Produkt der geschichtlichen Entwicklung – Er trat von außen in die Geschichte ein. Er war auch nicht der zu höchster Vollkommenheit gelangte Mensch, den die Welt je gesehen hatte, gleichsam der Gipfelpunkt menschlicher Evolution, denn er gehörte nicht zur menschlichen Rasse. Jesus Christus ist der Erste und der Letzte, er ist – wie der Apostel Paulus sagt – das Ziel, auf das alle Menschen hinstreben, – »bis wir alle hingelangen ... zum vollen Maß der Fülle Christi.«

Der Kampf um die eigene Persönlichkeit

»Ringt darum,
daß ihr durch die enge Pforte hineingeht.«
(Lk 13,24)

Bei diesem Kampf muß jeder zunächst bei sich selbst ansetzen. Das »Ringen darum, durch die enge Pforte hineinzugehen«, ist ein Bild für den Kampf, den wir gegen uns selbst bestehen müssen. Alles, was nicht durch diese enge Pforte paßt - Selbstsucht, Eigenliebe und mangelnde Selbstdisziplin – ist letztlich zerstörerisch. Der Kampf, das Bemühen, das Ringen – ganz gleich, worum – ist schon an sich eine Art moralischer Tat. Wer sich dagegen selbst in allem nachgibt, verweigert den Kampf und bemüht sich nicht einmal darum, für ihn gerüstet zu sein. Bevor wir jedoch anderen den rechten Weg weisen können, müssen wir zunächst unser eigenes Leben in Ordnung bringen.

Nur wer als Sieger aus einem moralischen Kampf hervorgeht, kann anderen helfen, während der, der sich diesem Kampf entzieht, auch auf andere einen schlechten Einfluß ausübt. Wo wir einen moralischen Sieg über unseren Körper oder unsere Gefühle errungen haben – und sei er auch keinem außer uns selbst bekannt –, können wir zu einem unermeßlichen Segen für die anderen werden; doch wenn wir uns weigern, überhaupt zu kämpfen, fällt unser Verhalten als destruktiver Einfluß auf unsere ganze Umwelt zurück – das ist eine anerkannte, wenn auch wenig besprochene psychologische Gesetzmäßigkeit. Ringen Sie darum, Ihrer Selbstsucht Herr zu werden, und Sie werden zu einer unschätzbaren Hilfe für Ihre Umwelt, wenn Sie dagegen Ihre Neigung zu geistlicher Trägheit und Schwäche nicht überwinden, blockieren Sie damit auch die geistliche Entwicklung unzähliger anderer. Auch wenn diese Wahrheit nicht mit Händen zu greifen ist, so ist sie doch unumstößlich, und Jesus fordert uns deshalb eindringlich auf: »Ringt darum, daß ihr durch die enge Pforte hineingeht.« Allein kann uns das nicht gelingen. Wer sich bemüht, durch die enge Pforte zu gehen, braucht die Hilfe anderer, die stärker und besser sind als er. Kämpfernaturen, Menschen, die mit Ernst und Eifer nicht etwa nach Selbstbewußtsein oder Selbstbestätigung, denn das wäre allenfalls ein Zeichen der Schwäche, sondern nach wahrer Entwicklung ihrer Persönlichkeit streben, können uns erheben und beflügeln. Es gibt Personen, in deren Gesellschaft man sich keine Schwäche – nicht einmal in Gedanken – gestatten kann.

Der Kampf für die anderen

»Das andre ist dies:
Du sollst deinen Nächsten lieben
wie dich selbst!«
(Mk 12,31)

Wann immer es um unsere ureigenen Interessen geht, hat das sofort auch Auswirkungen auf andere. Kein Mensch kann einen moralischen oder geistlichen Sieg erringen, ohne zugleich ein Interesse für seinen Nächsten zu entwickeln. Wer kämpft und den Kampf gegen sich gewinnt, wird sehr rasch merken, daß durch ihn nun auch ein anderer die Chance hat, seine ganz persönliche Schlacht zu schlagen. Falsch verstandene moralische Erziehung erkennen wir daran, daß sie dem Lernenden nicht die Möglichkeit gibt, für sich selbst oder andere einzustehen. Manchmal neigen wir dazu, den Schutzengel für das geistliche Leben anderer zu spielen und sie so sehr zu behüten, daß sie wie Treibhauspflanzen gar nicht erst etwaigen Bewährungsproben ausgesetzt werden, in denen sie einen moralischen Sieg erringen könnten. Dabei darf kein Mann und keine Frau im Stand der Unschuld bleiben. Eine Frau soll zwar rein und ein Mann tugendhaft sein, doch dafür muß ihre Unschuld erst durch die Berührung mit der Unreinheit und deren Überwindung in wahre Reinheit verwandelt werden. Nur ein Mensch, der diese Läuterung erfahren hat, ist zu wirklicher Tugend gelangt und kann Großes bewirken, an welchen Platz er auch gestellt wird.

»Niemand hat größere Liebe als die, daß er sein Leben läßt für seine Freunde«, sagt Jesus, und Er fährt fort: »Euch aber habe ich gesagt, daß ihr Freunde seid«. Wenn Sie also Ihr Leben Jesus Christus überantwortet haben, so muß darin sichtbar werden, daß Sie es hingeben für Ihren Herrn – nicht unbedingt, indem Sie für Ihn sterben, sondern indem Sie Ihm Ihr ganzes Leben weihen. Paulus drückt es so aus: »Wir aber eure Knechte um Jesu willen.« Wenn Sie anderen dienen wollen, dann müssen Sie es um Jesu willen tun; wenn Sie es nur aus Menschenliebe tun, werden Sie bald am Ende Ihrer Kraft sein und an der Undankbarkeit der Welt zerbrechen. Wenn Ihre Hingabe jedoch der Liebe zu Jesus entspringt, können Sie den Menschen auch dann noch dienen, wenn Sie ausgebeutet und verschmäht werden. Erwarten Sie nie Gerechtigkeit in dieser Welt, aber lassen Sie sie grundsätzlich anderen zuteil werden. Wer Gerechtigkeit verlangt, gibt den Kampf um sein wahres Selbst auf.

Der Kampf um die Gleichförmigkeit mit Jesus:

»So folgt nun Gottes Beispiel
als die geliebten Kinder
und lebt in der Liebe,
wie auch Christus uns geliebt hat …«
(Eph 5,1-2)

Wer darum ringt, auf dem rechten Weg zu bleiben, kämpft auch für andere. Dadurch entsteht eine Beziehung zwischen Gott und ihm, die ihn gleichsam Jesus ähnlich macht. Ein Mensch, in dem Jesus Wohnung genommen hat, wird seinem Herrn gleich. »Und lebt in der Liebe, wie auch Christus uns geliebt hat.« Jesus hat mich geliebt und all meine Schwäche, Selbstsucht und Sündhaftigkeit ausgelöscht. Nun fordert Er von mir die gleiche Liebe auch für andere Menschen. »Denn wenn ihr den Menschen ihre Verfehlungen vergebt, so wird euch euer himmlischer Vater auch vergeben« – ich soll Gott nicht um der Versöhnung willen um Vergebung bitten, sondern weil ich selbst dem anderen vergeben habe. »Wenn ihr aber den Menschen nicht vergebt, so wird euch euer Vater eure Verfehlungen auch nicht vergeben.« Zugegeben, das ist viel verlangt. Bin ich wirklich bereit, einem Menschen, der mir Böses zugefügt hat, die Liebe zu erweisen, die Gott mir erwiesen hat? Als Christ muß ich lernen, mich hineinnehmen zu lassen in das Interesse Gottes an den Menschen, die Interessen Gottes aber sind nie dieselben wie meine eigenen, selbstsüchtigen Interessen, sondern stehen stets in Einklang mit Seinen unerforschlichen Absichten. Wenn der Geist Gottes in einem Menschen Wohnung nimmt, weitet sich sein Blick. Gott hat keine Günstlinge: »Damit wir einen jeden Menschen in Christus vollkommen machen. Dafür mühe ich mich auch ab und ringe in der Kraft dessen, der in mir mächtig ist.« Der Segen, zu dem ich für andere werden kann, erwächst aus meinem Bemühen, die Person zu werden, die ich nach Gottes Willen sein soll, und mein Wert vor Gott entspricht dem Maß, in dem ich Ihm ähnlicher werde und mir Seine Sicht der Dinge zueigen mache.

Wie Gott will

»Es ist Gottes Ehre,
eine Sache zu verbergen.«
(Spr 25,2)

Diese Aussage steht in der Bibel keineswegs isoliert da, sie zieht sich vielmehr durch die gesamte Heilige Schrift: z. B. 5. Mose 29,28: »Was verborgen ist, ist des Herrn, unseres Gottes; was aber offenbart ist, das gilt uns und unseren Kindern ewiglich ...«; Römer 11,33: »O welch eine Tiefe des Reichtums, beides, der Weisheit und der Erkenntnis Gottes! Wie unbegreiflich sind seine Gerichte und unerforschlich seine Wege!« Der Sinn des göttlichen Geheimnisses ist es nicht, uns zu quälen und uns das entmutigende Gefühl zu geben, daß wir Gott nie verstehen werden, sondern uns langsam, Schritt für Schritt, so, wie wir sie fassen können, die vollkommene Offenbarung Gottes zu enthüllen.

Es ist die Ehre Gottes, seine Lehre unter Gehorsam zu verbergen: Unsere Erkenntnis reicht stets nur soweit wie unser Gehorsam. »Wenn jemand dessen Willen tun will, ob diese Lehre von Gott ist ....« Nur im Gehorsam können wir die Lehre Gottes begreifen. Sprechen wir vom Allernaheliegendsten: Habe ich die Pflicht, die mir vor die Füße gelegt wurde, erfüllt? Habe ich Gott im Geringsten gehorcht? Wenn nicht, werde ich die Geheimnisse Gottes nie ergründen, wie sehr ich mich auch bemühe. Doch wenn ich darin gehorsam bin, wird sich mir die Bedeutung der Lehre Gottes offenbaren. Wieviele von uns sind in dem Wenigen, was wir von der Wahrheit Gottes kennen, gehorsam gewesen?

Wir machen Erfahrungen nicht um ihrer selbst willen, Erfahrungen sind das Tor zum Verstehen. Leider können uns die Grenzen unserer Erfahrungen, die uns doch eigentlich zu den Geheimnissen Gottes hinführen sollen, ebenso in Fesseln legen wie die Sünde. Viele ernstlich bemühte Christen haben heutzutage ihren Glauben verloren, weil sie versuchten, den engen Grenzen ihrer Erfahrung treu zu bleiben, statt in das strahlende Licht Gottes hinauszutreten. Gott will uns jedoch dorthin holen, wo Er ganz herrscht und uns keine Erfahrungen mehr einengen. Welche Erleichterung, dort anzukommen! Dort gibt es keine Last, keine Mühe, keine Glaubenserfahrungen mehr, weil Jesus Christus alles in allem ist.

Gott hat die Ehre seiner Lehre unter der Versuchung verborgen. »Meine lieben Brüder, erachtet es für lauter Freude, wenn ihr in mancherlei Anfechtungen fallt«, schreibt der Apostel Jakobus. »Wer überwindet, dem will ich geben von dem verborgenen Manna.« Auf den Kampf folgt das Fest; wenn wir den Kampf bestanden haben, warten die Freude und der Triumph des Festes auf uns. Wir müssen lernen, Gott für die Anfechtungen unseres Glaubens zu danken, denn sie bewirken Geduld und Standhaftigkeit. Ein Glaube aber, der durch das Feuer der Versuchung gegangen ist, ist kostbar vor Gott. Er ist wie ein Schatz, den wir im Himmel sammeln, und je mehr Anfechtungen wir durchstehen, desto reicher werden wir an himmlischen Gütern.

»Selig sind, die reinen Herzens sind.« Wenn wir Gott gehorchen, werden wir feststellen, daß »dem Gerechten (...) das Licht immer wieder aufgehen (muß).« Wir Menschen werden rasch ungeduldig, wenn Er sich nicht so verhält, wie wir es erwartet haben – »Ich dachte, Gott wolle mir Glück und Freude schenken!« Das will Gott auch, doch Er schenkt uns das, was Er unter Glück und Freude versteht, nicht das, was wir darunter verstehen. Gott zieht die endgültige, höchste Vollkommenheit einem vollkommenen Augenblick vor. Oft hadern wir deshalb mit Ihm und machen Ihm Vorwürfe – »Warum schickt Er uns Wolken und Unglück, wo wir uns doch nach grünen Weiden und stillem Wasser sehnen?« Doch Stück für Stück werden hinter den Wolken die Füße des Vaters sichtbar; hinter dem Blitz im Dunkel der ewige Tag, der keine Nacht mehr kennt; hinter dem Donner eine ruhige, leise Stimme, die uns überreichen Trost spendet.

Gott verbirgt Seine Schätze zu Seiner Ehre unter Enttäuschungen und Schwierigkeiten: Er »will dir heimliche Schätze geben.« Wir hätten nie vermutet, daß gerade an dieser Stelle Kostbarkeiten versteckt sein könnten. Um in ihren Besitz zu gelangen, müssen wir verwirrende und bestürzende Erfahrungen machen und durch manche Dunkelheiten gehen. Doch der Satz, daß nichts ermüdender für die Augen ist als ewiger Sonnenschein, gilt auch für die geistliche Wanderung. Das dunkle Tal gibt uns Zeit nachzudenken, und schließlich lernen wir sogar, Gott für die Dunkelheit zu loben, weil unsere Seele in der Finsternis zur Gemeinschaft mit Ihm zurückfindet, denn in ihr offenbart Er uns aufs neue Seine Güte. Blicken wir zurück! Welche Tage und Erfahrungen haben uns in unserem Leben am weitesten vorangebracht? Waren es die Tage auf den grünen Weiden, die Stunden schwebenden Glücks? Sicherlich nicht. Auch sie haben ihren Wert; doch die Tage, die unsere Persönlichkeit wirklich formen, sind die schweren und dunklen, die Zeiten, in denen wir unseren Weg nicht mehr vor uns sehen, sondern innehalten und warten müssen, denn im Warten werden uns der Trost, die Bewahrung und wiederherstellende Kraft Gottes in einer Art und Weise begegnen, wie wir es nie erhofften.

Gott möchte, daß wir Seine Allmacht erkennen. Immer wieder erliegen wir der Versuchung, Ihn in Seinen eigenen Gesetzen zu fangen und Ihm keinen freien Willen zuzugestehen. Wir behaupten zu wissen, was Gott tun wird, doch ganz plötzlich wirft Er all unsere Pläne über den Haufen. Gerade dann, wenn wir ganz fest mit etwas rechnen, tut Er genau das Gegenteil. Das Leben hält immer Neues, Unerwartetes für uns bereit: Eine überraschende Freude, wenn wir auf Kummer gefaßt waren, und einen unverhofften Kummer, wenn wir auf Freude warteten, bis wir uns eines Tages bescheiden lernen und getrost sagen können: »Denn er ist meine Hoffnung« (Ps 62,6).

Auch Enttäuschungen sind eine Züchtigung Gottes. Das Leben mag uns vorwärtsgetragen haben wie ein reißender Strom, doch plötzlich stehen wir vor einem Hindernis, und erst allmählich begreifen wir, daß diese Enttäuschung uns auf das Geheiß

Gottes hin den Weg verstellt. Gott verbirgt Seine Schätze in der Dunkelheit, und so mancher funkelnder Stern, der nie zuvor am Firmament zu sehen war, tritt aus dem Dunkel hervor. Im Leben mancher Menschen werden die Schätze Gottes in ganz besonderer Weise sichtbar, eine unvergleichliche Süße und Schönheit umgibt sie, ja, sie prangen wahrlich »im unvergänglichen Schmuck des sanften und stillen Geistes«. Wir fragen uns dann, wo diese Ausstrahlung herrührt. Sie kommt aus der Dunkelheit, in der Gott diesen Menschen Seinen allmächtigen Willen im Unerwarteten offenbarte. »In Bedrängnis hast du mir Raum gemacht.«

»Es ist Gottes Ehre, eine Sache zu verbergen.« Gott will nicht, daß wir ungeduldig und neugierig sind. Wenn wir die Grenzen, die Gott unserer geistlichen Entwicklung gezogen hat, bis wir für Seine Offenbarung bereit sind, mutwillig einreißen, so muß das in die moralische, intellektuelle oder religiöse Katastrophe führen. Wir leben heute in einer Zeit unduldsamer Wißbegierde. Die Menschen wollen nicht mehr auf das langsam und stetig sich vollziehende, majestätische Kommen des Sohnes Gottes warten, sondern versuchen immer wieder, durch diese oder jene Tür unerlaubt in Seine Geheimnisse einzudringen. Doch ihr Tun wird vergeblich bleiben. »Und einer von den Ältesten spricht zu mir: Weine nicht! Siehe, es hat überwunden der Löwe aus dem Stamm Juda, die Wurzel Davids, aufzutun das Buch und seine sieben Siegel.« (Offb 5, 5). Ein heiliger Gott hat uns Grenzen gesetzt und Er hat uns klar gesagt: »Nicht diesen Weg!« Gebe Gott, daß wir Seine Wolken und Geheimnisse hinnehmen und führe Er uns durch gehorsames Vertrauen bis hinein in sein Allerheiligstes.

Christsein als Fest oder Hingabe?

»Es sei aber fern von mir,
mich zu rühmen als allein des Kreuzes
unseres Herrn Jesus Christus,
durch den mir die Welt gekreuzigt ist
und ich der Welt.«
(Gal 6,14)

Im allgemeinen sind wir sehr viel schneller bereit, uns dessen, was Jesus Christus für uns getan hat, zu freuen, als Ihm unser ganzes ferneres Leben zu weihen. Damit meine ich nicht den einmaligen Augenblick, in dem ein Sünder erstmals sein Leben dem Herrn übergibt, sondern den zugleich schöneren und schwereren Weg der Hingabe an Gott ein ganzes Christenleben lang.

Die Tücken des Alltags

Paulus wandte sich in seinem Brief an Menschen, die sich mit Ernst um ein erfülltes geistliches Leben mühten, die aber nun in einen Glaubenskonflikt geraten waren, weil ihnen verschiedene, einander widersprechende Wege zur Vollkommenheit aufgezeigt wurden. Traurig hält der Apostel ihnen vor: »Damals, als ich euch den Gekreuzigten verkündigte, wart ihr fasziniert; nun predigen andere euch Gesetzlichkeit und die Einhaltung bestimmter Rituale, und ihr laßt euch sofort in ihre Richtung drängen.« Wenn Rituale und Zeremonien zur Vorbedingung für die Erreichung der Vollkommenheit erklärt werden, werden sie zwangsläufig zum Irrweg, der vom Eigentlichen fortführt. Sobald wir Gebet, Frömmigkeit, Gehorsam, Hingabe oder irgendetwas anderes zum

Mittel der Heiligung machen, sind wir mit absoluter Sicherheit auf dem falschen Weg. In der Heiligung geht es nur um die eine Wirklichkeit, den Herrn selbst – wer Ihn kennt, bedarf nichts mehr außer Ihm. Alle anderen Erfahrungen, die wir machen, sind nur ein Tor, durch das wir zur Ehrfurcht vor der göttlichen Offenbarung gelangen. Mögen diese Erfahrungen kommen und gehen – unser Vertrauen setzen wir allein auf den Herrn.

Die Galater waren nicht etwa in die Sünde zurückgefallen, sondern in einen erstarrten Formalismus. Nach außen hin gaben sie sich besonders fromm und linientreu, doch in Wirklichkeit war ihr geistliches Leben erstorben. Wir neigen nur allzu rasch dazu, uns für Musterexemplare des göttlichen Verwandlungswerkes zu halten. Nach Aussage des Neuen Testamentes ist ein Heiliger nichts anderes als ein Stück menschlichen Rohstoffs, das in der Versöhnung durch die Macht des Heiligen Geistes zur Einheit mit Gott zurückgeführt wurde. Die Tendenz zur Stereotypisierung christlicher Erfahrung ist eine immerwährende Gefahr und führt leicht zu einer Haltung, in der wir für die anderen Vorsehung spielen und uns über sie erheben: »Ich werde wohl kaum in die Irre gehen, du aber bist ganz sicher auf dem falschen Weg.« Mit dieser Einstellung mache ich mich selbst zum allmächtigen Gott einer bestimmten Lehre und maße mir das Urteil an, daß alle anderen Unrecht haben. Wenn ich mir z. B. einbilde, festlegen zu können, was »Heiligung« bedeutet, dann tue ich damit etwas, was Gott an keiner Stelle tut und was er ablehnt. Nicht umsonst sind Bücher über die Heiligung sehr viel leichter zu verstehen als die Heilige Schrift. Die Bibel ist so verwirrend und kompliziert wie das Leben selbst. Es gibt im Christenleben nur eines, das wirklich einfach ist: die Beziehung des Gläubigen zu Jesus Christus. Was wir heute brauchen, ist nicht so sehr eine Wiederbelebung alter Formen als vielmehr echte Erweckung und Wiedergeburt, das Einströmen des göttlichen Lebens in ganz Neues.

Vor dem Versinken in geistlicher Trivialität kann uns nur ein neues Gefühl für das Geschehene retten, geboren aus dem Blick auf das, was Jesus für unsere Rettung eingesetzt hat. Nur wenn wir immer und überall das Kreuz vor Augen haben, sind wir sicher vor der Gefahr der Oberflächlichkeit und innerer Heuchelei. Das Motto unserer modernen Welt heißt »Tu etwas!« – dabei hatten wir es noch nie nötiger, unsere Seele stillwerden zu lassen vor Gott, bis schließlich dieser Satz zum Prägestempel und Zeugnis unseres Lebens wird: »Es sei aber fern von mir, mich zu rühmen als allein des Kreuzes unseres Herrn Jesus Christus.« Wir sind so beschäftigt mit dem, was um uns herum geschieht, daß wir das einzig Wichtige vergessen: das Kreuz. Hüten wir uns vor allem, was uns von diesem Mittelpunkt abzieht.

Erschütterte Grundfesten

Paulus hatte Angst um die galatischen Christen, weil sie in Gefahr waren, ihr Fundament zu verlieren. Er schreibt: »Ich fürchte für euch ...« (4, 9-11). Der Grund dafür, daß vieles in unserem Leben so vorläufig und unsicher ist, liegt in unserer Denkfaulheit. Es ist viel einfacher, sich keine Gedanken zu machen, denn auf diese Weise bewahren wir uns unseren Seelenfrieden. Ein Mensch, der sich einer bestimmten Doktrin verschrieben hat, braucht in der Tat nicht mehr zu denken. Wer sich dagegen ganz auf Jesus Christus einlassen will, muß seine Gedanken sammeln, immer wieder neu, an jedem Tag seines Lebens, und darf sich durch nichts in diesem Stillwerden vor Gott stören lassen. Tatsächlich fehlt es den Menschen gewöhnlich weniger an Mut als an echter Konzentration auf Jesus Christus. Wir müssen uns deshalb aus unserer Trägheit und Gleichgültigkeit aufraffen, alle Ausflüchte über Bord werfen und unsere Blicke und Gedanken zum Kreuz Christi erheben.

Aus der Ungewißheit, die uns heute zu schaffen macht, kann uns nur eine neue Form der Fürbitte retten. Wir kommen mit unserem Leben und unserem Alltag so schwer zurecht, weil wir die Nähe zu Jesus, den Aufblick auf Sein Kreuz verloren haben. Es tut not, daß wir dahin zurückkehren, wo uns Christus vor Augen steht, unser Herr, der uns auch in den verborgensten Schlupfwinkeln unseres Herzens zu finden weiß. Wenn wir uns dem furchtbaren moralischen Ernst des Kreuzes stellen, wird ein neues Element in unser Leben und Beten treten, das Wunder bewirkt, wie Jesus gesagt hat: »Und was ihr bitten werdet in meinem Namen, das will ich tun« (Joh 14,13). Das Gebet ist ein Sieg Gottes für den Menschen und ein Sieg des Menschen für Gott. Mühe ich mich, durch die Inbrunst meines Gebetes die Finsternis einer Seele zu durchdringen und dem Heiligen Geist die Möglichkeit geben, Sein Werk zu tun, oder sitze ich traurig draußen vor der Tür, als ob Gott nicht mehr Macht über das Leben des andern hätte als ich? Die Leidenschaft unserer Fürbitte entspringt an jenem verborgenen Ort, an dem wir Gott wahrhaft begegnen. Die Erlösung, die Er uns geschenkt hat, ist so herrlich, so voller Freiheit und Macht, weil sie Jesus einen so hohen Preis gekostet hat. Welch ungeheure, erneuernde Macht des Gebetes, die ausgeht von dem Platz zu Füßen des Kreuzes, besitzen diejenigen unter uns, die die ewigen Wirklichkeiten hinter den Geschehnissen des Lebens erkennen und vor Gott für andere eintreten!

Die Gefahr geistlicher Selbstzufriedenheit

Wir sind so glücklich, sicher und zufrieden mit unserem Los, daß wir ganz vergessen haben, daß das Leben Jesu unter dem Zeichen selbstloser Hingabe stand. Er brachte Sein heiliges Selbst dem Vater zum Opfer: »Ich heilige mich selbst für sie.« Unser Vorrecht ist es nun, uns ebenso für Ihn zu opfern. Jesus Christus unterwarf Seinen Geist dem Wort und dem Willen Seines Vaters – unterwerfen nun auch wir unseren Geist Jesus Christus, oder sind wir in den Reihen derer zu finden, die sich gegen diese Unterwerfung auflehnen? Solche Bewegungen sind meistens mit einer Wiederbelebung überholter religiöser Elemente oder gefährlicher Irrlehren gekoppelt. Auflehnung gegen Christus bedeutet, daß wir uns weigern, unsere Impulse und Gedanken, all unsere inneren Kräfte Jesus Christus zueigen zu geben; wir achten nicht auf Seine Stimme, die zu uns spricht. »Und ich wandte mich um, zu sehen nach der Stimme, die mit mir redete« (Offb 1,12). Ein wahrhaft heiliger Mensch wird seine ganze Tatkraft, sein ganzes Wollen Jesus zu Füßen legen. Stattdessen aber plagen wir uns eigenmächtig ab für Ihn, während Er doch nur darauf wartet, daß wir unsere Energie und Willenskraft zügeln und Ihm übergeben, auf daß Er sie auf die rechte Bahn lenke und mit ihr tue, was Er will. »Wer an mich glaubt ... von dessen Leib werden Ströme lebendigen Wassers fließen.«

Sind wir vielleicht stärker darauf bedacht, den Menschen zu gefallen als Gott treu zu bleiben? Ist uns mehr daran gelegen, Menschenfreunde als Freunde Gottes zu sein? Orientieren wir uns lieber an irrenden Menschen, statt uns an Gott zu halten? Zweifeln wir an den grundlegenden Wahrheiten der Erlösung? Hüten wir uns, daß man nicht von uns sagen kann, wir seien »Feinde des Kreuzes Christi.« Der Wahlspruch unseres Lebens sei vielmehr: »Im Kreuz des Herrn liegt meine Ehre.« Unser Leben darf sich nicht in selbstzufriedenem Stillstand erschöpfen, sondern muß unter dem Zeichen der Hingabe stehen in dem Bewußtsein: »Ich gehöre nicht mir selbst; ich bin teuer erkauft.« Bewahren wir diesen Gedanken in Herz und Sinn! In Christi Namen, was wissen wir von dem Eifer für die Ehre Christi, von dem brennenden Hunger des Herzens und der Leidenschaft eines Menschen, wie es der Apostel Paulus war – »Ich selber wünschte, verflucht und von Christus getrennt zu sein für meine Brüder«! Ein Knecht Christi hat keine andere Geschichte als seine ganz persönliche Geschichte mit dem Herrn.

»Alles, was not tut, ist die Wiederherstellung unseres Glaubens.« Nein - alles, was uns not tut, ist, vor die eine, wahre und bleibende Wirklichkeit, vor Gott selbst, gestellt zu werden und zu erfahren, daß der Mensch nur durch das Kreuz und das Wirken des Heiligen Geistes, der durch das Kreuz zu uns kommt, erhöht werden kann. Der Prüfstein unseres Erlöstseins in Jesus Christus liegt in unserer wachsenden Gleichförmigkeit mit unserem Herrn, in einem Leben absoluter Einfalt und Stille vor Gott. Möge unser Leben so sein, daß Er seine Freude an uns hat!

Das Sakrament der Stille

»Aber sei nur stille zu Gott,
meine Seele.«
(Ps 62,5)

Wir schweigen oft aus Niedergeschlagenheit oder Erschöpfung, doch das Schweigen, von dem der Psalmist hier spricht, ist ein Stillewerden, das der absoluten Gewißheit entspringt, daß Gott weiß, was Er tut. Der Psalmist ist fest entschlossen, seine eigene innere Trägheit zu durchbrechen und aufmerksam zu werden für das Tun und Reden Gottes. Das Gebet in der Stille ist in Wirklichkeit die völlige Konzentration auf Gott. Wir wenden dagegen gern ein: »Es ist aber gar nicht so einfach, sich auf Gott zu konzentrieren«, und darin liegt wohl auch der Grund dafür, daß so wenige Menschen das Geheimnis des stillen Gebets kennen. Wir müssen uns dafür aus unserer Gleichgültigkeit aufraffen und aus unserer Neigung, vor Gott in leeres Geplapper zu verfallen, und stattdessen eine Haltung fruchtbaren Aufmerkens auf Gott annehmen. Wie steht es mit unserem Gebetsleben? Ist das Gebet in der Stille für uns eine Erfahrung des Wartens auf Gott, oder etwas Dumpfes, Alltägliches? Empfinden wir unsere stille Zeit als leer und dunkel? Ist es eine Zeit, die wir einfach »absitzen«? Wenn wir Klarheit über etwas gewinnen wollen, so müssen wir uns grundsätzlich anstrengen und unsere wandernden Gedanken sammeln. Wir können dabei unsere geistige Zerstreutheit durch den Willen überwinden. So ist auch das Gebet eine Willensanstrengung, und der Kampf des Gebets gilt der Übewindung unserer Zerstreutheit und Zerfahrenheit. Vieles von dem, was in unserem Gebetsleben nicht in Ordnung ist und was wir gleich dem Wirken des Teufels zuschreiben, geht letztlich nur auf das Konto unserer eigenen Unkonzentriertheit. »Aber sei nur stille zu Gott, meine Seele«, das heißt nichts anderes als »nimm dich zusammen, sammle dich und werde still vor Gott.«

»Aber sei nur stille zu Gott, MEINE SEELE.«

Die Seele ist der geistige Bereich meiner Person, meine Vernunft, mein Denken, meine Erfahrung; all diese Kräfte soll ich zusammennehmen und auf Gott konzentrieren. Es kann durchaus vorkommen, daß wir uns konzentrieren und unsere Konzentration doch nicht Gott gilt. Vielleicht gilt unser ganzes Sinnen und Trachten unserer Bequemlichkeit oder dem Geld, aber nicht Gott und dem Wunder und der Majestät Seines Handelns mit der Welt. Auch der reiche Narr in dem Gleichnis, das unser Herr erzählte, sah nicht auf Gott, sondern auf seinen Besitz: »Liebe Seele, du hast einen großen Vorrat für viele Jahre; habe nun Ruhe, iß, trink und habe guten Mut!« Es muß daher immer wieder unser innigstes Bestreben sein, unsere Aufmerksamkeit vom Unwichtigen abzuziehen und stattdessen auf wahrhaft würdige Dinge zu richten. »Aber sei nur stille zu Gott.« Hör auf mit der falschen Hast und gönne dir Zeit in Gemeinschaft mit Gott! Gedenke des Segens, der im geduldigen Warten auf Gott liegt! Manche von uns sind ständig so in Eile, daß sie darüber Gottes Segnungen für sich selbst und für andere vergessen. »Sei nur stille zu Gott.« Um eine solche Stille zu erreichen, müssen wir zunächst einmal eine große geistige Anstrengung unternehmen.

»Still zu sein vor Gott« heißt nicht, sich von Gefühlen treiben zu lassen oder sich in Träumereien zu verlieren, es ist vielmehr der bewußte Vorstoß in das Zentrum aller Dinge und in die Schau Gottes. Wer durch das Versöhnungswerk unseres Herrn Jesus Christus zu einer echten Beziehung zu Gott gefunden hat und sich auf Ihn konzentriert, wird wunderbare Augenblicke der Gemeinschaft erleben. Wenn wir auf Gott warten und unseren Blick auf die Herrlichkeit Seiner Rettung konzentrieren, werden wir den vollkommenen Frieden erfahren, den nur Er schenken kann, und die beglückende Gewißheit, daß wir da sind, wo allein der Wille Gottes herrscht. In dieser tiefen Gemeinschaft mit Gott hat unser Leben den entscheidenden Mittelpunkt gefunden. Unser Glaubenseifer zielt nun nicht mehr darauf ab, daß Gott uns als Seine Kinder anerkennt, sondern er entspringt der Geborgenheit in der wahren Gemeinschaft mit Ihm.

»Aber SEI nur STILLE zu Gott, meine Seele.«

Auf Gott zu warten bedeutet nicht, mit gefalteten Händen dazusitzen und nichts zu tun, sondern zu warten, wie man auf die Ernte wartet. Der Bauer wartet ja nicht untätig, er wartet in intensiver Spannung und Tätigkeit und bleibt fleißig »bei der Sache« bis zur Ernte. »Warten auf Gott« ist höchste Aktivität. Es ist uns gesagt, wir sollen »im Herrn ruhen«, doch das heißt nicht »ausruhen«. Wenn wir vom »Ruhen im Herrn« sprechen, gebrauchen wir den Ausdruck oft nur als eine fromme Phrase. In der Bibel dagegen bedeutet das »Ruhen im Herrn« das geduldige Ausharren in festem Gottvertrauen. »Wenn ihr umkehrtet und stille bliebet, so würde euch geholfen ... aber ihr wollt nicht und sprecht: »Nein, sondern auf Rossen wollen wir dahinfliegen«, d. h., wir Menschen neigen dazu, selbst die Initiative zu ergreifen. Wo wir das tun, erheben wir aber unsere eigene Intelligenz auf den Thron, statt Gott die Ehre zu geben. Gott führt Seine Kinder nie durch das, was sie selbst planen und durchführen. Die einzige Aktivität, die von uns erwartet wird, ist die Anbetung Gottes.

»Denn er ist meine Hoffnung.« Wenn wir den Mond über dem Meer betrachten, sehen wir einen silbernen Lichtpfad auf dem Wasser, eine Verbindungslinie vom fernen Horizont bis zum Ufer. Wenn wir wirklich Gottes Kinder sind, dann besteht immer und überall eine solche Verbindungslinie zwischen Gott und uns. Unsere Erfahrung mag uns unser Leben als eine trostlose Öde erscheinen lassen, ein Meer der Verzweiflung, eine staubige, sandige Wüste ohne Schatten, doch über allem liegt die Verbindungslinie zwischen uns und Gott. »Und es wird dort eine Bahn sein, die der heilige Weg heißen wird.« Manchmal haben wir vielleicht das Empfinden, wir müßten auf dem Grunde des Meeres dahinziehen – »Alle deine Wogen und Wellen gingen über mich«-, und doch gilt uns die Zusage: »Wenn du durch Wasser gehst, will ich bei dir sein.« Oder es mögen die an unseren Kräften zehrenden kleinen Dinge sein, die die Last unseres Lebens ausmachen, – aber auch da bleibt die Verbindungslinie bestehen. »Berge zerschmelzen wie Wachs vor dem Herrn.« »Denn er ist meine Hoffnung.« Haben wir dieses Sakrament der Stille, dies Geheimnis innerer Gemeinschaft mit Gott, wahrhaft erfahren?

»Denn er ist mein Fels.« Das Bild des Felsens erweckt die Vorstellung eines festen Schutzes, der uns umgibt, wie eine Mutter, die die ersten Schritte ihres Kindes behütet – wenn es stolpert, so fällt es in die wachsame Fürsorge mütterlicher Liebe. »Der Herr ist mein Fels«, mein Schutz. Wo hat der Psalmist diese Wahrheit gelernt? Er lernte sie in der Stille, in der Schule des Wartens auf Gott. Der Fels Gottes ist unser Schutzwall, wir sind geborgen in der schützenden mütterlichen Fürsorge unseres Gottes. »Ich bin el-Shaddai« – der Gott, der Vater und Mutter ist. Er ist »mein Fels, meine Hilfe und mein Schutz«. Der Herr selbst ist unsere sichere Zuflucht. Nicht umsonst wirken die himmlischen Sphären, in denen Jesus Christus wohnt, erhaben und unzugänglich. Je höher wir bei einer Bergwanderung kommen, desto reiner wird die Luft, bis wir schließlich in eine Umgebung gelangen, wo nicht einmal mehr die kleinste Mikrobe existieren kann. Genauso gibt es auch im geistlichen Bereich einen unzugänglichen Ort, an dem wir völlig sicher und geborgen sind. »Der Adler baut sein Nest in der Höhe.«

»Daß ich gewiß nicht fallen werde.« Gott erhebt uns und birgt uns in sich selbst, so gewiß, wie er die Sterne an ihren Ort gesetzt hat.

»Aber sei nur stille zu Gott, meine Seele.« Erhebe deine Seele aus ihrer Trägheit und richte den Blick auf Gott! Sieh auf Gott, auf die großen Wahrheiten Seiner Erlösung und Seiner Heiligkeit, auf die Größe und Herrlichkeit Seines Wesens, und werde still vor ihm! Danach kannst du dich neu gestärkt wieder deinem Alltag zuwenden. Trachte danach, in deinem Glauben dem Herrn gleichzuwerden – als Er im Boot auf dem See schlief, wußte Er, daß Sein Vater Ihn wecken würde, wenn Er Ihn brauchte. Welch herrliches Bild des Gottvertrauens!

»Aber sei nur stille zu Gott, meine Seele.«

Geistliche Erschütterungen

»Ihr wißt nicht,
was ihr bittet.«
(Mt 20,22)

Es gibt Zeiten im geistlichen Leben, in denen wir nicht mehr wissen, woran wir sind. Im allgemeinen wehren wir uns dagegen, daß solche Augenblicke völliger Unsicherheit überhaupt vorkommen. Wir neigen in unseren Anschauungen zu einem gewissen Fanatismus – Dinge, die nicht eindeutig schwarz oder weiß, richtig oder falsch sind, interessieren uns nicht. Dabei gibt es im Leben kaum etwas, das wirklich schwarz oder weiß, eindeutig richtig oder falsch ist. Solange wir das nicht erkennen, sind wir immer in Gefahr, all das zu übergehen, was zwischen diesen beiden Extremen liegt. Schließlich ist der Nebel eine ebenso reale Erscheinung wie der Sonnenschein, und wer ihm keine Beachtung schenkt, kann sich darin verirren. Genauso gibt es Dinge in unserem geistlichen Leben, die uns unbegreiflich sind; sie kommen nicht etwa, weil wir ungehorsam waren, sondern einfach, weil die Realität nun einmal so beschaffen ist. Die Erschütterung, die wir in solchen Momenten empfinden, kommt daher, daß wir noch keine rechte Vorstellung vom geistlichen Leben haben.

Der verborgene Freund

Lukas 11,5-8

»Und der drinnen würde antworten und sprechen: Mach mir keine Unruhe! Die Tür ist schon zugeschlossen ...« (V. 7).

Manchmal kommt es uns so vor, als ob Gott sich von uns abgewandt hätte. Eine Zeitlang war alles klar und einfach und verständlich, doch nun befinden wir uns auf einmal in einem Zustand der Finsternis und Verzweiflung. Das Gleichnis vom bittenden Freund, das Jesus erzählt, ist ein Bild dafür, wie unser himmlischer Vater uns in solchen Zeiten geistlicher Verwirrung und Erschütterung gegenübertritt – als einer, der sich anscheinend nicht um seine Freunde kümmert. Wir selbst, unsere Freunde oder unsere Familie sind in Not, und wir wenden uns damit an Gott, der uns bisher nie im Stich gelassen hat, doch Er reagiert nicht. Jesus wollte seinen Jüngern mit diesem Gleichnis sagen: »Manchmal werdet ihr das Gefühl haben, daß der himmlische Vater nichts für euch tun will, aber dann laßt euch nicht beirren; denkt daran, daß ich euch gesagt habe: "Bittet, so wird euch gegeben.« In solch einer Zeit ist die Freundschaft Gottes wie hinter einem Schleier verborgen. Es gibt Dinge, die uns unerklärlich sind, doch es ist uns gesagt, wir sollen unsere Beziehung zu Gott nicht aufgeben, sondern Ihm in Zuversicht anhangen, dann wird auch eine Zeit kommen, in der wir das Geschehene begreifen. Nur wenn wir die Dunkelheit durchwandern, können wir dorthin gelangen, wo Gott uns haben will.

Wir sollten deshalb niemals lediglich um des äußeren Scheins willen behaupten, daß Gott dies oder jenes getan habe, während Er in Wirklichkeit nichts damit zu tun hat. Nie sollten wir vorgeben, eine Antwort zu haben, wo wir in Wirklichkeit ratlos sind. Jesus hat gesagt: »Bittet, so wird euch gegeben.« Wir dagegen sagen oft: »Ich habe gebeten, doch mir wurde nichts gegeben.« Zu dieser Aussage kommen wir, weil wir aus unserer eigenen geistlichen Verwirrung heraus gebeten haben. Jesus sagte denn auch zu Johannes und Jakobus: »Ihr wißt nicht, was ihr bittet.« Die Jünger sollten den Kelch und die Taufe Jesu Christi mit ihrem Herrn teilen, doch in anderer Weise, als sie erwartet hatten.

Der Vater im Schatten

Lukas 11,11-12

»Wo ist unter euch ein Vater,
der seinem Sohn,
wenn der ihn ums Brot bittet,
dafür einen Stein biete?«
(V. 11)

Jesus weist uns darauf hin, daß wir Augenblicke erleben werden, in denen uns unser himmlischer Vater wie ein sehr unnatürlicher, herzloser und gleichgültiger Vater erscheinen wird – wir bitten Ihn um Brot, und Er reicht uns einen Stein. In diesen Zeiten wird gleichsam ein Schatten auf Seine väterliche Liebe fallen. Doch auch dann sollen wir uns daran halten, daß Jesus gesagt hat: »Bittet, so wird euch gegeben.« Wenn wir in geistliche Bedrängnis geraten, reden wir uns meistens ein, wir selbst hätten einen Fehler gemacht, und tun damit in unserer geistlichen Entwicklung einen Schritt zurück statt nach vorn. Wir sind ratlos und verzweifelt und haben das Gefühl, gegen eine Mauer anzurennen. Werden wir auch in dieser Situation an dem Wort Jesu festhalten? Wenn auch jetzt ein Schatten auf dem Gesicht unseres göttlichen Vaters liegt, so sollen wir dennoch zuversichtlich bleiben, daß Er sich am Ende offenbaren wird, wie Jesus es uns verheißen hat. Es ist nicht eine Frage von schwarz oder weiß, richtig oder falsch, von gelebter Gemeinschaft mit Gott oder vom Herausfallen aus dieser Gemeinschaft. Es geht ganz einfach darum, daß Gott uns einen Weg führt, den wir vorläufig noch nicht verstehen.

Der ungerechte Richter

Lukas 18,1-8

»Sollte Gott nicht auch Recht schaffen seinen Auserwählten,
die zu ihm Tag und Nacht rufen,
und sollte er's bei ihnen lange hinziehen?«
(V. 7)

Es gibt Zeiten, in denen unser himmlischer Vater den Eindruck erweckt, als sei Er ein ungerechter Richter. Doch wir haben die Zusage von Jesus, daß Er das nicht ist. Es liegt nur eine Wolke über Seiner Beziehung zu uns, wie auch die Liebe oft in Schmerz und Tränen auf das Glück einer engeren Gemeinschaft harren muß. Eines Tages werden wir alles verstehen, doch nur durch diese Zeit der Verwirrung hindurch gelangen wir zur Klarheit.

Machen Sie sich alles klar, was Ihnen in Ihrem Glaubensleben zu schaffen macht; achten Sie auf die Dinge, die Ihnen nicht in eindeutigem Schwarz oder Weiß erscheinen. Eigentlich ist es überhaupt nicht schlimm, daß die Dinge nicht schwarz oder weiß sind; das menschliche Leben wie das Glaubensleben besteht nun einmal nicht aus richtig oder falsch, sondern mehr aus den Zwischentönen: »Ich weiß nicht so genau, was Gott in dieser Situation von mir möchte.« Halten Sie im Glauben fest an dem, was Jesus gesagt hat: »Bittet, so wird euch gegeben.« Und in der Zwischenzeit erfüllen Sie die Pflicht, die am naheliegendsten erscheint, und harren Sie geduldig und wachsam auf Ihn! Wenn die Freundschaft Gottes hinter einem Schleier zu verschwinden scheint und es so aussieht, als wolle Er nichts unternehmen, dann halten Sie still! Statt als liebender und gütiger Vater scheint Gott sich manchmal als völlig gleichgültig zu erweisen; doch denken wir immer daran: Gott hat im Rahmen Seines Erlösungswerkes Größeres zu tun als uns unsere persönlichen Wünsche zu erfüllen. Auch wenn wir manchmal nicht wissen, worauf Gottes Handeln abzielt, so können wir doch gewiß sein, daß die Worte Jesu wahr sind: »Wenn nun ihr, die ihr böse seid, euren Kindern gute

Gaben geben könnt, wieviel mehr wird der Vater im Himmel den heiligen Geist geben denen, die ihn bitten?« Und wenn wir den Heiligen Geist besitzen, werden wir den Sinn des göttlichen Tuns erkennen.

Nur wer Zeiten geistlicher Erschütterung durchlebt hat, hat gelernt, sich nicht auf irgendwelche Wunder Gottes zu verlassen und legt die Hände nicht mehr in den Schoß. Es ist sehr viel einfacher, Gott darum zu bitten, unsere Arbeit zu tun – »Ich werde einfach beten und Gott darum bitten, diese Angelegenheit für mich zu erledigen« –, doch Gott wird sich dazu nicht hergeben. Wir müssen das, was uns aufgetragen ist, selbst erfüllen. Das Gebet verlockt uns immer wieder dazu, auf ein Wunder zu hoffen, statt unsere eigenen Kräfte anzuspannen – bis wir durch Gottes Zucht gegangen sind. Am Ende wird Gott mehr tun als wir tun können, doch nur in dem Maß, wie wir selbst geistlich wachsen. Wer die Gabe des Heiligen Geistes empfangen hat, muß lernen, Gott auch im kleinsten immer mehr gehorsam zu sein. Dann wird sich schließlich der Schleier heben, der Schatten wird sich verflüchtigen, die scheinbare Ungerechtigkeit wird sich aufklären, und wir werden die ganze Fülle der Freundschaft, der väterlichen Güte und der Treue, die Gott uns erwiesen hat, begreifen.

»Doch wenn der Menschensohn kommen wird, meinst du, er werde Glauben finden auf Erden?« Wird Er einen Glauben finden, der auf Ihn baut, trotz aller Zweifel und Erschütterungen?

Der lange Weg zur geistlichen Wirklichkeit

»Jetzt aber sehen wir noch nicht,
daß ihm alles untertan ist.«
(Hebr 2,8)

Wenn wir das Leben nur von unserer eigenen Warte aus betrachten, hat es oft den Anschein, als sei Gott gleichgültig gegenüber der Welt. Selbst der Geduldigste stellt irgendwann einmal die ungeduldige Frage: »Warum tut Gott denn nichts?« Die Erlösung ist vollbracht; wir glauben, daß unser Herr alle Macht im Himmel wie auf Erden hat – warum dauert es dann solange, bis endlich alles eintrifft, was uns verheißen ist? Warum wartet Gott solange mit seiner Antwort auf unsere Gebete? In einer solchen Geistesverfassung werden wir leicht bitter gegen Gott, wenn uns das Geheimnis Seines Planes verschlossen bleibt.

Der lange Weg

Matthäus 4,1

Dreißig Jahre lang hatte Jesus unerkannt unter den Menschen gelebt, dann wurde Er getauft, und der Vater bestätigte Seine Sohnschaft und Seine Bevollmächtigung in einer herrlichen Manifestation des Heiligen Geistes. Als nächstes erfahren wir, daß Jesus »vom Geist in die Wüste geführt wurde, damit er von dem Teufel versucht würde.« Einen ähnlich unerwarteten Verlauf nimmt auch unser eigenes geistliches Leben: Wir sind wiedergeboren und haben die Taufe des Heiligen Geistes empfangen – damit sind wir bereit zum Dienst für Gott. Doch entgegen all unseren

Erwartungen scheint uns danach Gott erst einmal in die Rumpelkammer zu verbannen, unter Staub und Spinnweben.

Die Qual Jesu in der Versuchung entsprang ganz sicher Seinem Wissen um den langen Weg und die Leiden, die über die Menschen aller Zeitalter kommen würden, wenn Er gehorsam den Weg zu Ende ging, den Sein Vater für Ihn vorgezeichnet hatte. Jesus wußte Dinge, die uns verschlossen sind, Seine Wahrnehmungsfähigkeit übersteigt alles, was wir uns vorstellen können. Wenn Er dem Weg Seines Vaters nicht treu geblieben wäre, wäre es in Seiner Heimat zu keinem Aufruhr gekommen und das Volk Israel hätte den Heiligen Geist nicht gelästert. Der Weg zum Verständnis von Gethsemane führt über die Auseinandersetzung mit der Versuchung.

Die Versuchungen, mit denen der Satan unseren Herrn konfrontierte, kreisten alle um den einen Punkt: »Du kannst König über alle Menschen und der Retter der Welt sein, wenn Du nur bereit bist, eine »Abkürzung« zu nehmen. Stell die Bedürfnisse der Menschen an die erste Stelle, und sie werden Dich zum Herrscher krönen. Vollbringe irgendein außergewöhnliches Wunder, das Deine Macht demonstriert, und die Menschen werden Dich zu ihrem König machen. Schließ einen Pakt mit dem Bösen, und die Herrschaft über die Menschheit liegt in Deinen Händen.« All das hätte Jesus sofort tun können (vgl. Joh 6,15), doch Er tat es nicht. Er widerstand Satan und schlug stattdessen den langen, mühseligen Weg ein.

Ob wir Jesus Christus gehorchen, ist niemals eine Frage dessen, was es uns kostet – es kostet uns nichts, sondern es ist uns eine Freude. Es ist vielmehr eine Sache der Kosten für die, die wir lieben, und im Blick auf sie sind wir stets in Gefahr, der Versuchung zu erliegen und eine »Abkürzung« einzuschlagen. Bin ich darauf vorbereitet, daß mein Gehorsam gegenüber Gott für andere Menschen eine Belastung sein wird? Jesus wählte bewußt den langen Weg, und Er sagt uns: »Der Jünger steht nicht über dem Meister.« Er sagt auch: »Weil du mein Wort von der Geduld bewahrt hast ….« Doch wir Menschen wollen die Dinge beschleunigen. Immer wieder fallen wir auf den Rat des Teufels herein und meinen: »Eile tut not - es geht schließlich um Entscheidendes: Die Menschen müssen gerettet werden.« Erst wenn wir die wahre Bedeutung der Versuchung unseres Herrn begreifen, fällt von ihr ein Licht auf den Verlauf der christlichen Geschichte wie auf unsere persönliche Erfahrung.

Warum wartet Gott so lange? Weil es Ihm darum geht, »viele Söhne zur Herrlichkeit« zu führen. Es braucht Zeit, einen Sohn zu gewinnen. Wir werden nicht durch einen Zauber zu Kindern Gottes. Zwar sind wir in einem übernatürlichen Sinn durch das souveräne Wirken der göttlichen Gnade gerettet, doch unsere Gotteskindschaft ist etwas anderes. Ein Kind Gottes werde ich durch eine bewußte Entscheidung, durch das Begreifen der göttlichen Wahrheit und durch einen christlichen Lebenswandel, nicht durch irgendwelche Geisterbeschwörungen, in denen mir weisgemacht wird, daß ich den Himmel mit einem einzigen Sprung erreichen kann. Die »Abkürzung«, die Satan anbietet, macht die Menschen zu Robotern, die keine Ahnung von Gott haben, nicht zu Söhnen Gottes. Wenn Gott Seinen eingeborenen Sohn aus keiner der Pflichten der Sohnschaft entlassen hat (»So hat er, obwohl er Gottes Sohn war, doch an dem, was er litt, Gehorsam gelernt«; Hebr 5, 8), dann wird Er von uns, Seinen Adoptivsöhnen und -töchtern, gewiß eine ebenso treue Pflichterfullung erwarten.

Das lange Warten

»Denn ich bin überzeugt,
daß dieser Zeit Leiden nicht ins Gewicht fallen
gegenüber der Herrlichkeit,
die an uns offenbart werden soll.«
(Röm 8, 18)

Es erfordert langes, geduldiges Warten, bis wir wirklich Söhne Gottes geworden sind, und wir werden es nur durch bewußten, einfältigen Gehorsam gegen unseren Vater. Wenn der Geist Gottes in einem Menschen Wohnung nimmt, so werden seine natürlichen Tugenden zu Lastern. Unsere natürlichen Tugenden sind Überreste der menschlichen Natur, wie Gott sie geschaffen hat; wenn jedoch jemand wiedergeboren ist, so beginnen diese Tugenden zu wanken, und der Gläubige gerät dadurch in Verwirrung. Bevor das Beste in mir zum Vorschein kommen kann, muß das natürliche Gute in mir sterben – das ist die Wurzel aller geistlichen Wirklichkeit. Nicht etwa das Schlechte ist der Feind Gottes, sondern das Gute, das nicht gut genug ist. Wir sagen, die Sünde sei der Feind Gottes – doch in Wirklichkeit ist die Sünde unser Feind. Der Feind Gottes in mir ist eine sittliche Überzeugung, die ohne Jesus auskommt, d. h. eine Rechtlichkeit, die nicht auf geistlicher Erneuerung beruht.

Die Stimme des lebendigen Gottesdienstes

Johannes 14,6

Jesus sagt nicht zu den Menschen: »Dies ist die Wahrheit, und wenn ihr sie nicht glaubt, werdet ihr verdammt werden.« Er zeigt uns die Wahrheit einfach – »Ich bin ... die Wahrheit« – und überläßt das übrige uns. Wir nennen Seinen Namen, doch ist Er auch die Wahrheit in unserem Herzen, in unserem Verstand und in unserem äußeren Leben? Es dauert lange, bis wir endlich erkennen, daß Jesus die Wahrheit ist. Viele Wahrheiten haben zunächst keine Bedeutung für uns, bis wir in den Bereich ihrer Macht kommen: »Wahrlich, wahrlich, ich sage dir: Es sei denn, daß jemand von neuem geboren werde, so kann er das Reich Gottes nicht sehen« (Joh 3,3). Wir Menschen wollen die Wahrheit stets über »Abkürzungen« erreichen; angesichts dieser Ungeduld ist das wirkliche Wunder die erstaunliche Geduld unseres Herrn. Nie beharrt Er darauf, daß wir Seinen Weg gehen müssen, Er sagt ganz einfach: »Ich bin der Weg.« Eigentlich könnten wir Seinen Weg genausogut von Anfang an einschlagen, doch wir wollen nicht; wir wollen unseren eigenen Weg gehen. Glaube ich wirklich, daß Gott zu anderen Menschen genauso kommen muß, wie Er zu mir gekommen ist?

»Wenn ihr nicht wie die Kinder werdet ...« – wir wollen nicht werden wie die Kinder, wir haben eigene Vorstellungen, und tief in unserem Inneren halten wir uns für besser als die anderen. Dabei gibt es nichts Einfacheres und zugleich Vollendeteres als ein kleines Kind, und Jesus weist uns denn auch an, daß wir werden sollen wie ein solches kleines Geschöpf. Wir wehren uns dagegen: »Aber ich bin doch so-und-so, ich habe diese-und-diese Erfahrungen gemacht und ich habe meine eigenen Gedanken.« Vielleicht sprechen wir es nicht aus, aber wir denken es bei uns. Es währt lange, bis wir endlich erkennen, worum es Jesus wirklich geht; der Mensch, mit dem wir am meisten Geduld haben müssen, sind wir selbst. Deshalb läßt sich Gott auch bewußt Zeit mit uns. Er eilt nicht, denn nur auf dem langen Weg der Zucht können wir schließlich soweit kommen, daß wir Seine Absicht begreifen. Die Gnade Gottes ist immer dieselbe. Durch diese Gnade stehen wir auf dem Fundament Seiner Erlösung; dennoch müssen wir uns unser Leben lang darum bemühen, in unserer Gotteskindschaft Fortschritte zu machen.

Ein Leben in Gemeinschaft mit Gott

»Und nach dem Erdbeben kam ein Feuer;
aber der Herr war nicht im Feuer;
und nach dem Feuer kam ein stilles, sanftes Sausen.«
(1. Kön 19, 12)

Was sich in der einzigartig dastehenden Gestalt des Elia widerspiegelt, gehört nicht unbedingt in den Bereich der normalen Glaubenserfahrung mit Gott, aber es macht vieles deutlich, was wir selbst mit Ihm erleben. Wer etwas deutlich machen will, muß sich auf besonders hervorragende Beispiele stützen, doch es wäre ein Irrtum, wenn wir nun in unserem eigenen Leben nur nach dem Außergewöhnlichen und Sensationellen suchen würden. Es gibt Dinge in unserem Leben, die wir nicht ausdrücken können, weil sie unser Ausdrucksvermögen übersteigen; wir wissen nicht, warum uns etwas so bewegt, und die Erklärung dafür läßt sich nicht in unserem unbedeutenden Leben finden, sondern in der Erfahrung größerer Persönlichkeiten. Wenn wir Elia in seinem Kummer und seiner Vereinsamung betrachten, erwächst uns daraus vielleicht auch ein gewisses Verständnis für unsere eigene Situation.

Die innere Ratlosigkeit und Verzweiflung dient im Leben des Gläubigen einem ganz bestimmten Zweck. Am Anfang unseres Glaubenslebens erfahren wir Gott in so herrlicher Weise, daß wir geneigt sind zu meinen, daß unsere Gemeinschaft mit Ihm lediglich davon abhängt, wie weit wir uns Seiner Gegenwart bewußt sind. Doch wenn Gott dann beginnt, uns immer stärker von uns fort und zu Sich hin zu ziehen, werden die Dinge für uns geheimnisvoll, wir verlieren unseren Glauben, versinken in der Dunkelheit des Zweifels und sagen uns: »Ich muß in meiner geistlichen Entwicklung einen Schritt zurück gemacht haben«, während wir in Wirklichkeit doch genau wissen, daß das nicht der Fall ist. Wir haben nur noch den einen Gedanken, daß uns die Gewißheit der Gegenwart Gottes verlorengegangen ist. Madame Guyon schrieb dazu vor dem Hintergrund ihrer eigenen Glaubenserfahrungen: »Was meinen Kummer noch vergrößerte, war, daß ich offenbar ohne Gott dastand, der mir doch in einer so verzweifelten Verfassung als einziger hätte helfen können.« »Das Unglück«, fügt sie hinzu, »ist, daß die Menschen Gott immer lenken wollen, statt sich getrost Seiner Führung zu überlassen.« Aus dieser Erfahrung der Verlassenheit von Gott lernte Madame Guyon, daß unser Glaube auf der Erkenntnis fußen muß, daß wir in Christus in Gott geborgen sind, und nicht etwa darauf, daß wir Gott in uns aufnehmen. Das bedeutet, daß wir in eine Gemeinschaft mit Gott eintreten, in der unser Wille sich mit dem Willen Gottes vereinigt. Für wahre Christen ist Gott niemals so weit entfernt, daß Er ihrer nicht mehr gedenkt – es gibt keine Trennung für sie, Gott läßt sie nicht im Stich. Wie wir einen solchen Zustand vertrauensvoller Zuversicht erreichen können, kann ich Ihnen nicht sagen, doch ich weiß, daß es durch Gottes Erziehung geschieht.

Werkzeuge Gottes

1. Könige 19, 11

Elia hatte Ahab auf eigene Initiative verkündigt: »Es soll diese Jahre weder Tau noch Regen kommen, ich sage es denn« (17, 1). Während der folgenden Dürre ließ Gott ihn durch das Land ziehen und zeigte ihm die Verwüstung, die die Trockenheit anrichtete. Nun, in der Einsamkeit und geistlichen Ratlosigkeit, führte ihm Gott gleichsam en miniature verschiedene Naturgewalten vor: einen heftigen Wind, ein Erdbeben und ein Feuer, um damit auszudrücken, daß Er all diese Kräfte als Seine Werkzeuge benutzte, selbst »aber nicht im Winde war«. Elia hatte zweifellos gedacht, Gott sei in Naturkräften, doch er mußte lernen, daß Gott dort nicht zu finden war.

Auch heute sind wir von ungeheuren Kräften umgeben, die Gott als Seine Werkzeuge gebraucht, doch Er ist nicht »in ihnen«, d. h., sie sind nicht Gott. Es ist eine falsche Vorstellung zu meinen, daß Gott eins mit Seinen Werkzeugen ist; Er gebraucht Kräfte und Gewalten für Seine Ziele, aber sie dürfen nie mit Ihm verwechselt werden. Das Werkzeug übermittelt lediglich Gottes Botschaft - ein Mensch, der von Gott gebraucht wird, sollte eigentlich ein heiliges Leben führen, doch das ist nicht zwangsläufig der Fall (vgl. Mt 7,21-22).

Ehrlichkeit vor Gott

»... er ... machte sich auf
und lief um sein Leben.«
(VGL. 1. KÖN 19,3-4.10.14)

Elia verhielt sich eigentlich wie ein Feigling, und doch war er keiner. Er floh, weil er vollkommen verwirrt war; er konnte das Handeln Gottes nicht verstehen. Wir dürfen die Menschen nicht nach dem beurteilen, was sie tun, denn zwei Menschen können dieselbe Sache aus vollkommen verschiedenen Gründen tun. Tatsächlich wäre es denkbar gewesen, daß ein anderer fortgelaufen wäre, weil er wirklich ein erbärmlicher Feigling war. Elia jedoch floh, weil es den Anschein hatte, als ob ihn Gott in all dem im Stich gelassen hatte, was er in Seinem Dienst getan hatte. »Warum währt doch mein Leiden so lange und sind meine Wunden so schlimm, daß sie niemand heilen kann? Du bist mir geworden wie ein trügerischer Born, der nicht mehr quellen will« (Jer 15,18). Wer alles wanken sieht, an was er geglaubt hat, verliert jeglichen Halt; er ist wie ein hilfloser kleiner Vogel im Sturm. Es ist nicht so, daß er am Ende seiner Weisheit wäre - ihm wird vielmehr schmerzlich bewußt, daß er überhaupt keine Weisheit besitzt, auf die er sich verlassen könnte. Das Ringen in unserem geistlichen Leben kreist denn auch immer wieder um die Frage: Auf wen oder was stütze ich meine Zuversicht?

Das Überraschende an Hiob, der durch die schwerste Anfechtung ging, die sich nur ausdenken läßt, ist, daß er dem, was er von Gott wußte, vollkommen treu blieb und unerschütterlich daran festhielt: »Ich werde mich nicht zu einer Aussage über Gott verleiten lassen, die in Widerspruch zu den Tatsachen steht, die ich kenne.« Hiob war nicht bereit, zur Ehrenrettung Gottes zu lügen. Elia ebensowenig: »Ich habe geeifert für den Herrn, den Gott Zebaoth ... ich bin allein übriggeblieben, und sie trachten danach, daß sie mir mein Leben nehmen.« Das heißt mit anderen Worten: »Ich habe alles, was ich habe, zu Deiner Ehre eingesetzt, in der Erwartung, daß Du mir beistehen würdest, und nun stehe ich allein da. Aber ich will nicht, daß der einzige, der noch zu Dir steht, ausgelöscht wird.« Elia war ehrlich zu Gott; seine Verzweiflung ging tiefer als bloße Entmutigung, die eigentlich nur enttäuschter Egoismus ist. Er fürchtete, daß Gott versagt, daß Er sich zu viel vorgenommen hatte. Die größte Angst im Erwachsenenleben ist, daß unser Held die Probe nicht besteht; Angst um sich selbst ist eine kindliche Empfindung. Wird Gott die Probe bestehen? Oder wird sich womöglich alles als ein einziger großer »Reinfall« erweisen? Ist mein Glaube an Gott unsinnig? Kann Jesus Christus wahrmachen, was Er von sich behauptet hat?

Anweisung von Gott

1. Könige 19,5.7.9.12–13.18

Der Engel ließ Elia nicht etwa eine Vision zuteil werden, er legte ihm auch nicht die Schrift aus oder tat sonst irgendetwas Bemerkenswertes. Er wies ihn vielmehr an, das Allergewöhnlichste zu tun: »Steh auf und iß.« Die Fürsorge Gottes zeigt sich immer wieder in der schlichtesten und natürlichsten Weise. Wir halten Ausschau nach einer umwälzenden Veränderung, nach etwas Großartigem wie einem Sturm, einem Erdbeben oder einem Feuer, und dann weist uns die Stimme Gottes auf das Allereinfachste, das uns jede normale Stimme auch sagen könnte. »Und nach dem Feuer kam ein stilles, sanftes Sausen« – d. h., eine freundliche, sanfte Stimme –, und darin war Gott. Und es erging der Befehl an Elia: »Geh wieder deines Weges ...« Gott schickte Elia einfach zurück an seine Aufgabe, nachdem Er ihn in außergewöhnlicher Form ermutigt hatte. Der Zufall mochte nun spielen, wie er wollte – Elia hatte gelernt, wie Gott Seine Anordnungen trifft.

Wir alle kennen die Erfahrung des Glaubenszweifels, und je frömmer und nachdenklicher ein Mensch ist, desto stärker wird er von ihm angefochten. Wir dürfen uns solchen Empfindungen nicht verschließen, sondern müssen sie offen zugeben, auch vor uns selbst. Sagen Sie nicht, daß Sie keine Zweifel hätten, wenn Sie welche haben, und erzählen Sie keine Lügen, um Ihren Glauben an Gott zu rechtfertigen. Wenn Sie eine Zeit geistlicher Dürre erleben, nehmen Sie Ihre Zuflucht nicht zu irgendwelchen Täuschungen, von denen Sie wissen, daß sie nicht wahr sind. Und bleiben Sie nie bei einer Antwort stehen, die nur Ihren Verstand befriedigt. Beharren Sie auf einer Antwort, die mehr kann, einer Antwort, die Ihre Fragen durch ein »stilles, sanftes Sausen« zur Ruhe bringt. Jesus nennt das »meinen Frieden«, jenen Zeugen Gottes, der in uns Wohnung nimmt und uns vollkommene Ruhe schenkt. Das erste, was getan werden muß, ist das Offensichtlichste und Einfachste, das Selbstverständliche. Wenn Gott das »stille, sanfte Sausen« in Ihrem Geist entfacht hat, werden Sie Seine Stimme hören. »Was ich euch sage in der Finsternis, das redet im Licht.« Danach gehen Sie mit neugeschenkter Kraft an die Aufgabe zurück, die Gott Ihnen zugewiesen hat, in dem klaren Bewußtsein, daß Gott mit Ihnen ist.

Ist Er unser Herr?

»Ihr nennt mich Meister und Herr
und sagt es mit Recht,
denn ich bin's auch.«
(Joh 13,13)

Es fällt immer wieder auf, daß Jesus seine Autorität als Herr und Meister nie hervorkehrt. Ja, oft haben wir beinahe das Gefühl, wenn Er nur mehr auf Sein Recht pochen würde, dann würden wir Ihm eher gehorchen. Doch so wesentlich der Gehorsam gegenüber Jesus Christus auch für unseren Glauben ist, er geschieht nie unter Zwang. Jesus greift nie zu irgendwelchen Druckmitteln, um mich zum Gehorsam zu bewegen, sondern gleicht meine Fehler im Gegenteil stets wieder aus und vergibt mir meinen Ungehorsam. Wenn ich jedoch wirklich Sein Jünger sein will, so muß ich Ihm auch gehorchen. Am Anfang unseres Glaubenslebens denken wir noch, das christliche Leben sei ein besonders freies Leben. Das stimmt auch in gewisser Weise, aber es ist eine Freiheit, die ein Ziel hat – den Gehorsam gegen Jesus Christus.

Christus der Herr

»Ihr nennt mich Meister und Herr ...«

Zu den wichtigsten Aussagen des christlichen Glaubens gehört zweifellos der Satz, daß Jesus Christus unser Herr und Meister ist. Leider gibt uns dieser Satz im allgemeinen viel zu wenig zu denken, und wir lassen uns nicht genügend auf die Vorstellung von Christus als unserem Herrn ein. Ein Künstler oder Musiker muß imstande sein, über einen Entwurf nachzudenken. Er kommt nicht weiter, wenn er sich von flüchtigen Ideen und Assoziationen treiben läßt, die an seinem inneren Auge vorüberziehen wie Wolken am Himmel. Der Künstler muß seiner Idee nachgehen und solange an ihr feilen, bis sie wirklich zu seiner Komposition paßt. Es ist nicht leicht, sondern fordert wirkliche geistliche Besinnung, sich ähnlich intensiv mit dem Gedanken auseinanderzusetzen, daß Jesus Christus unser Herr ist.

Die Vorstellung von Herrschaft, die uns die Welt vermittelt, unterscheidet sich radikal von der Art und Weise, wie Christus unser Herr ist, weil Er nie auf unserem Gehorsam beharrt. Er sagt nur zu uns: »Wenn ihr mich liebt, so haltet meine Gebote.« Dabei läßt er es bewenden. Halte ich Seine Gebote dennoch nicht, so kommt Er nicht zu mir und hält mir meine Verfehlungen vor, um die ich ja ohnehin weiß. Sobald der Heilige Geist in mir Wohnung genommen hat, wird Er immer erkennen, daß ich den schlimmsten Fehler überhaupt begangen habe, wenn ich Jesus Christus den Gehorsam schuldig geblieben bin. Wenn ich Ihm nicht gehorche, bin ich der elendeste Mensch unter der Sonne. Auch ohne daß Er mich jemals straft, weiß ich um Seine unantastbare Autorität – Er ist der Herr und Meister.

Denen, die wiedergeboren sind und den Heiligen Geist empfangen haben, werden in Seinem Lichte die Züge des Herrn Jesus Christus immer deutlicher erkennbar. Liebe kann nicht wachsen, wenn wir nicht etwas dafür tun. Es ist zwar die normalste Sache der Welt, sich zu verlieben, doch es ist etwas Außergewöhnliches, wenn es gelingt, diese Liebe zu bewahren. Das gilt auch im Blick auf die Liebe zu unserem Herrn. Der Heilige Geist gibt uns die Kraft, Jesus Christus zu lieben. Doch das ist noch nichts Besonderes; das Besondere ist, Ihn so sehr zu lieben, daß unser ganzes Herz und unser ganzer Sinn von Ihm erfüllt sind. Ein Symbol für diese christliche Grundhaltung ist die Gestalt der Maria aus Betanien, die zu Jesu Füßen saß. Auch wir sollen unserem Meister gleichsam unser ganzes Leben lang zu Füßen sitzen. Tausende von Dingen stürmen täglich auf uns ein – verbinden wir sie mit dem Gedanken an Jesus Christus als unseren Herrn, oder haben wir Seine Aufforderung schon vergessen und uns selbst zum Herrn unseres Alltags gemacht? Vielleicht denken wir an Ihn als unseren Herrn, wenn wir zu einem Gebetskreis gehen, aber wir sehen Ihn nicht als Herrn über unsere Zunge an, unsere Finger, unser Hab und Gut und alles, was uns sonst gehört. In diesen Dingen betrachten wir uns meist lieber selbst als die Herren und meinen, daß wir für sie verantwortlich sind. Dabei sind wir als Christen nur für Eines in unserem Leben verantwortlich: für die Bewahrung unserer Gemeinschaft mit dem Meister. Das ist das ganze Geheimnis eines Lebens im Dienste Gottes. Es geht nicht um christliche Pflichterfüllung oder den christlichen Dienst am Menschen, sondern darum, daß Jesus unser Herr bleibt. Wieviel Zeit nehme ich mir, darüber nachzudenken, warum Er mein Herr und Meister ist?

Christus das Vorbild

»... und sagt es mit Recht ...«

Zu Beginn der Menschheitsgeschichte sollte Adam Herr über alles sein, außer über sich selbst. Er sollte die Herrschaft über das Leben auf der Erde, in der Luft und im Wasser haben; doch über ihm selbst stand Gott. An dieser Stelle setzte die Versuchung an: »Verweigere den Gehorsam, und du wirst werden wie Gott.« Durch die Sünde riß der Mensch die Herrschaft über sich selbst an sich und verlor dadurch seine Herrschaft über alles andere. Nach Aussage der Bibel ist es das Wesen der Sünde, daß der Mensch das Recht über sich selbst beansprucht.

»Der Jünger steht nicht über dem Meister.« Das Vorbild unseres Lebens ist das Leben unseres Herrn, nicht das eines guten Menschen. Jesu irdisches Dasein aber zeichnete sich dadurch aus, daß Er nie selbst über sich bestimmte. Sein ganzes Leben stand unter der Losung: »Ich rede nicht selbstbestimmt, wie ich es will, sondern ich sage, was der Vater mir aufträgt. Ich arbeite nicht aus mir selbst heraus, sondern ich tue die Werke meines Vaters. Ich poche nicht auf mein Recht über mich selbst, sondern ich weihe mich selbst Gottes heiligen Zielen.« Das Neue Testament schildert, wie unser Herr während seines menschlichen Daseins vollkommen gemacht wurde für die Erlösung: »So hat er, obwohl er Gottes Sohn war, doch an dem, was er litt, Gehorsam gelernt« (Hebr 5, 8). Wenn ich nun ein Jünger Jesu Christi bin, so ist es gewiß, daß ich ebenso wie mein Herr vervollkommnet werden muß und mich nicht an dem reiben darf, was Gott mir auferlegt.

Bedingungslose Hingabe

»… denn ich bin's auch.«

Wir Menschen neigen dazu, da zu enden, wo wir begonnen haben: bei uns selbst. Christsein bedeutet nicht, daß ich Gott kenne, sondern daß Gott mich kennt. Das Fundament unseres Glaubens ist die Tatsache, daß wir durch Christus in Gottes Gedanken aufgenommen sind, nicht umgekehrt, daß wir Gott in unsere Gedanken aufnehmen. Das steckt in dem Rat unseres Herrn »Sieh die Lilien …«, und es erklärt auch das starke Verlangen, sich durch den Dienst für Christus auszuzeichnen. Unser Herr ist sich vollkommen bewußt, daß Er unser Meister und der aller Menschen ist, und wir müssen Zugang zu Ihm finden. Das Wunderbare ist dabei, daß Jesus von seinem Herrschaftsrecht keinen Gebrauch macht. Er wird zum Staub unter unseren Füßen, Er wird weniger als die Luft, die wir atmen. Wir können Ihn verspotten und ausnützen und alles mit Ihm machen, und doch ist Er die ganze Zeit der Herr. Wir können Ihn sogar kreuzigen und Ihn anspeien, wir können Ihn verleumden, ignorieren oder verletzen, Er bleibt der Herr. Und wenn Er sich am Ende der Zeiten offenbaren wird, wird jeder Mensch auf Erden Ihn als Herrscher anerkennen. All diejenigen, die Ihm Böses zugefügt haben, werden so entsetzt sein von dem, was sie schauen, daß sie darum flehen werden, die Felsen möchten sie bedecken, doch die Felsen werden sich ebenso wie die ganze Erde als Sein Eigentum erweisen.

Und wie steht es mit Ihnen? Ist Jesus auch Ihr Herr? Das ist das wahre, bleibende und ewige Bild von Jesus, das wir im Herzen tragen müssen und das alle etwaigen anderen Vorstellungen von Ihm über den Haufen wirft. Ich bin als Christ nicht etwa Anhänger irgendeiner Sache oder der Vertreter irgendeines Glaubensbekenntnisses – ich bin Sein Eigentum (»… daß ihr nicht euch selbst gehört«). Dabei darf ich mir das Bild Jesu nicht durch irrige Vorstellungen vom Dienst der Christen oder Ideen über das, was ich tun sollte, verfälschen lassen, denn mein wahres und einziges Amt ist es, ein Jünger Jesu Christi zu sein – dann wird Er durch mich wirken. Wenn ich in Gemeinschaft mit Christus lebe und Er mein Herr ist, d. h. wenn ich in einer echten Beziehung zu Gott stehe und im Licht wandle, so mag mir zustoßen, was will – es liegt alles in Seiner Hand. Ich kann mich ganz einfach Seinen Händen überlassen und die meinen unbesorgt in Unschuld waschen. Der Herr wird's wohl machen. Er wird mich durch Tiefen führen, Er wird mich reich machen oder nicht – ganz wie Er es will. An mir ist es nur, Ihn meinen Meister sein zu lassen, »denn wir predigen nicht uns selbst, sondern Jesus Christus, daß er der Herr ist, wir aber eure Knechte um Jesu willen.«

Warum wird uns nicht alles gesagt?

»... gebot ihnen Jesus,
daß sie niemandem sagen sollten,
was sie gesehen hatten,
bis der Menschensohn auferstünde von den Toten.«
(Mk 9,9)

Manches ist uns noch unerträglich

»Ich habe euch noch viel zu sagen;
aber ihr könnt es jetzt nicht ertragen.«
(Joh 16,12)

Unser Herr verbirgt nichts vor uns, doch manche Dinge können wir erst ertragen, wenn wir in unserer geistlichen Entwicklung eine bestimmte Stufe erreicht haben und sie aufnehmen können. Sobald wir einmal soweit gelangt sind, wird uns Sein Wort mit einem Mal so klar verständlich, daß wir uns wundern, warum wir es vorher nicht begriffen haben. Wir konnten das Gesagte damals nicht verstehen, weil wir entweder nicht in der Verfassung oder nicht bereit dazu waren, es auszuhalten. Ohne Gemeinschaft mit dem Leben des Auferstandenen sind bestimmte Aussagen für uns unerträglich. Deshalb die Anweisung Jesu: »Sag niemand, was du gesehen hast, bis der Sohn des Menschen von den Toten auferstanden ist« – in dir selbst –, d. h., bis das Leben des Auferstandenen so stark in dir geworden ist, daß du erfassen kannst, was der historische Jesus uns sagen wollte.

Manchmal ist Begriffsstutzigkeit geradezu ein Segen. So ist es Gottes unermeßlicher Barmherzigkeit zu verdanken, daß unsere Augen gehalten sind und wir Sein Wort solange nicht begreifen, bis wir ihm innerlich gewachsen sind. Wenn Gott in all Seiner

Macht und umstrahlt vom Glanz seiner Herrlichkeit auf die Erde käme, würde uns der Verstand stillstehen. Doch Gott will uns nicht mit spektakulären Erscheinungen gewinnen. Schon Satan scheiterte bei dem Versuch, Jesus zur Anwendung solcher Sensationseffekte zu verleiten. Heute begegnen sie uns im Rahmen fehlgeleiteter Evangelisationsbestrebungen und Gottesdienstpraktiken. Auch wir selbst geraten am Anfang, wenn wir den Herrn gerade kennengelernt haben, leicht in Versuchung, unseren Glauben mit einer Art »Wundermaschine« zu verwechseln, und unsere Gebete hören sich oft an wie Handlungsanweisungen an Gott. Sobald wir aber der Auferstehung Christi in uns Raum geben, wird Gott uns aus diesem Stadium naiver Unkenntnis herausführen.

Sind wir uns darüber im klaren, wie die wahre Teilhabe am Leben des auferstandenen Christus aussieht? Wenn ja, so wird sich dieses Wissen vor allem anderen in unserem wachsenden Verständnis für Sein Wort zeigen. Solange wir allerdings Seinen Geist noch nicht empfangen haben, kann Gott uns nicht alles enthüllen. Aber auch wenn wir uns zu sehr an eine Lehre klammern, können wir nicht erwarten, von Gott mehr Klarheit zu bekommen, denn Gott läßt uns Erleuchtungen nicht auf diese Weise zuteil werden. Im Gegenteil, eine allzu hartnäckig behauptete Überzeugung wird Ihn eher daran hindern, uns überhaupt etwas zu offenbaren. Dieser Mangel an Erleuchtung erwächst nicht aus der Sünde, sondern daraus, daß das Leben des Auferstandenen in unserem Glaubensleben zuwenig Bedeutung hat.

Manches erscheint uns unglaublich

»Sprechen zu ihm seine Jünger: … Darum glauben wir … Jesus antwortete ihnen: Jetzt glaubt ihr?«
(Joh 16,29-31)

Wir müssen uns sehr viel tiefer auf das Leben des Auferstandenen einlassen und es uns zur Angewohnheit machen, alles, was uns begegnet, auf Ihn zu beziehen. Doch stattdessen treffen wir immer wieder unsere eigenen »vernünftigen« Entscheidungen, in der Hoffnung, daß Gott sie gutheißen wird. Aber Gott kann ein solches Verhalten, das sich Seiner Herrschaft und Führung entzieht, nicht billigen. Wir denken: »Wenn ich meine Pflicht tue, kann ich nichts falsch machen«, doch das ist ein Irrtum, so unwahrscheinlich es klingt. Wer sich so verhält, wird fehlgehen, weil er irgendetwas anderes, Abstraktes statt Gott auf den Thron erhoben hat. Uns Kindern Gottes ist nie gesagt worden, wir sollten uns im Leben von unserem Gewissen oder unserem Pflichtgefühl leiten lassen, sondern es ist uns aufgetragen, im Lichte unseres Herrn zu wandeln. Wenn wir etwas aus Pflichtgefühl tun, können wir unsere Handlungsweise meist mit Argumenten untermauern; doch wenn wir etwas aus Gehorsam gegen den Herrn tun, versagen die logischen Argumente in der Regel. Deshalb werden wahre Nachfolger Jesu auch so oft von ihrer Umwelt belächelt.

»Sagt es niemandem, ›bis der Menschensohn auferstünde von den Toten‹.« Ist Jesus Christus in uns auferstanden? Kann Er in uns wirken? Wenn wir zurückblicken auf die Wahl unserer Arbeit oder unserer Freunde oder auf das, was wir für unsere Pflicht halten: Ist Jesus wirklich Herr über das alles? Wir können es leicht feststellen. Wir sagen: »Darum glauben wir ...«, und Jesus antwortet: »Jetzt glaubt ihr? Siehe, es kommt die Stunde und ist schon gekommen, daß ihr ... mich allein laßt.« Schon so mancher Arbeiter im Weinberg des Herrn hat seinen Herrn verlassen und sich aus einem Pflichtgefühl heraus in die Arbeit gestürzt, das aus seinem eigenen Bedürfnis oder einer eingebildeten Berufung erwachsen ist. Das ist an sich keine Sünde und wird auch nicht bestraft, doch wenn der Betreffende eines Tages erkennt, daß er sich selbst daran gehindert hat zu begreifen, was Jesus sagt, und daß er all die Zweifel und den Kummer, die ihn bedrängten, im Grunde sich selbst zuzuschreiben hat, so wird ihn Scham und Reue packen, und er muß wie ein Kind vor seinen Herrn treten und Ihn bitten, ihn das alles noch einmal zu lehren: »Wenn ihr nicht werdet wie die Kinder.« Wo wir unser Verhalten von Pflichtgefühl diktieren lassen, spielen wir selbst Vorsehung und verlieren unsere

Kindlichkeit. Dann kann die Macht des Auferstandenen nichts in uns ausrichten. Wir sind damit gleichsam in einen Wettstreit mit unserem Herrn getreten und haben den Kontakt zu Ihm verloren. Stattdessen verlassen wir uns ganz auf unsere eigene Auffassung und unser eigenes Begriffsvermögen.

Sagt niemandem, »was ihr gesehen habt.« Es gibt genügend Leute, die Worte machen, die bereitwillig erzählen, was sie auf dem Berg sahen, und es auch bezeugen, und doch klafft ein Riß zwischen ihrem Leben und dem, was sie geschaut haben – der Menschensohn ist noch nicht in ihnen auferstanden. Was sie sagen, klingt richtig, und doch ist Er in ihren Worten nicht zu finden. Sie vermitteln nichts vom Leben des Auferstandenen und tragen nichts dazu bei, denen, die noch auf der Suche sind, ein besseres Verständnis zu ermöglichen und sie zu erleuchten, denn der Sohn des Menschen ist in diesen Leuten in Wirklichkeit noch nicht lebendig geworden. Wann wird Er endlich in uns Gestalt annehmen? »Meine lieben Kinder, die ich abermals unter Wehen gebäre, bis Christus in euch Gestalt gewinne« (Gal 4, 19). Wann endlich werden wir das Unglaubliche glauben: daß wir Ihn allein lassen werden, trotz allem, was wir sagen?

Manche Fragen erledigen sich von selbst

»Es kommt die Zeit,
daß ich … euch frei heraus verkündigen (werde)
von meinem Vater.«
(Joh 16, 25)

»An dem Tag werdet ihr mich nichts fragen.«
(Joh 16, 23)

Wann ist dieser »Tag«? Er ist gekommen, wenn das Leben des auferstandenen Herrn Jesus ein Teil unseres Lebens geworden ist. »An dem Tag« werden wir eins sein mit dem Vater, wie Jesus es verheißen hat, weil uns der Heilige Geist geführt hat. Niemand kann den Heiligen Geist empfangen, der nicht von seiner eigenen geistlichen Armut überzeugt ist. Wenn wir den Geist empfangen, gibt er uns Anteil am Leben des Auferstandenen, und es ist kein Abgrund mehr zwischen dem Vater und Seinem Kind. Sind wir schon an diesen Ort gelangt, wo keine Fragen mehr gestellt werden, und wo es keine inneren Zweifel im Blick auf Gott mehr gibt? Da mögen viele Dinge noch dunkel und unerklärlich sein, sie können sich doch nie mehr zwischen unser Herz und Gott drängen. »An dem Tag werdet ihr mich nichts fragen« – wir brauchen dann nichts mehr zu fragen, weil wir völlig gewiß sind, daß Gott alles nach Seinem Willen zu einem guten Ende führen wird. Johannes 14, 1 ist damit Wirklichkeit in unserem Leben geworden: »Euer Herz erschrecke nicht.« Bis das Leben des auferstandenen Jesus Christus Gestalt in uns gewonnen hat, drängen sich Fragen auf unsere Lippen – wann immer wir einen neuen Schritt im Rahmen des göttlichen Planes tun, möchten wir dies und jenes wissen. Doch wenn wir schließlich dahingelangt sind, daß wir uns ganz auf die Auferstehung Jesu verlassen, und wenn wir in vollkommener Harmonie mit Gottes Plan leben, werden wir feststellen, daß alle unsere Fragen verschwunden sind. Sind wir jetzt schon soweit? Und wenn nicht, warum nicht?

Was treibt uns immer wieder dazu zu sagen: »Wenn Gott mir nur alles sagen würde?« Wir sollten die Erklärung nie außen oder in unserer eigenen Vernunft suchen, sondern in unserem geistlichen Leben. Der Grund dafür, daß uns etwas geheimnisvoll erscheint und sich zwischen uns und Gott schieben kann, hat nichts mit unserem Verstand zu tun, sondern mit unserer geistlichen Verfassung. Sobald wir uns bereitwillig dem Leben Jesu überantworten, wird auch unser Verständnis für Seinen Willen und Sein Wort wachsen und klar werden, denn »wenn jemand dessen Willen tun will, wird er innewerden, ob diese Lehre von Gott ist.«

Verklärtes Leben

»Und auf einmal,
als sie um sich blickten,
sahen sie niemand mehr bei sich
als Jesus allein.«
(Mk 9,8)

Nicht einmal in der Auferstehung des Herrn wurde für die Jünger Petrus, Jakobus und Johannes das Hereinragen des Übersinnlichen und das Wunderbare so sichtbar wie im Augenblick der Verklärung Jesu. Petrus betont eigens, daß er selbst und die anderen »mit ihm waren auf dem heiligen Berge«, wo er zum ersten Mal sah, hörte und ganz begriff, wer Jesus war. »Wir haben seine Herrlichkeit selber gesehen«. Jakobus versucht in seinem Brief, diese Erfahrung auf die Praxis anzuwenden. Und Johannes berichtet zwar nicht von der Verklärung, doch er schreibt sein ganzes Evangelium aus der Perspektive dieses Geschehens heraus, mit Blick auf die erhabene Majestät des Herrn Jesus.

Unsterbliche Augenblicke

»Und ... Jesus ... führte sie auf einen hohen Berg,
nur sie allein.
Und Er wurde vor ihnen verklärt.«
(Mk 9,2)

Wir alle haben schon besondere Höhepunkte in unserem Leben erfahren. Unser Dasein erschöpft sich ja nicht im Stumpfsinn des Alltags, im Zufriedengeben mit Essen und Trinken. Wir kennen

Zeiten, in denen wir uns über unser normales Selbst erheben, sei es in einem schweren Kummer oder in einer besonderen Freude; wo ein Augenblick uns über unser Sein hinaushebt und wir auf einmal klar erkennen, wie wir eigentlich leben sollten. Solche Augenblicke gibt es auch im geistlichen Leben. Es gibt Zeiten des Geistes, unsterbliche Momente von unglaublicher Klarheit und visionärer Kraft. Diese Momente und das, was wir in ihnen schauen, sind bestimmend für unsere gesamte geistliche Entwicklung. »Glaubt an das Licht, solange ihr's habt«, sagte Jesus, und das heißt auch: »Glaubt nicht an das, was ihr seht, wenn ihr nicht im Licht seid.« Gott wird uns an den Zeiten messen, wo wir in lebendiger Gemeinschaft mit ihm standen, und nicht an unserem Glaubensalltag. Er beurteilt uns allein nach dem, was wir geschaut haben – nicht danach, ob wir nach unserem Gewissen gelebt haben, sondern allein nach dem Licht unseres Lebens, Jesus Christus, der von sich sagt, »Ich bin das Licht der Welt«. Wer dieses Licht nicht kennt, trägt selbst die Verantwortung dafür, denn der einzige Grund, Jesus Christus nicht zu kennen, liegt in der mangelnden Bereitschaft der Menschen, sich mit Ihm auseinanderzusetzen. Seien wir ehrlich: Bedeutet es uns wirklich etwas, ob Jesus lebte und starb oder irgendetwas bewirkte? Wir wenden gern ein: »Immerhin ist die Welt voller Betrüger.« In der Tat gibt es keine Kopie ohne das Original. Aber ist Jesus Christus ein Betrug, eine Illusion? Wir werden einst von ihm gerichtet werden. »Das ist aber das Gericht, daß das Licht in die Welt gekommen ist, und die Menschen liebten die Finsternis mehr als das Licht.« Wir werden nicht nach dem Licht der menschlichen Erkenntnis gemessen, die wir auf Erden gewinnen können, sondern daran, ob wir das Licht von oben annehmen wollten oder nicht. Gott macht uns verantwortlich dafür, wenn wir es bewußt ignoriert haben. Kein Mensch kann weiterleben wie bisher, nachdem er Jesus geschaut hat. Es sind diese unsterblichen Augenblicke, die Augenblicke, in denen wir das Licht Gottes ganz nah sehen, nach denen wir beurteilt werden.

Einsame Augenblicke

»… denn sie waren ganz verstört.
Und es kam eine Wolke,
die überschattete sie.«
(Mk 9,6-7)

Bei der Verklärung Jesu geschah etwas Herrliches und gleichzeitig Trauriges mit den Jüngern. Zuerst sahen sie voller Staunen, wer Jesus war, doch dann fiel ein Schatten über sie, der sie von Ihm trennte; sie kannten den Jesus, den sie jetzt sahen, nicht und waren zu Tode erschrocken.

»Denn wir haben nicht mit Fleisch und Blut zu kämpfen, sondern mit Mächtigen und Gewaltigen, nämlich mit den Herren der Welt, die in dieser Finsternis herrschen, mit den bösen Geistern unter dem Himmel.« Die menschliche Seele ist von Wesen umgeben, derer sie sich nicht bewußt ist, von übernatürlichen Mächten und Gewalten, die wir nicht kennen. Schon so mancher stand plötzlich völlig einsam, isoliert da, gleichsam überschattet von einer Wolke. Was sollen wir in einer solchen Situation tun? Der Gedanke, ohne den Schutz Jesu durch die Welt zu gehen, hat etwas Erschreckendes. Wir sind oft leichtherzig und guter Dinge, bis Gott den Schleier nur ein wenig lüftet – dann erschrickt unser Herz. Schon der kleinste Windstoß läßt sofort die »Schrecken der Finsternis« vor uns erstehen und erweckt in uns ein Gefühl von Verlassenheit und Furcht. Und doch behütet uns unser Herr gerade dann, in diesen einsamen Momenten. Die Versöhnung Jesu bedeutet Bewahrung vor dem Unsichtbaren, Bewahrung vor den Gefahren, von denen wir nicht einmal wissen.

Haben Sie keine Angst, wenn Sie sich selbst nicht begreifen können, und seien Sie auch nicht traurig, weil kein anderer Sie versteht. Einer versteht uns alle ganz und gar: Gott (vgl. Ps 139). Unser Leben spielt sich in zwei Bereichen ab, in einem eher oberflächlichen und einem tiefen, und beide stehen in Gottes Hand. Wir sind immer wieder in Versuchung, uns ganz auf das Leben in der Tiefe zu konzentrieren und die anderen dafür zu verachten, daß sie uns nicht verstehen. Dabei vergessen wir, daß Gott sowohl im Oberflächlichen als auch im Tiefen bei uns sein will und wir deshalb darum bemüht sein müssen, daß wir unser alltägliches, oberflächliches Leben ebenso Gott wohlgefällig gestalten wie unser tiefes, religiöses Leben.

Der wiedergefundene Sinn des Lebens

»... sahen sie niemand mehr bei sich
als Jesus allein.«
(Mk 9, 8)

Das heißt nicht, daß sie nun niemand anderen mehr erblickten, sondern daß sie niemand mehr anschauen konnten, ohne dabei gleichzeitig Jesus vor Augen zu haben. Der Sinn unseres Lebens liegt darin, daß wir »einen jeden Menschen in Christus vollkommen« sehen. Es bedarf nicht erst der Erfahrung der Verklärung, um all die Gemeinheit und Niedertracht in der Welt zu sehen – wir alle sind armselige Geschöpfe. Und es bedarf auch nicht einer solchen Erfahrung, um die Sünde zu erkennen, denn wir alle sind Sünder. Doch wir brauchen das Erlebnis der Verklärung, um in dem verdorbenen, sündigen Menschen, der uns begegnet, in dem Verlorenen, Irrenden und vielleicht auch Bösen unseren Herrn Jesus Christus zu sehen, so daß man von uns wie von allen wirklichen Christen sagen kann: »Sie sahen niemand mehr bei sich als Jesus allein.« Denn genau das bedeutet die wahre Gemeinschaft mit Jesus. Es ist leicht, die Fehler und Schwächen des anderen zu sehen, denn gewöhnlich nehmen wir an ihm genau das wahr, dessen wir uns selbst schuldig machen. »Darum, o Mensch, kannst du dich nicht entschuldigen, wer du auch bist, der du richtest. Denn worin du den andern richtest, verdammst du dich selbst, weil du ebendasselbe tust, was du richtest« (Röm 2, 1). Die heilsamste Medizin gegen solchen geistlichen Selbstbetrug ist eine gehörige Dosis »Plage« von Gott, die wir, »jeder in seinem Herzen«, spüren.

Welche Freude aber, ein durch die Verklärung verwandeltes Leben zu beginnen! Wer Jesus Christus wirklich erblickt hat, täuscht sich weder über sich noch über die anderen. Ist in der Wolke, die Sie von Ihrer Umwelt trennt, noch jemand anderer »als Jesus allein«? Das macht dunkler. Unser großes Ziel muß es sein, soweit zu kommen, daß »niemand mehr bei« uns ist »als Jesus allein.«

Das Morgenrot, das unsre Tränen verwandelt

»Jesus sagte zu ihr: ›Frau, was weinst du?‹«
(Joh 20,15)

»Und Gott wird die Tränen von ihren Augen abwischen« – erst wenn Gott unsere Tränen abwischt, werden sie wirklich für immer versiegen. An dem Tag, der mit der Auferstehung unseres Herrn angebrochen ist, sind die Tränen der Menschen nicht einfach aufgehoben oder abgetan, sondern sie werden in seinem Lichte verwandelt. Dieser neue Tag kennt keine Dämmerung mehr, keinen Abend und keine Nacht. Es ist nicht gesagt, daß dort keine Tränen mehr vergossen werden, sie werden nur völlig anders sein und aus anderen Gründen fließen. Wir wissen nicht, wie das zugehen wird, doch auf jeden Fall ist ein Leben, in dem es so etwas wie Tränen nicht gibt, für uns unvorstellbar.

Der Schmerz über das Ende

»Er ist nicht hier«.
(Mt 28,6)

Das Ende eines dreijährigen Wirkens

»... die saßen dem Grab gegenüber« (Mt 27,61)

Es waren Jahre der Begeisterung und der Freude gewesen, doch sie sind nun zu Ende, und dieses Ende hinterläßt einen tiefen, unfaßbaren Schmerz. Man kann sich wohl kaum eine größere Verzweiflung denken als die der Jünger nach Jesu Tod. Sie verdankten ihrem Meister alles, und nun steht da nur noch die herbe

Auskunft: »Er ist nicht hier«. Das Leben scheint nichts mehr für sie bereitzuhalten als Leid und Öde. Wir alle haben einmal etwas ähnliches erlebt wie diese drei Jahre mit Jesus – eine Zeit der Freude und Begeisterung, solange sie währte, doch nun ist sie vorüber, und auch wir sitzen »gegenüber dem Grab«.

Das Ende eines vielverheißenden Gestern

»Und er ging hinaus und weinte bitterlich.«
(Mt 26,75)

Petrus war ein zuverlässiger, charakterstarker Mann mit einem leidenschaftlichen Temperament, das ihn oft zu unüberlegten Handlungen hinriß. Nun steht er plötzlich vor den Trümmern all dessen, was er in seinem Leben erhofft hat. Wir alle haben ein solches vielversprechendes Gestern gekannt – als wir zum ersten Mal Freundschaft und Liebe erfahren durften, als das Leben noch in all seiner Fülle vor uns lag. Doch wenn alles, was wir haben, im Menschlichen, Irdischen wurzelt, ist das bittere Ende schon vorprogrammiert, nicht nur manchmal, sondern immer, ganz gleich, um welche Erfahrung es sich handelt. Der Kummer über das Vergangene läßt sich allenfalls durch schale Oberflächlichkeit vermeiden – oder aber durch eine vollkommen neue Beziehung zu Jesus Christus, dem Auferstandenen.

Das Ende zarter Hoffnungen

»Was sind das für Dinge,
die ihr miteinander verhandelt unterwegs?«
(Lk 24,17)

Im Gespräch der beiden Männer auf dem Weg nach Emmaus schwang wohl all das mit, was sie an zarten Hoffnungen gehegt hatten und was nun zertreten war. Es gibt Dinge in unserem Leben, die zu Ende gehen, das ist eine allgemeine menschliche Erfahrung. Etwas endet und läßt uns in Kummer und Schmerz zurück.

»Er ist nicht hier.« Das ist sicherlich einer der traurigsten Sätze der Welt. Man mag nur daran denken, was diese Worte für eine Mutter bedeuten, die ihren Sohn im Krieg verloren hat, oder für eine Frau, die ihren Mann verlor. Und doch sind dieselben Worte in diesem besonderen Fall Ausdruck einer frohen Botschaft: »Er ist nicht hier; er ist auferstanden.« Er ist nicht hier im gewöhnlichen Sinne des Wortes, nicht als einer, der unseren Kummer allenfalls mittragen kann. Nein, Er ist hier – aber als der auferstandene Herr! Wenn wir einem Leidtragenden unser Mitgefühl zeigen, so können wir ihm im Grunde nur helfen, sich mit seinem Leid abzufinden. Jesus dagegen ist der Eine, der allem Leid ein Ende macht.

Die Macht des Unmöglichen

»... er ist auferstanden.«
(Mt 28, 6)

Jesus ist nicht bei denen, die bei Seinem Grab sitzen; Er ist nicht bei denen, die weinen, und Er ist nicht bei den Trauerversammlungen. Wir finden Ihn da, wo wir Ihn nach Maßgabe unseres gesunden Menschenverstandes niemals vermuten würden. Die Hoffnung der Jünger, die letzten drei Jahre noch einmal zu erleben, war vergeblich; es war fruchtlos, sich das vielverheißende Gestern zurückzuwünschen. Die beiden auf dem Weg nach Emmaus konnten die frühere Gemeinschaft mit dem Herrn, nach der sie sich so sehr sehnten, nicht einfach wiederbeleben. Doch etwas unendlich viel Besseres sollte ihnen widerfahren. »Er ist auferstanden, wie er gesagt hat.« Das Unmögliche, von dem Jesus zu Seinen Lebzeiten gesprochen hatte, war wahrhaftig eingetreten. Die Verkündigung des Unmöglichen kommt aus dem Übernatürlichen, Wunderbaren, sie hat nichts zu tun mit unserer menschlichen Vernunft. Die Macht des Übernatürlichen spielte im ganzen

Leben unseres Herrn eine große Rolle. Schon bei Seiner Geburt verkündeten die Engel, daß Sein Name »Jesus« sein sollte, »denn er wird sein Volk retten von ihren Sünden.« Wir werden unseren Herrn nicht als Heiland erkennen, wenn wir Ihn mit unserem Verstand zu fassen suchen, denn kein normaler Mensch ist sich bewußt, daß er der Erlösung bedürftig ist. Wo stehen wir? Geben wir in unserem Glauben dem Unmöglichen, das aus dem Übernatürlichen entspringt, Raum, oder haben wir unser religiöses Leben auf ein so »vernünftiges« Niveau heruntergeschraubt, daß Jesus für uns gar nicht hätte zur Welt kommen müssen?

Als der Engel den Jüngern nach der Auferstehung Jesu mitteilte: »Er ist nicht hier; er ist auferstanden, wie er gesagt hat,« da sagte ihnen ihr gesunder Menschenverstand, daß das, was der Engel ihnen hier verkündete, eine Unmöglichkeit war. Und wir? Glauben wir der Verkündigung des Übernatürlichen, oder weigern wir uns, etwas zu glauben, was unserer Ansicht nach unmöglich ist? Es ist »unmöglich«, daß Gott Mensch wird. Und doch war Jesus Mensch. Es ist »unmöglich«, daß ein Toter aufersteht. Und doch ist Jesus auferstanden. Es ist »unmöglich« für einen Menschen, selbst wenn er von den Toten auferstanden ist, in den Himmel aufzufahren. Und doch ist Jesus in den Himmel aufgefahren. Wenn wir an die Grenzen unseres Fassungsvermögens stoßen, dann steht das Wort vor uns: »Bei Gott sind alle Dinge möglich.« Wir Menschen sind auf das Menschenmögliche angewiesen, doch Gott hat Macht über das Unmögliche, und Er wird Sein Wort an uns wahrmachen, wenn wir Glauben haben.

Der Übergang zur Freude

»Und geht eilends hin …
Und siehe, er wird vor euch hingehen.«
(Mt 28,7)

»Er ist nicht hier« – nicht hier in unserer Beschränktheit, nicht hier in unserem engen Blickwinkel. Er geht die ganze Zeit vor uns her und macht uns Mut: »Geht eilends hin und sagt seinen Jüngern.«

Was für eine ungeheure Erregung muß sich der völlig in ihre Trauer versunkenen Maria Magdalena bemächtigt haben! Sie hatte ein vielversprechendes Gestern erlebt: Jesus hatte sieben Dämonen aus ihr ausgetrieben, und ihre ganze Hoffnung und ihr ganzer Glaube ruhte auf Ihm. Doch dann war Er tot. Und nun verkündet ihr der Engel, daß Er auferstanden ist: »Fürchtet euch nicht … geht eilends hin und sagt seinen Jüngern.« Im Grunde genommen erwächst alles menschliche Leid aus den Grenzen, die uns Menschen gesetzt sind. Wenn die Begrenztheit unseres Daseins uns packt und uns bittere Tränen erpreßt, denken wir nur allzu rasch, daß nun alles zu Ende ist, und sind viel zu verzagt, um noch irgendetwas zu tun. Doch dann fällt mitten in unsere Entmutigung das mutmachende Wort: »Geht eilends hin« – steht auf und macht euch sogleich auf den Weg! Diese wahrhaft ermutigende Aufforderung entspricht nicht dem, was wir unserem eigenen Verstand nach erwarten, sondern versetzt uns in tiefstes Erstaunen. »Und siehe, er wird vor euch hingehen.« Wir tun den nächsten Schritt in all unserer Begrenztheit – und begegnen der grenzenlosen göttlichen Macht. Wir haben das Gefühl, uns auf den Weg machen zu müssen, als ob Gott nicht da wäre, als ob wir den ersten Schritt ohne Ihn tun müßten, um dann zu merken, daß Er die ganze Zeit bei uns war. Wir sind nicht allein, sondern erfahren immer tiefer das Wunder Seiner Gegenwart. »Siehe, ich habe es euch gesagt.« Doch wir können der ermutigenden Aufforderung des Engels nur folgen, wenn wir den Worten des übernatürlichen Boten Glauben schenken, wie ein Kind, das sieht, was sonst keiner wahrnimmt. Während wir uns im Gespräch mit Erwachsenen meist an unseren angelernten gesunden Menschenverstand halten, sagen wir einem Kind ganz unbefangen die Wahrheit, wie wir sie wirklich empfinden. Es tut not, daß wir zurückfinden zur Redeweise des Engels.

Die Verheißung des Schauens

»Dort werdet ihr ihn sehen.«
(Mt 28,7)

Wir werden Jesus nicht schauen, wenn wir stillsitzen und die Hände in den Schoß legen, wenn wir beten und uns nach Ihm sehnen, sondern nur, wenn wir uns »eilends« auf den Weg machen: »Dort werdet ihr ihn sehen.« Erheben wir unseren Geist, raffen wir uns auf, und hören wir auf, unserer religiösen Vergangenheit nachzutrauern! Die Gefahr eines Rückfalls in das Alte ist erst gebannt, wenn wir erkennen, daß Jesus nicht zu Seinem früheren Leben auferstanden ist, sondern in ein unfaßbares neues Leben, und daß unsere Beziehung zu Ihm von nun an eine vollkommen andere ist. »Rühre mich nicht an … Geh aber hin zu meinen Brüdern.« Wir müssen weitergehen, dann werden wir Ihn sehen, nicht aber, wenn wir unsere Vernunft auf den Thron heben und meinen, »Schauen ist Glauben«. Haben wir den einfältigen, kindlichen Glauben, daß wir Ihn in dem nächsten, geringsten Dienst finden werden, den wir tun? Es ist vielleicht nichts Besonderes, einem anderen »die Füße zu waschen«, und doch werden wir Ihn gerade dabei schauen. Glauben wir an eine vollkommene, gegenwärtige, absolute Erlösung – eine Erlösung, die bereits ein für allemal vollbracht ist? Diese Erlösung ist das Werk des auferstandenen Herrn. Seine Auferstehung ist das Morgenrot, das all unsere Tränen verwandelt.

Das Sakrament des Opfers

»Wer an mich glaubt, …
von dessen Leib werden Ströme lebendigen Wassers fließen.«
(Joh 7,38)

Jesus Christus sagte nicht: »Wer an mich glaubt, wird in sich selbst den Segen der Fülle Gottes auskosten«, sondern er sagte: »von dem wird alles, was er empfangen hat, ausströmen auf seine Umgebung.« Unser Herr spricht sich durchweg gegen eine egoistische Selbstverwirklichung aus; es geht Ihm nicht darum, daß ein Mensch seine Persönlichkeit entfaltet, sondern darum, ihn seinem Herrn und Meister gleichwerden zu lassen. Der Maßstab aber, den der Sohn Gottes gesetzt hat, ist die Selbstpreisgabe. Wenn wir an Jesus Christus glauben und diesen Glauben leben wollen, kommt es also nicht auf das an, was wir durch Ihn gewinnen, sondern auf das, was Er von uns nach außen strömen läßt. Gott macht uns nicht zu makellosen Trauben, die schön anzusehen sind, Er preßt alle Süße aus uns heraus. Wir können unser Leben nicht an unserem geistlichen Erfolg messen, sondern einzig und allein an dem, was Gott durch uns tut, das aber entzieht sich wiederum letztlich unserer Einschätzung. Wer kann sagen, was ein Stern oder eine wilde Lilie bewirkt? Und doch lenkte unser Herr unseren Blick gerade auf diese stillen, unscheinbaren Dinge. »Wer an mich glaubt« – durch einen solchen Gläubigen wird Er alles bewirken, ihm selbst aber nichts lassen. Wie ein Sakrament die tatsächliche Gegenwart Gottes in den Dingen verkörpert, so ist in dem Zusammenhang, um den es hier geht, das Element, in dem die Gegenwart Gottes wirksam wird, nichts anderes als unser Leben.

Die Ausgießung des lebendigen Wassers

»Da brachen die drei Helden in das Lager der Philister ein und schöpften Wasser aus dem Brunnen am Tor in Bethlehem und trugen's und brachten's zu David.
Aber er wollte es nicht trinken,
sondern goß es aus für den Herrn.«
(2. Sam 23,16)

Ich kann Gott niemals das weihen, was ich für mich behalten will. Wenn ich mich an den Segnungen Gottes sättige, werden sie mich innerlich verderben; ich muß sie opfern, ausgießen, ja ich muß so mit ihnen verfahren, daß jeder normale Mensch sagen würde, ich betreibe Verschwendung. Das gilt für die Erfahrung von Freundschaft und Wohlstand ebenso wie für den geistlichen Bereich – sobald ich etwas davon für mich selbst behalten will, kann ich es nicht dem Herrn weihen. David handelte deshalb recht, als er das Wasser, das ihm seine Leute gebracht hatten, ausgoß für den Herrn.

Was war für uns in letzter Zeit so erquickend wie das Wasser aus dem Brunnen von Bethlehem für David – Liebe, Freundschaft, geistliche Segnung? Wenn wir die erfahrenen Wohltaten für uns selbst in Anspruch nehmen, setzen wir damit unsere Seele aufs Spiel. Denn wenn wir das tun, haben wir nichts, was wir dem Herrn darbringen können. Wie aber soll ich geistliche Gaben, menschliche Freundschaft oder Liebe für Gott »ausgießen«? Wie kann ich sie dem Herrn schenken? Das ist nur auf eine einzige Weise möglich: durch einen festen Willensentschluß, der rasch gefaßt ist. Wenn ich geistliche Segnungen oder irgendeine Freundschaft für mich selbst behalte, werde ich durch sie verdorben werden, ganz gleich, wie schön sie sind und welche Freude sie mir bereiten. Ich muß sie vielmehr aus vollem Herzen dem Herrn schenken, auch wenn es vielleicht so scheinen mag, als ob ich sie verschleudere, so wie David das Wasser in den Sand goß, wo es sofort versickerte.

Bestimmte Dinge, die andere für uns tun, können nach menschlichem Ermessen niemals vergolten werden, und wir können sie nur annehmen im Blick auf Gott. Alles, was uns zu tun bleibt, ist, solche Erfahrungen vor dem Herrn auszubreiten. Wenn ich mir dagegen insgeheim etwas auf mich selbst zugute tue und denke: »Ich bin so nett zu diesen Leuten, sie sind im Grunde verpflichtet, dies und jenes für mich zu tun«, so habe ich etwas an und für sich Gutes in Gift verwandelt und es Gott entzogen. Wenn ich aber sage: »Das ist zu groß und kostbar für mich, es ist eigentlich überhaupt zu wertvoll für einen Menschen, ich muß es vor den Herrn bringen«, verwandelt sich das Erfahrene in Ströme lebendigen Wassers, die meine ganze Umgebung erreichen und erquicken. Erst wenn wir alles vor Gott bringen, wird die Liebe, die wir erfahren, die Menschen, die wir lieben, nicht mehr gefährden. Liebe muß verwandelt werden, indem sie Gott dargebracht wird. Ohne diesen Schritt wird die Liebe durch unsere Selbstsucht und Begierde zu einem schmutzigen und erbärmlichen Gefühl herabgewürdigt. Wenn Sie ein verbittertes Menschenkind geworden sind, dann liegt das wahrscheinlich daran, daß Gott Ihnen eine besondere Wohltat zuteil werden ließ und Sie das Geschenk für sich selbst behalten wollten. Wenn Sie es dagegen für den Herrn geopfert hätten, wäre es friedlich und still in Ihnen und Sie könnten freundlich und gütig sein. Wer in geistlichen Dingen ist wie ein Schwamm und alles in sich aufsaugt und für sich behält, der wird zu einer Plage für seine Umwelt. Und er wird sicherlich nichts dazu beitragen, den Blick anderer Menschen zu weiten und sie Gott näherzubringen, weil er es nie gelernt hat, etwas für den Herrn hinzugeben.

Der Weg der Rettung

»... dafür daß er sein Leben in den Tod gegeben hat ...«
(Jes 53,12)

Das ist die größte Liebestat Gottes. Kein Mensch, in dem nicht Gott wohnte, hat je sein Leben für seine Feinde gegeben. Die menschliche Natur ist so geschaffen, daß sie sich von heroischen

Taten immer angezogen fühlt. Johannes 15,13 spricht von der menschlichen Liebe. Das Opfer, von dem dort die Rede ist, bezeugt das Äußerste, zu dem menschliche Liebe ohne die Liebe Gottes fähig ist. Ist Jesus Christus für mich der Retter der Welt, oder bin ich so überwältigt von Begeisterung und Ehrfurcht im Angesicht menschlicher Opfer, daß das Versöhnungswerk Christi für mich gar nicht mehr zählt? Dann bleibt mir das Wohlgefallen des Herrn verschlossen, denn es erreicht nur den Menschen, der seine Seele zum Opfer bringt. Wir stellen es oft so hin, als ob die Rettung erst durch die Predigt vollbracht werden müßte, statt daß wir die vollbrachte Rettung predigen. Unser Dienst muß denn auch auf der bereits vollendeten Erlösung der Welt fußen und dieser Erlösung nicht etwa dienen. Wir sind hier, um zu verkünden, daß Gott die Menschen von der Sünde erlöst hat, und nicht, daß der Mensch seine Seele durch Opfer selbst retten kann. Denn deshalb empfangen wir ja unsere Rettung so leicht und ohne etwas dafür aufwenden zu müssen, weil Gott selbst sie sich einen hohen Preis hat kosten lassen.

Die Verschwendung des Gefühls

»... und sie zerbrach das Glas
und goß es auf sein Haupt.«
(Mk 14,3)

Nach Ansicht sämtlicher Anwesenden bestand keinerlei Anlaß für das Verhalten der Frau, in ihren Augen war es ein Akt der Verschwendung. Ohne besonderen Grund zerbrach Maria das Fläschchen mit kostbarem Salböl und schüttete seinen ganzen Inhalt aus. Ihrer Tat haftete nichts Nützliches an; sie war lediglich ein besonderer Ausdruck ihrer Hingabe. Und doch lobte Jesus sie und verhieß Maria, daß ihr Gedächtnis weiterleben sollte, wo immer Sein Evangelium einst gepredigt würde.

Gott gab das Leben Seines Sohnes hin, damit die Welt gerettet würde. Bin ich ebenso bereit, mein Leben für Ihn zu geben?

Nichts freut unseren Herrn mehr, als wenn Er sieht, daß einer von uns handelt, wie Maria handelte, und sein eigenes Wesen rückhaltlos für Ihn verschwendet – ohne alle Nützlichkeitserwägungen, in völliger Hingabe an Ihn.

In der Bibel besteht allgemein eine Einheit zwischen dem Geistlichen und dem Materiellen. So braucht es die Einwohnung des Heiligen Geistes im Leib eines Menschen, um ihn so werden zu lassen, wie Jesus ihn haben möchte. Erst wenn die Segnungen Gottes unseren Leib zum Tempel des Heiligen Geistes gemacht haben, kommt die Religion Jesu Christi vom Himmel auf die Erde. Wenn ich die Gesinnung, die der Heilige Geist in mich gesenkt hat, nicht auch in den schmutzigen Niederungen des Lebens an den Tag lege und die einfachsten Dinge aus den erhabensten Motiven heraus tue, so habe ich nicht gelernt, das, was mir geschenkt ist, vor Gott auszugießen.

»Wer an mich glaubt ... von dessen Leib werden ... fließen« – nicht: er wird etwas bekommen, sondern: unzählige andere werden wieder und wieder durch ihn erquickt werden. Es ist Zeit, unser Leben umzukrempeln, aufzuhören, nach eigener Befriedigung zu streben, und endlich das Geschenkte zu verschwenden. Der Herr ruft uns alle zu diesem Opfer.

Geistliche Nachfolge

»Denn wer sein Leben erhalten will,
der wird's verlieren;
wer aber sein Leben verliert um meinetwillen,
der wird's finden.«
(Mt 16,25)

Das Wort »geistlich« in der Überschrift ist hier im Sinne von »wirklich« gebraucht, d. h., es bezeichnet das, was hinter der Realität steht und was wir mit unseren Sinnen nicht erfassen können. Am Anfang halten wir die Realität für wirklich, doch wenn wir wiedergeboren sind, stellen wir fest, daß Realität und Wirklichkeit nicht ein und dasselbe sind, und begreifen den Unterschied, den Paulus macht, wenn er sagt: »Denn was sichtbar ist, das ist zeitlich; was aber unsichtbar ist, das ist ewig.« Die Erlösung, die unser Herr Jesus Christus vollbracht hat, ist die große, unvergängliche Wirklichkeit, und in Seiner geistlichen Nachfolge zu stehen bedeutet, daß wir diese erlösende Wirklichkeit durch die Macht der Gnade Gottes an uns selbst erfahren durften.

Die Quelle geistlicher Nachfolge

»Wer sein Leben
(seine Seele; s. Fußnote in der Elbersfelder Übersetzung)
erhalten will, wird's verlieren.«

Meine »Seele« umfaßt mein Denken und meine Anschauungen, sie ist der Ausdruck des geistigen und gefühlsmäßigen Anteils meiner Persönlichkeit. Was unser Herr hier sagt, läuft im Grunde genommen auf die radikal anmutende Aussage hinaus: »Wenn du mein Jünger sein willst, so mußt du deine Seele verlieren.« Bin ich bereit dazu, meine Seele dranzugeben? Wenn ich tatsächlich wiedergeboren bin und die Erlösung durch den Geist Gottes für mich lebendige Wirklichkeit geworden ist, muß ich anfangen, mir die Sichtweise meines Herrn zueigen zu machen – ich muß danach trachten, Jesus im Geistigen gleichzuwerden, und das bedeutet eine totale Kehrtwendung in jeder Hinsicht. Wer starr ist und auf seinen eigenen Ansichten beharrt, der wird nie ein Jünger Jesu werden können.

Wir neigen manchmal dazu, Charakterstärke und Eigensinn miteinander zu verwechseln. Der Eigensinnige verschließt sich Vernunftgründen; sein Wahlspruch lautet: »Ich habe es so gesagt, und dabei bleibe ich.« Charakterstärke im geistlichen Bereich bedeutet, daß jemand gelernt hat, sein ganzes Denken auf das Fundament der Erlösung zu gründen: Er betrachtet fortan alles, was ihm widerfährt, im Lichte des Herrn Jesus.

Es besteht ein Unterschied zwischen dem Gerettet-Sein und dem Jünger-Sein. Manche von uns sind zwar gerettet, »doch so wie durchs Feuer hindurch.« D. h. wir sind Gott dankbar, daß er uns aus der Sünde gerettet hat, doch wir bringen diese Dankbarkeit nicht in unserem Leben zum Ausdruck – wir sind keine geistlichen Jünger. Der letzte Auftrag unseres Herrn lautete jedoch nicht: »Gehet hin und rettet die Menschen«, sondern: »Gehet hin und machet zu Jüngern.« Wir können aber nicht andere zu Jüngern machen, wenn wir selbst keine Jünger sind. Es ist in diesem Fall nicht die Sünde, die uns den Weg zu Jesus versperrt, sondern die Sucht nach Selbstverwirklichung, Stolz und der Wunsch nach Selbstbestimmung: »Ich muß mich selbst verwirklichen, ich muß eine gute Erziehung und Ausbildung haben und muß alles tun, was die Entfaltung meiner Persönlichkeit fördert.« Selbstverwirklichung ist ihrem Wesen nach anti-christlich. Diese ganze Denkweise ist heidnisch und steht im Widerspruch zu den christlichen Forderungen. Was Jesus Christus uns vorgelebt hat, hat nichts mit Selbstverwirklichung zu tun. Sein Anliegen ist es nicht, dem Menschen zu allgemeiner Entfaltung zu verhelfen, sondern ihn Ihm selbst möglichst genau nachzuformen, und das auffallendste Kennzeichen des Gottessohnes ist nun einmal nicht Selbstverwirklichung, sondern Selbstaufgabe. Jede geistliche Selbstsucht muß also aus meinem Herzen verschwinden, doch bin ich zu diesem Opfer bereit? »Wer mir folgen will, der verleugne sich selbst«, d. h.: »der gebe sein Selbstbestimmungsrecht auf und unterstelle sich ganz mir.«

»Daß ihr eure Leiber hingebt als ein Opfer«, fordert Paulus. Er sagt nicht: »Gebt alles hin.« »Alles« ist ein vager Begriff, unter dem sich niemand etwas Genaues vorstellen kann. Paulus sagt: »Gebt eure Leiber hin …« – bittet Gott nicht, euren Leib zu nehmen, sondern schenkt ihn Gott! »Ich ermahne euch nun« – ich bitte euch inständig –, sagt der Apostel, »daß ihr eure Leiber hingebt als ein Opfer.« Das ist das wahre geistliche Opfer. Gott verlangt kein Opfer um des Opfers willen von uns, Er fordert uns auf, Ihm mit unserem Opfer das Beste von all dem zurückzugeben, was Er uns geschenkt hat, damit es auf ewig Ihm und uns gehöre. Das Opfer ist die Quelle der geistlichen Jüngerschaft.

Der Vorrang der geistlichen Nachfolge

»Wer aber sein Leben verlieren wird um meinetwillen, der wird's finden.«

Viele Menschen verlieren ihr Leben, aber nicht um Christi willen. »Um meinetwillen« – in dieser Formulierung steckt die höchste Hingabe. Gott verwandelt das Leben der Menschen nicht durch irgendeinen Zauber, sondern durch die Hingabe der Menschen an Ihn. Im dreizehnten Kapitel des 1. Korintherbriefes ist zu lesen, wie die Liebe sich im realen Leben manifestiert. Für die meisten von uns ist »Liebe« ein seltsam sinnentleertes Wort. Die Liebe, von der der Apostel Paulus spricht, ist eine Liebe, in der ich einer anderen Person vorbehaltlos den ersten Platz in meinem Leben einräume, und diese andere Person ist Jesus Christus. Das zeigt sich darin, daß ich mich bewußt in Gottes Liebe zu anderen Menschen hineinnehmen lasse, auch wenn Gottes Liebe mir merkwürdig erscheinenden Menschen gilt, denn Gott wendet sich auch und gerade solchen Menschen zu, die ich selbst eher ablehnen würde.

Als Jünger Jesu muß ich meine eigene Individualität für immer darangeben, denn Individualität bedeutet Selbstgerechtigkeit, Verantwortungslosigkeit und rücksichtslose Durchsetzung eigener Interessen. Bei einem Kind ist eine ausgeprägte Individualität etwas ganz Natürliches, doch bei einem erwachsenen Menschen berührt es höchst unangenehm, wenn er in irgendwelchen persönlichen Schrullen befangen ist. Es ist ein Zeichen dafür, daß das Wesen des Betreffenden nie verwandelt worden ist, daß er nie vom Heiligen Geist erfüllt wurde und nie zur Quelle geistlicher Wirklichkeit vorgestoßen ist. Unser Herr kann zwar in den Begriffen einer personalen Sprache, nie aber vom Individuellen her beschrieben werden. »Ich und der Vater sind eins« – in dieser Selbstaussage Jesu kommt zum Ausdruck, daß die menschliche Persönlichkeit mit Gott eins werden kann, ohne ihre Identität zu verlieren. Wenn wir also Jünger Jesu sein wollen, müssen wir die Schranken der Individualität durchbrechen, die uns abgrenzen und einengen, und uns ganz und vollkommen Jesus Christus hingeben.

Wir können nicht durch den Verstand oder das Gefühl zur Wirklichkeit durchstoßen, sondern nur durch das Gewissen. Der Geist Gottes, der durch das Gewissen wirkt, führt den Menschen direkt zu der erlösenden Wirklichkeit unseres Herrn. Aus dieser Erfahrung erwächst ein Leben geistlicher Nachfolge, in dem der Mensch sich um Jesu willen für andere verschwendet. Ein wahrer Christ muß unauffällig und bescheiden werden wie sein Meister – »Denn wir predigen nicht uns selbst, sondern Jesus Christus, daß er der Herr ist, wir aber eure Knechte um Jesu willen.« Wenn wir den Menschen um ihrer selbst willen dienen, werden wir bald am Ende unserer Kräfte sein; wer aber dem Herrn Jesus Christus ganz und gar ergeben ist, der kann sich selbst bis zum Äußersten verschwenden, weil er von der Liebe zum Herrn getrieben wird.

Wir verspüren nicht das Bedürfnis, Jesus Christus im Chaos unserer Realität zu erleben, bis wir Ihn in der Wirklichkeit gefunden haben, doch wenn wir Ihn dort gefunden haben, so geht von Ihm eine verwandelnde Kraft auf unser ganzes reales Leben aus. Er vereinigt Wirklichkeit und Realität. Jesus Christus ist die Versöhnung, und diese Versöhnung kann nur dann in mir wirklich werden, wenn ich durch den Geist in Sein Reich wiedergeboren werde, für das Er auf die Erde kam und in das Er mich holen will. Gebe Gott, daß wir unter denen sind, die die Bereitschaft zur geistlichen Nachfolge in sich tragen. Als Jünger Jesu müssen wir alle geistliche Selbstsucht fahren lassen und unsere Leiber Gott als geistliches Opfer darbringen. Und schließlich müssen wir ein Leben wahrer Heiligkeit führen, in dem wir uns hineinnehmen lassen in die Liebe Gottes zu den Menschen.

Sakramentale Nachfolge

»Denn Christus hat mich nicht gesandt zu taufen,
sondern das Evangelium zu predigen –
nicht mit klugen Worten,
damit nicht das Kreuz Christi zunichte werde.«
(1. KOR 1,17)

Der Begriff »Sakrament«, wie er z. B. beim Herrenmahl gebraucht wird, steht für die Realpräsenz Gottes in den mit der sakramentalen Handlung in Zusammenhang stehenden Elementen. Doch diese Gegenwart Gottes tritt uns durch das sakramentale Element der Erlösung auch in den anderen Dingen des Lebens entgegen. Es ist allerdings ein Irrtum zu meinen, daß Gott und die realen Dinge ein und dasselbe seien. Gott kommt zwar durch die realen Dinge zu uns, doch sie sind nicht Gott. »Seid dankbar in allen Dingen«, sagt Paulus, nicht »seid dankbar für alle Dinge«, sondern »dankt Gott dafür, daß Seine Gegenwart in allem, was auf Erden geschieht, spürbar ist.« Gott ist wirklicher als die uns umgebenden realen Dinge – »Darum fürchten wir uns nicht, wenngleich die Welt unterginge.« Wir halten unser Leben solange für rund und geordnet, bis wir plötzlich durch ein schmerzvolles Widerfahrnis, das Erleben des Krieges oder einen schweren Verlust, aus unserem Trott herausgerissen werden. Dann schreien wir aus unserer Qual über das unerforschliche Geheimnis des Lebens heraus nach Gott und vernehmen die Stimme Jesu: »Kommt her zu mir.«

»Denn Christus hat mich nicht gesandt zu taufen« – nicht um religiöser Riten willen –, »sondern das Evangelium zu predigen«. Das Evangelium ist weniger eine gute Nachricht für die Menschen als eine gute Nachricht von Gott. »Nicht mit klugen Worten« – man kann zwar ein Publikum durch brilliante Rhetorik oder eine fesselnde Persönlichkeit in Bann schlagen, doch die Verkündigung des Neuen Testamentes muß sich ganz an dem Satz Johannes des Täufers ausrichten: »Er muß wachsen, ich aber muß abnehmen.« Für den Apostel Paulus war der gekreuzigte Christus, nicht die Auferstehung und Erhöhung Christi, sondern »das Kreuz« das alles überstrahlende Zentrum seines Lebens und Wirkens. Der Verkündigung und Sichtbarmachung dieses Kreuzes und seiner Botschaft galt Paulus' ganze Leidenschaft. Der Tod Christi ist denn auch das entscheidende Ereignis im Neuen Testament, weil im Kreuz das wahre Wesen Gottes offenbar wird. Der Tod, den Jesus starb, war kein Märtyrertod, sondern die Offenbarwerdung des Wesens Gottes in der Geschichte. »Wir aber predigen den gekreuzigten Christus, den Juden ein Ärgernis« – ein Schmerz und eine Erniedrigung –, »und den Griechen« (denen, die nach Erkenntnis streben) »eine Torheit; denen aber, die berufen sind, Juden und Griechen, predigen wir Christus als Gottes Kraft und Weisheit.«

Es klingt merkwürdig und weit hergeholt, daß die Gegenwart Gottes ausgerechnet durch die Predigt vom Kreuz vermittelt werden soll, doch Gott hat nun einmal beschlossen, die Menschen auf diese Weise zu retten. »(Es) gefiel ... Gott wohl, durch die Torheit der Predigt selig zu machen, die daran glauben«, denn verborgen hinter und unter der Predigt des Evangeliums vollbringt die schöpferische Erlösung Gottes ihr Werk an den Seelen der Menschen. Das ist ein Wunder. Wie dieses Wunder zustandekommt, wie es zugeht, daß das Wort Gottes, das in die Seele eines Menschen gelegt wird, etwas hervorbringen kann, das zuvor nicht da war, nämlich ein neues Leben, das kann allenfalls der erklären, der auch erklären kann, wie ein Weizenkorn, wenn es in die Erde fällt, etwas völlig Neues und anderes hervorbringt. Beides sind Wunderwerke desselben Gottes. Wie wird aus einem Menschen ein Wiedergeborener? Durch die Verkündigung des Kreuzes Christi. »Der Wind bläst, wo er will ... So ist es bei jedem, der aus dem Geist geboren ist.« Die Verkündigung des Evangeliums Gottes schafft Sehnsucht nach dem Evangelium, eine Sehnsucht, die nur dort gestillt werden kann, wo sie ihren Ausgangspunkt hat. Die innere Wirklichkeit der Erlösung ist fortgesetzt schöpferisch. »Und ich, wenn ich erhöht werde von der Erde, so will ich alle zu mir ziehen.« Sobald Jesus Christus erhöht ist, legt der Heilige Geist die Sehnsucht nach Ihm in die Herzen der Menschen.

Bevor wir nicht von oben wiedergeboren sind, bedeutet das Kreuz Christi nichts für uns; solange spielt es für uns keine Rolle, ob Jesus lebte oder starb; solange ist das Neue Testament nur eine zwar sehr poetische, doch für uns und unser Leben völlig belanglose Lebensbeschreibung. Beschämenderweise gelten die Worte von Jesaja 53, 2 für uns alle: Wenn wir den Höchsten sehen, so ist Er für uns nur »eine Wurzel aus dürrem Erdreich«, jemand, den wir bestenfalls bemitleiden. Ja, als Seine strenggläubigen Zeitgenossen den fleischgewordenen Höchsten in ihrer Mitte sahen, erweckte Er ihren Haß und sie kreuzigten Ihn. Erst wenn ein Mensch mit seiner eigenen Weisheit am Ende ist und durch etwas Schwerwiegendes aus seiner Gleichgültigkeit aufgerüttelt wurde, beginnt er die Bedeutung des Kreuzes zu ahnen: »Ich dachte, Jesus sei ›geplagt und von Gott geschlagen und gemartert‹; nun sehe ich, daß er für meine Sünden litt.«

Das Lamm, »das geschlachtet ist« – am Kreuz wird Gott nicht als derjenige offenbart, der erhaben und verächtlich über dem Elend der Welt thront, sondern als der, der schrecklicher leidet als der geschundenste Mensch – »der Allerverachtetste und Unwerteste, voller Schmerzen und Krankheit.« Das macht ein für alle Mal Schluß mit der Vorstellung, daß Jesus ein Märtyrer war. Jesus starb nicht den Märtyrertod; Er starb nicht den Tod eines guten Menschen, sondern den Tod aller bösen Menschen, Er trug für uns den Schmerz des allmächtigen Gottes in Seinem Herzen. Ein solcher Schmerz ist für uns Menschen unvorstellbar, doch wir bekommen eine Ahnung davon in dem Schrei am Kreuz: »Mein Gott, mein Gott, warum hast du mich verlassen?« Der Tod Jesu sühnt auch die größte, schwerste Sünde, die je ein Mensch beging. Vor dem Kreuz wird jede fromme Empfindung hinfällig und muß abgelegt werden. Das historische Kreuz ist der Punkt, an dem Gott in die Geschichte des Menschen eintrat. Da, wo Gottes Gegenwart das Leben der Menschen berührt, ist absolute Hingabe gefordert, keine religiöse Gefühlsduselei. Der erste Schritt in die sakramentale Nachfolge aber ist die Krönung Jesu zum Herrn.

Das Sakrament der Schrift

»Ihr sucht in der Schrift,
denn ihr meint,
ihr habt das ewige Leben darin;
und sie ist's, die von mir zeugt.«
(Joh 5,39)

Der Mittelpunkt der Heiligen Schrift ist der Herr Jesus Christus. Die Bibel kann uns nur dann zum Lebensspender werden, wenn Jesus durch sie zu uns spricht. Er läßt Seine Worte »Geist und Leben« für uns werden, wenn wir ihnen gehorchen. Wer nicht wiedergeboren ist, für den bedeutet Gottes Wort nichts. Menschen, die das Buch Gottes abtun oder gar vernichten, enthüllen damit nur ihre eigene Armut und Blindheit. Für den wahren Christen dagegen ist die Bibel ein Sakrament, das Gottes Gegenwart lebendig werden läßt. Gott schickt uns deshalb in Seiner weisen Vorsehung Nöte und Bedürfnisse, die uns zum Schriftstudium treiben, und während wir lesen, empfangen wir durch die Worte Gottes in diesem Buch das Sakrament Seiner Gegenwart.

Das Sakrament der Gläubigen

»Hast du mich lieb?
... Weide meine Schafe!«
(Joh 21,16)

Der Maßstab eines wahrhaft christlichen Lebens ist die Selbstpreisgabe, d. h. der Grad, in dem Gott durch dieses Leben wirken kann. Ebenso wie in der Verkündigung der Botschaft vom Kreuz und in den Worten der Bibel wird Gottes Gegenwart auch durch Seine Kinder lebendig. »Hast du mich lieb? ... Weide meine Schafe« – und dabei gab Jesus Petrus nichts, womit er sie hätte füttern können. Der Jünger selbst soll durch die Kraft der Erlösung, die in ihm wirkt, zum »Brot« Gottes für die Schafe werden. So wie unser Herr um unserer Rettung willen zu Brot und Wein wurde, werden wir in Seinen Händen zu Brot für unsere Mitmenschen. Gott sei gedankt für alle Christen, die sich wahrhaft um ein Leben in sakramentaler Heiligung bemühen. Sie sind mit Gott durch das Läuterfeuer gegangen, und in ihrem Leben wird die Gegenwart Gottes lebendig.

Das Geheimnis der sakramentalen Nachfolge liegt in der Bereitschaft zur völligen Hingabe an Gott. Wenn wir unser Leben ganz Ihm unterstellen, so kann Er uns als Brot brechen und als Wein ausgießen für Seinen Plan mit der Welt, wie Er zuerst das Leben Seines Sohnes gebrochen hat für unsere Erlösung.

Predigt in der Ägyptischen Generalmission, 16. April 1916

Die äußerste Hingabe

»Sie hat getan, was sie konnte.«
(Mk 14, 8)

Maria Magdalena, die Ehebrecherin und Maria aus Betanien, die Jesus mit einer spontanen Geste ehrte, repräsentieren die drei verschiedenen Frauentypen, die in Jesus ihr Genügen finden – die gequälte Frau, die verderbte Frau und die tugendhafte Frau. Maria von Betanien ist dabei ohne Zweifel die vornehmste unter den Frauen, die Jesus begegneten. Ihr männliches Gegenstück ist der reiche Jüngling, der jedoch genau in dem Punkt gegenüber Jesus versagte, in dem Maria sich besonders bewährte.

Die Spontaneität der Liebe

»Und als er ... zu Tisch (saß),
da kam eine Frau,
die hatte ein Glas
mit unverfälschtem und kostbarem Nardenöl,
und sie zerbrach das Glas
und goß es auf sein Haupt.«
(Mk 14, 3)

Eine menschliche Liebe, die in ihren Äußerungen immer diskret und besonnen bleibt, die niemals »außer sich« gerät, hat nichts vom Wesen der wahren Liebe an sich. Es ist geradezu ein besonderes Kennzeichen der Liebe, daß sie spontan ist und oft in unvorhergesehener Weise aus dem Liebenden herausbricht, nie aber ist sie vorbedacht und kalkuliert. Jesus nennt Marias Handlungsweise denn auch deshalb »ein gutes Werk«, weil ihr Tun der spontanen Liebe zu Ihm entsprang. Es geschah weder zu einem bestimmten Zweck, noch war es Marias Pflicht. Was sie tat, war einfach eine außergewöhnliche, verschwenderische Geste, für die keiner der Außenstehenden einen Anlaß sah. »Jesus aber sprach: Laßt sie in Frieden! Was betrübt ihr sie? Sie hat ein gutes Werk an mir getan.« Die Jünger waren verärgert: »Was soll diese Vergeudung des Salböls?« Ihre Überlegung war: »Wenn sie das kostbare Öl nur verkauft und uns das Geld gegeben hätte, dann hätten wir es für die Armen verwenden können.« Der Umgang mit Geld ist immer wieder ein Prüfstein in der Lehre unseres Herrn. Wir sind heute so befangen in unseren Vorstellungen von Wirtschaftlichkeit und Sparsamkeit, daß wir gar nicht mehr sehen, daß diese Ideen keineswegs von Gott stammen. Gottes ganzes Wesen atmet vielmehr Verschwendung und Überfluß – wenn wir nur daran denken, wieviele Sonnenaufgänge und Sonnenuntergänge Er der Welt schenkt.

Wie herrlich verschwenderisch bist du, mein Gott!
Tag um Tag geht die Sonne unter,
geht über ins Dunkel der Nacht …

Wie viele Blumen und Vögel gibt es, wie viele unaussprechliche Schönheiten sind über die ganze Welt ausgegossen, wie viele prachtvolle Blüten bringt die Wüste hervor, die nur Seine Augen sehen? Marias Handlung war eine Tat spontaner Verschwendung, wie sie im Herzen eines Kindes aufkeimt. Als unser Herr sagte »Wenn ihr nicht … werdet wie die Kinder …«, wollte Er uns nicht ein kleines Kind als Maßstab hinstellen, sondern deutlich machen, daß in der Gestalt des Kindes genau die innere Beziehung zum Ausdruck kommt, die wir nach Seinem Willen zu Ihm haben sollen.

Das Mitleid der Liebe

»Denn ihr habt allezeit Arme bei euch,
und wenn ihr wollt, könnt ihr ihnen Gutes tun;
mich aber habt ihr nicht allezeit.
Sie hat getan, was sie konnte;
sie hat meinen Leib im voraus gesalbt für mein Begräbnis.«
(Mk 14,7-8)

Jesus läßt keinen Zweifel daran, daß das Entscheidende im Christenleben nicht das Mitleid mit den Armen, nicht das Verständnis für die Bedürfnisse der Notleidenden, sondern das Verständnis für Ihn und Seine Lehre ist: »Wacht mit mir«; »Gib mir zu trinken!« Niemand kann Jesus begreifen ohne Seinen Geist. Wir sind nicht berufen, die Not der Leidenden zu lindern; die Not der Welt gibt uns nur die Gelegenheit, unsere Berufung zu bewähren. Was Berufung genau ist, steht in Johannes 17,18: »Wie du mich gesandt hast in die Welt, so sende ich sie auch in die Welt.« Jesu vornehmste Aufgabe aber war es nicht, die Bedürfnisse der Menschen zu stillen, sondern den Willen Seines Vaters zu tun; und unsere vornehmste Aufgabe ist es, Jesus Christus zu gehorchen, nicht, den Armen oder Verachteten oder Notleidenden zu helfen. Mein Mitgefühl für sie ist nur der Beweis dafür, daß ich eine Liebe habe, die größer ist als sie alle: die Liebe zu meinem Herrn. Maria von Betanien gab durch ihren verschwenderischen Liebesbeweis zu erkennen, daß das ganze Mitgefühl und die ganze Liebe ihres Lebens Jesus Christus gehörten. »Sie hat getan, was sie konnte« – d. h., sie ging bis an die äußerste Grenze dessen, was ihr als Frau möglich war. Mehr konnte sie nicht geben.

»Sie hat meinen Leib im voraus gesalbt für mein Begräbnis.« Maria wußte damals nicht, daß sie den Leib Jesu für Sein Begräbnis salbte. Ihr Herz floß ganz einfach über vor Liebe zu Ihm, und sie ergriff die Gelegenheit, ihr Ausdruck zu verleihen. Liebe bedeutet, daß ich einer anderen Person die erste Stelle in meinem Leben einräume, und wenn ich ein Jünger Jesu bin, so nimmt Er diesen Platz ein. »O Haupt voll Blut und Wunden, voll Schmerz und voller Hohn, o Haupt, zum Spott gebunden mit einer Dornenkron. – Gegrüßet seist du mir.« D. h., mir ist nichts im Leben mehr wichtig, als daß ich ein Werkzeug der Verherrlichung Jesu bin.

Der Dienst der Treue

Markus 14,9

Die Tat der Maria aus Betanien ist die einzige, die Jesus je eigens hervorgehoben hat. Er sagte: »Wo das Evangelium gepredigt wird in aller Welt, da wird man auch das sagen zu ihrem Gedächtnis, was sie jetzt getan hat.« Denn unser Herr sah in dieser Salbung ein Bild dessen, was Ihm bevorstand. Er stellte Marias Handlung in Zusammenhang mit Seinem Weg ans Kreuz. Gott gab das Leben Seines eigenen Sohnes für die Rettung der Welt – sind nun auch wir bereit, unser Leben für Ihn hinzugeben? Wir können unserem Herrn keine größere Freude machen, als wenn wir so handeln wie Maria aus Betanien, denn das einzige, was Er von einem Jünger erwartet, ist Hingabe. Hingabe an Gott ist wertvoller als persönliche Heiligung, die unsere Augen leicht vom eigentlichen ablenkt, so daß wir nur noch unsere eigene Reinheit sehen. Doch wenn wir uns Gott wirklich hingeben, so wird Er allezeit durch uns wirken. Als die drei Helden Davids ihm das Wasser aus dem Brunnen am Tor zu Bethlehem brachten, lesen wir, daß er »es nicht trinken (wollte), sondern goß es aus für den Herrn als Trankopfer.« David sah in der Gabe dieser Männer etwas so Wertvolles, daß es allein Gott gebührte.

Habe ich dem Herrn Jesus jemals eine solche Freude gemacht wie Maria aus Betanien? »Sie hat getan, was sie konnte« – sie ist bis an die äußerste Grenze gegangen. Ich kann das erst von mir sagen, wenn ich dasselbe getan habe.

C.V.J.M.-Treffen, 7. Mai 1916

Der »geistliche Verdienstorden«

»Wer mir dienen will, der folge mir nach;
und wo ich bin, da soll mein Diener auch sein.
Und wer mir dienen wird, den wird mein Vater ehren.«
(Joh 12,26)

Der Dienst aus leidenschaftlicher Hingabe

»Und wer mir dienen will, folge mir nach.«

In unserer Vorstellung ist »Dienst« oft gleichbedeutend mit der Hingabe an eine bestimmte Sache, doch Jesus geht es hier um einen Dienst, der allein der Hingabe an Ihn entspringt. In unseren Augen ist der christliche Dienst etwas, was wir tun; in Jesu Augen dagegen ist es nicht etwas, was wir für Ihn tun, sondern etwas, was wir für Ihn sind. Für unseren Herrn besteht die Nachfolge grundsätzlich nicht in der Hingabe an eine Überzeugung oder ein bestimmtes Glaubensbekenntnis, sondern in der Hingabe an Ihn selbst. Es läßt sich nicht darüber streiten, und es ist auch keine Sache des Zwangs – wer Ihm nachfolgen will, muß sich Ihm ausliefern.

Die Quelle der Hingabe

»Was sollen wir tun,
daß wir Gottes Werke wirken?
... Das ist Gottes Werk,
daß ihr an den glaubt, den er gesandt hat.«
(Joh 6,28-29)

Woher muß unsere Hingabe kommen? »Glaubt an mich.« Glaube ich an Jesus – nicht an irgendwelche Glaubenssätze über Ihn, sondern an Ihn selbst? Als Petrus bekannte, daß unser Herr der Sohn Gottes war, sprach er aus dem spontanen Gefühl seines eigenen Herzens heraus. Tiefbewegt sagte er: »Du bist Christus, des lebendigen Gottes Sohn«, und Jesus antwortete ihm: »Selig bist du«, denn das hast du nicht aus dir selbst gewußt, sondern von meinem Vater, »und auf diesen Felsen (den Felsen der persönlichen Offenbarung über mich) will ich meine Gemeinde bauen.«

Habe ich erkannt, wer Jesus für mich ist? Wir neigen immer wieder dazu, den konfessionellen Glauben an die Stelle des persönlichen Glaubens zu setzen. Doch dann wird das Herz eines Menschen plötzlich vom Geist Gottes berührt, und er sagt: »Nun erkenne ich, wer Jesus ist.« Damit steht er an der Quelle der Hingabe.

Die Quelle des Unglücks

»Der Mietling aber ... flieht.«
(Joh 10,12)

Geht es mir nur um mich selbst? Bin ich nur deshalb Christ, damit ich im Leben vorwärtskomme? Wenn ein Prediger seine Position zu seinem eigenen Vorteil ausnützt, so wird ihn das ins Unglück stürzen. Viele Menschen verschreiben sich einer Sache, doch nur wenige liefern ihr Leben ganz und gar Jesus Christus aus. Wenn es mir nur um eine Sache geht, werde ich scheitern, wenn die Sache scheitert. Das Geheimnis der christlichen Nachfolge dagegen ist die Hingabe an Jesus Christus. Diese Hingabe manifestiert sich in einem völlig unscheinbaren Leben: Es fällt in die Erde und stirbt, doch nach einer gewissen Zeit blüht etwas daraus empor, das die ganze Umwelt verändert (vgl. Joh 12, 24). Die Bilder, die Jesus verwendet, weisen immer wieder auf das Schöpfungswerk Seines Vaters hin: »Schaut die Lilien auf dem Feld an – seht die Vögel unter dem Himmel an.« Er deutet nicht auf Dinge, die greifbare, äußere Resultate erbringen, sondern auf so unauffällige und bescheidene Geschöpfe wie die Lilien und die Vögel.

Die Quelle der Liebe

»Hast du mich lieb? … Weide meine Schafe.«
(Joh 21, 16)

Wenn du mich liebst, sagt Jesus, dann »weide meine Schafe.« Das bedeutet so viel wie: »Bekehre die Menschen nicht zu deiner Denkweise, sondern hüte meine Schafe, achte darauf, daß sie genügend geistliche Nahrung finden.« Die vornehmste Aufgabe unseres Herrn war es, den Willen Seines Vaters zu erfüllen, und diese Aufgabe übertrug Er auch uns: »Wie mich der Vater gesandt hat, so sende ich euch.« Man könnte meinen, daß Jesus Christus in die Welt kam, um den Menschen zu helfen, doch Sein eigentliches, brennendes Anliegen war es, den Willen Seines Vaters zu tun. Darum wurde Er auch so häufig von Seiner Umwelt mißverstanden, denn Er war nicht bereit, die Bedürfnisse der Menschen über den Willen Gottes zu stellen. Nicht umsonst lautet das vornehmste Gebot nach Seinen Worten: »Du sollst den Herrn, deinen Gott, lieben von ganzem Herzen, von ganzer Seele, von ganzem Gemüt und von allen deinen Kräften.«

Für unser heutiges Denken, das in Jesus lediglich einen Kameraden sehen möchte, ist Er eine Quelle tiefer Irritation. Viele Menschen wollen sich nicht Ihm selbst, sondern allein der Bewegung, die Er ins Leben gerufen hat, verschreiben. Doch wenn ich mich nur in den Dienst der Menschlichkeit stelle, werde ich bald am Ende meiner Kräfte sein und an einen Punkt kommen, wo mich meine Menschenfreundlichkeit im Stich läßt. Wenn ich jedoch Jesus Christus liebe, werde ich den Menschen auch dann noch dienen können, wenn sie mich nur ausnützen.

Eine Gemeinschaft wahrer Liebe

»... und wo ich bin,
da soll mein Diener auch sein.«

Wohin sich ein Mensch, der sein Leben Jesus Christus übergeben hat, auch wendet, da wird Jesus Christus mit ihm sein.

Die Belohnung der Treue

»Recht so, du tüchtiger und treuer Knecht ... geh hinein zu deines Herrn Freude.«
(Mt 25,23)

Die Freude einer Sache liegt darin, daß sie den Zweck erfüllt, für den sie gemacht ist. Es war die Freude Jesu Christi, daß Er den Willen Seines Vater erfüllte, und es ist meine Freude, daß ich dem Ruf Gottes in die Nachfolge gehorche.

Die Fülle der Nachfolge

»Wer mich liebt,
der wird mein Wort halten;
und mein Vater wird ihn lieben,
und wir werden zu ihm kommen
und Wohnung bei ihm nehmen.«
(Joh 14,23)

In diesem Satz ist die Gemeinschaft beschrieben, in die wir schon in diesem Leben hineingenommen sind, wenn wir unser Leben in den Dienst der Hingabe an Jesus Christus stellen, ganz gleich, wo wir sind – in einem Feldlager, in einem Büro oder in der Wüste. Es ist die erhabenste Gemeinschaft, die man sich nur denken kann, in der wir uns dann befinden: Immer und überall ist Gott der Vater, Gott der Sohn und Gott der Heilige Geist bei uns.

Die Früchte der Freundschaft

»Euch aber habe ich gesagt,
daß ihr Freunde seid.«
(Joh 15,15)

In Vers 13 ist die höchste Frucht der Freundschaft beschrieben: »Niemand hat größere Liebe als die, daß er sein Leben läßt für seine Freunde.« Wenn ich ein Freund Jesu Christi bin, so lege ich ihm mein Leben zu Füßen. Das bedeutet nicht unbedingt, daß ich für Ihn sterben muß, sondern nur, daß ich mein Leben aus freiem Willen Jesus schenke, so, wie ich einen Geldschein verschenken würde. Und so sieht das in der Praxis aus: Ein Tag liegt vor mir, und ich werde ihn für Jesus Christus leben; mir sind bestimmte Pflichten übertragen, und ich werde sie ganz in der Hingabe an Jesus Christus erfüllen. Das ist schwer, und Gott sei Dank, daß es schwer ist. Die Erlösung ist leicht, weil Gott sie sich soviel hat kosten lassen, doch das Sichtbarwerden der Erlösung in meinem persönlichen Leben ist schwer. Gott erwartet Mut von uns. Er hat uns gerettet und uns Seinen Heiligen Geist gegeben, und nun sagt Er: »Jetzt ist es an euch, euch zu bewähren und eure Erlösung sichtbar zu machen; haltet mir die Treue, auch wenn die Dinge um euch herum euch mir abspenstig machen wollen. Ich habe euch Freunde genannt, nun bleibt eurem Freund treu.« Es ist also die Ehre Gottes, die in unserem Leben auf dem Spiel steht.

Das Siegel der vollkommenen Zucht

»Und wer mir dienen wird,
den wird mein Vater ehren.«

Wenn jeder Mensch sein Leben im Rahmen irgendeiner heroischen Tat hingeben müßte, wie es manchmal im Krieg geschieht, was soll dann aus den Menschen werden, die niemals die Gelegenheit dazu haben? Nicht jeder ist eine vornehme Natur, ein großzügiger Spender oder eine große Persönlichkeit; im Gegenteil, die meisten Menschen sind eher jämmerliche Geschöpfe. Werden diese Menschen dann von Gott verworfen? »Wenn ihr euch zu mir bekennt«, sagt Jesus, »wird euch Gott der Allmächtige sozusagen einen ›Verdienstorden‹ verleihen – nicht weil ihr gute Menschen seid oder weil ihr eine große Tat vollbracht habt, sondern weil ihr mir gedient habt.«

Die Einübung der Reinheit

»Die folgen dem Lamm nach, wohin es geht.«
(Offb 14,4)

Sie folgen dem Lamm in ihrem Leben, in einem wahrhaft reinen Wandel, und sind durch das Blut Christi erlöst. Es besteht ein Unterschied zwischen Unschuld und Reinheit. Unschuld ist die Eigenschaft eines Kindes, Reinheit dagegen kennzeichnet einen

Menschen, der die eigenen Neigungen und die Versuchungen zum Bösen kennt und sie überwunden hat. Nicht der ist tugendhaft oder rein, der noch nie versucht wurde, sondern der, der versucht wurde und in der Versuchung unbefleckt geblieben ist.

Jesus Christus sagt: »Wenn du mir dienst, wirst du deine Keuschheit bewahren.« D. h., es muß ein Kampf stattfinden; doch in diesem Kampf wirst du merken, daß die ganze Macht Gottes hinter dir steht. Vielleicht bist du monatelang rein und unbefleckt geblieben, doch dann plötzlich beschleicht dich ein schlechter Gedanke: Laß ihn gar nicht erst in deinem Bewußtsein Wurzel schlagen, gestatte nicht, daß er sich festsetzt. Wenn ich Jesus Christus dienen will, muß ich bedenken, daß mein Leib der Tempel des Heiligen Geistes ist. Es kann keine Rede davon sein, daß es einfach ist, Jesus Christus nachzufolgen! Im Gegenteil, es ist eine der härtesten und heroischsten Taten, die ein Mensch in seinem Leben vollbringen kann, wirklich unverdorben zu bleiben und die eigene Integrität zu wahren. Es ist wahrlich eine harte Schule, und wir haben Gott dafür zu danken, daß sie so hart ist.

Die Pflicht zur Geduld

»Weil du mein Wort von der Geduld bewahrt hast,
will auch ich dich bewahren vor der Stunde der Versuchung,
die kommen wird über den ganzen Weltkreis,
zu versuchen, die auf Erden wohnen.«
(Offb 3,10)

Jesus fordert uns dazu auf, Sein Wort von der Geduld zu bewahren, auch wenn es viele Dinge im Leben gibt, die wir offenbar besser mit Ungeduld in den Griff bekommen. Ein gutes Bild für die Geduld, die Gott von uns verlangt, ist ein Bogenschütze: Er spannt die Sehne mit eingelegtem Pfeil stärker und stärker und dann, das Auge fest auf sein Ziel gerichtet, läßt er den Pfeil fliegen. So ähnlich verhält es sich auch mit dem Leben der Christen. Gott ist der Bogenschütze; Er nimmt den Gläubigen wie einen

Bogen, den Er spannt, und schließlich kommen wir an einen Punkt, wo wir meinen: »Nun kann ich es nicht länger aushalten, ich kann diese Geduldprobe nicht länger ertragen.« Doch Gott spannt uns noch weiter an. Dabei hat Er nicht unser Ziel im Auge, sondern Sein eigenes, und die Geduld der Gläubigen besteht darin, stillzuhalten, bis Gott schließlich den Pfeil direkt auf Sein großes Ziel abschießt.

C.V.J.M.-Treffen, 22. Oktober 1916

Zeitlicher Schmerz – ewige Hoffnung

»Denn unsere Trübsal, die zeitlich und leicht ist, schafft eine ewige und über alle Maßen gewichtige Herrlichkeit.«
(2. Kor 4, 17)

Das Leben des Menschen ist seinem Wesen nach tragisch. Meist wird uns das erst so recht bewußt, wenn wir unter die Oberfläche des Daseins dringen und auf einmal entdecken, daß wir dem Schmerz näherstehen als der Freude, daß der Grundton unseres Lebens leidvoll ist, wie ja auch die eindrucksvollste und größte Offenbarung Gottes in der Welt sich nicht in einem freudigen Geschehen manifestiert, sondern in der erschütternden Offenbarung des Kreuzes. Das ist auch mit einer der Gründe dafür, weshalb uns die Bibel, solange wir gesund sind und voller Tatkraft und Lebensfreude stecken, so lebensfern und unrealistisch vorkommt. In einer Tragödie steuern alle Kräfte auf den Untergang hin. Wenn Paulus sich über das menschliche Leben äußerte, so schrieb er immer vom biblischen Standpunkt aus, d. h. aus der Überzeugung heraus, daß der Grund aller Dinge nicht vernünftig, sondern tragisch ist. Durch die Sünde hat sich eine tiefe Kluft zwischen Gott und der Menschheit aufgetan, die alle Versuche, unser Leben logisch oder vernünftig zu erklären, scheitern läßt. Erst im Unglück, wie es beispielsweise der Krieg mit sich bringt, rückt uns die Bibel und ihre Weltauffassung wieder näher, und wir können sie besser verstehen. Normalerweise verkörpert Jesus Christus oft geradezu das Gegenteil des Lebens, das wir führen, weil Er sich ganz auf die wesentlichen Dinge des Lebens einläßt, während wir uns hauptsächlich mit Äußerlichkeiten abgeben. Erst wenn diese flüchtigen Dinge durch Leid oder einen schweren Verlust ihre Bedeutung verlieren, fangen wir an zu begreifen, daß es nur eine Wirklichkeit gibt, unseren Herrn Jesus Christus, und nur ein Buch, das die Welt wirklich heller macht.

Die Tragik des Menschenlebens

»Wenn auch unser äußerer Mensch verfällt« – nicht »verfallen mag«, sondern wirklich »verfällt«, denn das ist unser Schicksal. Schon das an sich ist tragisch. Auch das kraftstrotzendste Leben, ja schon das Leben eines Kindes ist von vornherein zur Vergänglichkeit bestimmt. Der Gedanke an die Flüchtigkeit unseres Daseins läßt uns manchmal aufbegehren gegen den Schöpfer, doch in der Bibel erfahren wir, daß der Grund dafür, daß die Welt so eingerichtet ist, in der Kluft zwischen Gott und den Menschen liegt, die die Sünde aufgerissen hat.

Der Schmerz des Geborenwerdens

»Ich will dir viel Mühsal schaffen.«
(1. Mose 3,16)

Wir kommen in Schmerzen in diese Welt. Noch sind es in der Regel nicht wir selbst, die leiden; es sind unsere Mütter, die schlimme Schmerzen ertragen müssen, um uns zu gebären. Die Grundlage des Hineingeborenwerdens in ein Dasein als fühlende Wesen ist der Schmerz. Das ist eine fundamentale Aussage der Bibel.

Der Schmerz der Erlösung

»Denn auch Christus hat einmal für die Sünden gelitten,
der Gerechte für die Ungerechten,
damit er euch zu Gott führte,
und ist getötet nach dem Fleisch,
aber lebendig gemacht nach dem Geist«.
(1. Petr 3,18)

Die Wendung »von neuem geboren«, die unser Herr gebrauchte, bedeutet nicht Rettung vor der Hölle oder der Sünde, sondern das Hineingeborensein in das Reich, in dem Er lebt. Auch diese zweite Geburt vollzieht sich in Schmerzen. Und wieder muß, wie bei unserer natürlichen Geburt, ein anderer diese Schmerzen erleiden. Wir werden unter Schmerzen, die Gott für uns leidet, in das Reich unseres Herrn hineingeboren. Der sichtbare Ausdruck der Schmerzen Gottes aber ist Golgatha.

Der Schmerz der Heiligung

»Ich bin mit Christus gekreuzigt.
Ich lebe, doch nun nicht ich, sondern Christus lebt in mir.
Denn was ich jetzt lebe im Fleisch,
das lebe ich im Glauben an den Sohn Gottes,
der mich geliebt hat
und sich selbst für mich dahingegeben«.
(Gal 2,19-20)

Der Grundton unseres Lebens ist Schmerz, ein Schmerz, der von einer tiefen Tragik herrührt – alle Kräfte unseres Daseins wirken auf die Katastrophe hin. »Ich bin mit Christus gekreuzigt« – eine Kreuzigung ist schmerzhaft. Mit Christus gekreuzigt zu sein bedeutet, daß ich geistlich, nicht in irgendeinem theologischen Sinne, mit Christus eins geworden bin, und das geht nicht ohne Schmerz für mich ab. Denn dann muß ich bereit sein, mein Selbstbestimmungsrecht durch meinen eigenen Willensentschluß aufzugeben und sterben zu lassen, damit auch für mich wahr werden kann, was der Apostel schreibt: »Was ich jetzt lebe im Fleisch, das lebe ich im Glauben an den Sohn Gottes.« Wenn ich das erreiche, dann ist der Glaube, den Jesus Christus hatte, wahrhaftig in mir.

Geborenwerden, Erlösung und Heiligung – das sind die drei grundlegenden Dinge in unserem Menschenleben, und sie alle sind ihrem Wesen nach mit Schmerzen verbunden. Das sollten wir immer wieder bedenken. Im Lichte der schrecklichen Tragödie dieses Krieges, in der der Schmerz auch noch in den fernsten Erdenwinkel zu dringen scheint, bis es kaum noch ein Haus gibt, das nicht in der einen oder anderen Form von ihm berührt wurde, haben wir zugleich die Möglichkeit, Zeuge der stillen Kraft unseres Herrn Jesus Christus zu werden. Ich glaube nicht, daß wir den Durchbruch eines verstärkten Konfessionalismus, einer gesteigerten Kirchlichkeit oder eines bestimmten Glaubensbekenntnisses erleben werden, sondern ich bin überzeugt, daß der Geist Gottes direkt in das Leben der Menschen eingreift, und zwar auf die einzig wirklich befreiende Weise, nämlich durch das Kreuz. Das aber macht uns von neuem bewußt, daß die göttliche Offenbarung, die uns zuteil geworden ist, die Offenbarung eines Gottes ist, der leidet. Wenn wir von einem schweren Verlust oder einem elementaren Schmerz, der die geordnete Oberfläche unseres Lebens erschüttert hat, getroffen worden sind, oder wenn unsere Liebe unerwidert bleibt, dann gewinnen wir plötzlich ein tieferes Verständnis für die Tragik des Menschenlebens. Und sogleich fragt unser Verstand: »Warum geschieht so etwas? Es steht so offensichtlich im Widerspruch zu jeder Vernunft.« Das ist wahr, und wir mögen uns noch so sehr dagegen wehren, schließlich müssen wir doch einräumen, daß die Bibel recht hat: Das menschliche Leben ist seinem Wesen nach tragisch, nicht logisch. Sobald wir uns dieser Erkenntnis nicht mehr verschließen, kann es uns auch nicht mehr so sehr aus der Bahn werfen, wenn wir selbst in die Tragödie des Lebens verstrickt werden. Wir werden vielmehr daraus lernen, uns zu Gott zu wenden.

Das Licht in der Trübsal

»Denn unsere Trübsal, die zeitlich und leicht ist,
schafft eine ewige und über alle Maßen gewichtige
Herrlichkeit.«

Woher soll uns in all der schrecklichen Tragik ein Licht kommen? Es ist ganz offensichtlich Unsinn zu behaupten, Leid mache die Menschen heiliger und frömmer; im Gegenteil, manche macht es geradezu zu Teufeln. Hebräer 12,11 bezieht sich denn auch auf eine besondere Form des Leidens, nämlich auf das Leiden, das als Prüfung über einen Menschen kommt, der vom Geist Gottes in Zucht genommen wird. Wir alle sind schon Leuten begegnet, die sich durch das Schwere, das ihnen widerfahren ist, zum Negativen verändert haben und insgesamt empfindlicher und unverträglicher geworden sind. Nicht jedes Leiden trägt also dazu bei, daß jemand vollkommener und besser wird. Das geschieht nur bei ganz bestimmten Menschen – bei Menschen, die den Ruf Gottes in Jesus Christus vernommen und angenommen haben.

Unverzagt angesichts der Vergänglichkeit

»Darum werden wir nicht müde;
sondern wenn auch unser äußerer Mensch verfällt,
so wird doch der innere von Tag zu Tag erneuert.«
(2. Kor 4,16)

Nichts kann uns so entmutigen wie die Vergänglichkeit – die Vergänglichkeit körperlicher Schönheit, die Vergänglichkeit des Lebens, der Freundschaft, der Gemeinschaft mit anderen Menschen. Der Gedanke, daß all das flüchtig ist und vorübergeht, macht uns traurig und verzagt. Doch Paulus zeigt, daß wir uns von diesen Dingen nicht mehr niederdrücken lassen müssen, wenn wir Jesus Christus vertrauen, weil das Licht unseres Herrn auch durch die Vergänglichkeit hindurchschimmert. »Denn wir predigen nicht uns selbst, sondern Jesus Christus, daß er der Herr ist, wir aber eure Knechte um Jesu willen.« Das ist der Fels, auf dem Paulus steht, und von daher fällt Licht auf seinen Weg. Gleichgültig, was auch geschieht – Unglück, Elend, Krieg, Verlust oder persönliches Leid –, das ist das Wunderbare an einem Menschen, der wahrhaft mit Jesus Christus verbunden ist, daß er nie den Mut verliert. Diese Stärke ist ein Geschenk Gottes, denn niemand könnte solchen Nackenschlägen standhalten, ohne zu verzweifeln, wenn ihm nicht die übernatürliche Gnade Gottes zu Hilfe kommt. Das Gegenstück zu solch wahrer geistlicher Lebendigkeit ist eine Haltung, die der Gebundenheit an bestimmte Überzeugungen entspringt. Das Schlimmste, das uns in der Trauer über einen schweren Verlust begegnen kann, ist wohl ein Mensch, der ein bestimmtes Bekenntnis vertritt und der uns nun mit guten Ratschlägen kommt, wie wir mit unserem Leid umgehen sollen. Wenden wir uns dagegen einem Text zu wie dem Buch Hiob, in dem an keiner Stelle mit dem erhobenen Zeigefinger gearbeitet wird, sondern in dem einfach in wunderbarer Weise die Leiden und der Schmerz des Menschenlebens zur Sprache kommen, so können wir schon allein beim Lesen in all unserem Kummer einen gewissen Trost erfahren. Wer in einer wahrhaft persönlichen Beziehung zu Jesus Christus steht, bleibt ungebeugt angesichts der Vergänglichkeit des menschlichen Daseins. Die Texte aber und die Menschen, die uns im Leiden am meisten helfen, sind nicht diejenigen, die uns irgendwelche Lehren erteilen, sondern jene, die für uns dem, was wir selbst nicht aussprechen können, Ausdruck verleihen.

Mutig angesichts von Enttäuschung

Es gibt Zeiten im Leid, wo wir desillusioniert sind, wo uns die Augen geöffnet werden und wir plötzlich das wahre Gesicht der Menschen erkennen. Oft deprimiert uns diese Erfahrung so tief, daß wir schließlich meinen, wir könnten nie mehr irgendjemandem vertrauen. Wenn wir aber unsere Zuversicht auf den Herrn

Jesus Christus setzen, macht uns diese »leichte Trübsal« wirklich hellsichtiger. Wir lassen uns nicht mehr täuschen, sondern sehen die Menschen, wie sie sind, und doch ist alles durchstrahlt vom Licht unseres Herrn. Denn was immer auch geschieht, unsere Verbundenheit mit Jesus Christus trägt uns. Wir müssen deshalb lernen, den Schmerz anzunehmen und in das Gewirk unseres Lebens hineinzuverweben.

Getrost angesichts der Realität

»... die wir nicht sehen auf das Sichtbare, sondern auf das Unsichtbare.
Denn was sichtbar ist, das ist zeitlich;
was aber unsichtbar ist, das ist ewig.«
(2. Kor 4,18)

Die Dinge, die wir sehen, sind real, aber nicht ewig. Das Seltsame an der Realität ist, daß wir die wirklichen, ewigen Dinge nicht ohne sie erkennen können. Der Fanatiker schert sich nicht um die Realität; er gibt vor, Gott und seine Absichten völlig unabhängig von den gegenwärtigen faktischen Umständen erkennen zu können. Doch dem ist nicht so; wir sehen nur mit Hilfe der Realität und erfahren nur in ihr die Tragik, das Leid und die Schwierigkeit des Lebens, doch wenn wir Gott dabei vertrauen, so wird uns diese Erfahrung nicht verunsichern.

Die Liebe in der Tragödie

»... die wir ... sehen ... auf das Unsichtbare.«

In diesen Worten ist umschrieben, was Liebe ist.

Die Hellsichtigkeit der Liebe

Liebe ist nicht blind. Liebe sieht sogar besonders scharf, denn sie sieht Dinge, die sonst unsichtbar sind. Es heißt immer, wenn wir in einen Menschen verliebt seien, würden wir seine Fehler nicht erkennen, doch in Wirklichkeit nehmen wir an dem Geliebten Dinge wahr, die andere übersehen: Wir sehen ihn so, wie er eigentlich gedacht ist, wir sehen ihn in Wirklichkeit. Genauso ist es mit dem Leben: Die Realität des Lebens ist traurig, vergänglich, falsch und verdreht, doch wir sehen nicht sie, sondern die ewigen Dinge, die dahinter stehen. Auf diese Weise erwächst uns aus der gegenwärtigen Bedrängnis und der augenblicklichen schmerzlichen Situation eine ewige Hoffnung. Wir alle haben schon erfahren, daß wir gerade in Zeiten der Anfechtung dem Eigentlichen näherkommen.

Die Unzulänglichkeit des Verstands

Der Verstand sieht nur auf die Dinge, die sichtbar und real sind, zieht daraus seine Schlüsse und wird zwangsläufig pessimistisch und mutlos.

Der Segen der Eingebung

liegt darin, daß wir wissen: »was aber unsichtbar ist, das ist ewig.« Liebe, Freude, Friede sind unsichtbar, und doch sind sie ewig und atmen das Wesen Gottes . »Das Lamm öffnete ... das Siegel« –

die ewige und immerwährende Barmherzigkeit Gottes macht alles ungeschehen.

»Unsere Trübsal, die zeitlich und leicht ist ....« Vor der Anfechtung zu fliehen, ist feige; unter ihr zusammenzubrechen, ist natürlich; durch sie hindurch zu Gott zu finden, ist geistlich. Die meisten von uns haben das Erstere versucht, viele kennen das Zweite, und der Geist Gottes in uns weiß um das Dritte, das Hindurchdringen zur »gewichtigen« Herrlichkeit. Das bedeutet, daß wir geistlich an Substanz gewinnen – andere können sich auf uns verlassen, wenn sie in Leid und Kummer sind, und nach Ende dieses Krieges wird jeder von uns im Dienste Gottes gebraucht werden. Wir sollen Gott nicht dienen, indem wir lehrhaft sind und unsere eigenen Anschauungen durchsetzen wollen, sondern einfach, indem wir unser Verhältnis zu unserem Herrn Jesus Christus so leben, daß durch uns die Gegenwart Gottes auch für andere spürbar wird. In den »venünftigen«, vom Verstand diktierten Reden unserer Zeit spielen die ewigen Dinge keine Rolle, ja es ist von diesem Standpunkt aus geradezu eine Beleidigung, wenn jemand sich um Dinge kümmert, die unsichtbar sind. Und doch müssen wir lernen, in der Wirklichkeit dieser ewigen Dinge zu leben.

C.V.J.M.-Treffen, 5. November 1916

Die Ehre des Gläubigen

Gal 2,19-20

Unser ganzes Leben hat seinen Halt in der Erlösung, die Gott uns geschenkt hat. Wir stellen uns diese Erlösung gern so vor, daß sie uns befähigt, Jesus Christus im Geist »anzuhangen«, ohne daß wir daraus irgendwelche Konsequenzen für unser praktisches Leben ziehen müßten. Diese Auffassung scheint die logische Folge der Art und Weise zu sein, wie uns die Erlösung nur allzu oft gepredigt wurde. Doch Gott erwartet von uns, daß wir auch und gerade in unserem persönlichen Leben unserer Ehre als Seine Heiligen gerechtwerden. Es ist deshalb unsere Pflicht, ein Leben der Heiligung zu führen und so Gott unsere Dankbarkeit für seine herrliche Rettung zu erweisen – eine Rettung, die uns nichts, Gott aber alles gekostet hat.

Paulus beschreibt in der hier angesprochenen Briefstelle, wie er selbst versuchte, dieser Aufgabe in seinem Leben gerecht zu werden. »Ich bin mit Christus gekreuzigt …. denn was ich jetzt lebe im Fleisch ….« Das Wort »jetzt« ist von ärgerlicher Verbindlichkeit. Wenn Paulus nur »später« gesagt hätte: »Ein solches Leben werde ich später führen, wenn ich tot und im Himmel bin; hier auf Erden dagegen hindern mich meine Schwächen, und ich kann nicht aus meiner Haut als Sünder.« Aber Paulus sagte »jetzt«: »Denn was ich jetzt lebe im Fleisch« – d. h., in seinem irdischen, für alle sichtbare Leben –, »das lebe ich im Glauben an den Sohn Gottes.«

Der moralische Tod des Eigenwillens

»Ich bin mit Christus gekreuzigt.«

Paulus bezieht sich hier auf eine bewußte, von ihm selbst getroffene Entscheidung. Er hat seinen Eigenwillen zu Grabe getragen. Der Wille verkörpert mein Ich, nicht nur einen Teil von mir, sondern mich als Ganzes. Eigenwille läßt sich am besten beschreiben als mein aktives Ich, das ganz auf mich und meine eigene Anschauung fixiert ist. Dieses Ich hat Paulus seinen eigenen Worten nach ausgelöscht. Seine Aussage bedeutet nichts anderes als: »Ich habe mich aus freiem Willen ganz und gar mit dem Tod Jesu identifiziert und klebe nicht länger an meinen eigenen Vorstellungen.« Mit dem Hinweis auf den Tod Christi ist hier nicht der ein für alle Mal geschehene Opfertod unseres Herrn gemeint, mit dem wir nichts zu schaffen haben. Der Tod Jesu ist vielmehr der Tod Gottes im Rahmen der menschlichen Geschichte mit dem Ziel der Rechtfertigung der Heiligkeit Gottes und der Sichtbarmachung Seines wahren Wesens. Das meint Paulus denn auch, wenn er feststellt, daß er sich moralisch mit dem Tod Christi identifiziert hat. In gleicher Weise sollen auch wir uns bewußt und wahrhaftig mit dem Tod Jesu und mit dem Verdammungsurteil, das Gott in diesem Tod ausgesprochen hat, identifizieren. Mit anderen Worten, wir sollen unser Selbstbestimmungsrecht bedingungslos in die Hände Gottes legen. Wenn unser Herr von der Nachfolge spricht, hebt Er diesen Punkt immer wieder ganz besonders hervor: »Wer mir folgen will, der verleugne sich selbst« – d. h., der gebe sein Selbstbestimmungsrecht auf. Niemand kann uns von außen zu einer solchen Selbstverleugnung bewegen, auch Gott nicht; wir müssen aus freien Stücken dahin kommen, und wie lange dieser Prozeß dauert, hängt einzig und allein davon ab, wie ernst es uns mit der Nachfolge ist. Wenn wir unseren Gefühlen nachgeben und nicht wirklich danach streben, dem Tode Christi gleichzuwerden, so verlieren wir uns leicht in fruchtloser religiöser Sentimentalität.

Die Befreiung zur Nachfolge

»Da antwortete ihm Simon Petrus:
Herr, wohin sollen wir gehen?
Du hast Worte des ewigen Lebens.«
(Joh 6,68).

Johannes 6 schildert, wie die Menge, die Jesus gefolgt war, sich immer mehr auflöste, bis schließlich nur noch zwölf Jünger übrig waren, und wie Jesus sie fragte: »Wollt ihr auch weggehen?« Manche in der Menge hatten sich noch nicht so weit auf Jesus eingelassen, daß sie sich nicht auch wieder von Ihm abwenden konnten: »Von da an wandten sich viele seiner Jünger ab und gingen hinfort nicht mehr mit ihm.« Doch Petrus war bereits zu tief von Jesus beeindruckt, um einfach seiner Wege gehen zu können. Er antwortete: »Herr, wohin sollen wir gehen?« Auch in unserer geistlichen Erfahrung kommen wir irgendwann an einen solchen Punkt. Wir sehen den Führer vor uns nicht mehr, wir verspüren nichts mehr von der Freude am Herrn, die einstige Hochstimmung ist verflogen, und doch sind wir schon zu weit vorgedrungen, um wieder umzukehren; wir müssen die Sache jetzt durchfechten. Dieser Seelenzustand läßt sich gut mit einem Ausdruck von Tennyson veranschaulichen: Wir erleben gleichsam »ein weißes Begräbnis.« Nach dem moralischen Tod unseres Eigenwillens, den wir aus freien Stücken geopfert haben, müssen wir noch viele Dinge zu Grabe tragen. Es wird uns klar, daß Jesus im Zentrum unseres Lebens stehen muß, und daß Er der Maßstab alles Guten ist. Dennoch behält vieles aus unserem früheren Leben nach wie vor Seine Faszination für uns, ein Gutteil lebendiges Heidentum und menschliche Tugenden, die moralisch gesehen durchaus gut sein mögen. Trotzdem müssen wir lernen, daß diese Überbleibsel von einst nicht das richtige Bild und die richtige Inschrift tragen. Wenn wir wirklich das Leben führen wollen, das Jesus von uns erwartet, müssen wir diese Dinge sterben lassen, sie ein für alle Mal beenden und das natürlich Gute in uns in geistliches Gut verwandeln.

Die Zucht der Erleuchtung

»Glaubt an das Licht,
solange ihr es habt,
damit ihr Kinder des Lichtes werdet.«
(Joh 12,36).

In der natürlichen Welt bedeutet unmittelbare Erkenntnis, daß wir etwas gleich auf den ersten Blick durchschauen, es erkennen, ohne darüber nachzudenken. Wenn der Geist Gottes in uns wohnt, schenkt er uns solche intuitive Erkenntnis, und wir wissen dann ganz genau, was er von uns will. Die Frage ist jedoch: Identifizieren wir uns wirklich mit unserem Herrn, so daß Seine Erleuchtung uns auch in unserem Leben leiten kann? Dieser praktische Aspekt wird immer wieder verdrängt. Wir haben die Tatsache aus den Augen verloren, daß wir ein Leben der Heiligung führen sollen und daß in unserem Leben nicht unsere persönliche Ehre auf dem Spiel steht, sondern die Ehre Jesu Christi.

Wer den Heiligen Geist empfangen hat und sich danach bemüht, ein wahrhaft geistliches Leben zu führen, der erlebt Augenblicke intuitiver Erleuchtung, in denen er geradezu hellsichtig ist und alle menschliche Blindheit abstreift. Jesus sagt: »Glaubt an das Licht, solange ihr es habt.« Wir lassen uns immer wieder dazu verleiten, das zu glauben, was wir im Dunkeln sahen, doch das ist falsch. Wir müssen vielmehr an das glauben, was wir schauen durften, als wir im Licht standen, das dort Erlebte bewahren und zum Leitstern unseres ganzen Lebens machen. Wenn der Heilige Geist in unserm Herzen wirkt, wird Er uns hellsichtig machen für den Willen Gottes. Er lügt nicht und macht uns unmittelbar bewußt, ob wir wirklich »mit Christus gekreuzigt« sind und unsern Eigenwillen tatsächlich dem heiligen Willen Gottes geopfert haben.

Die Entdeckung der Treue

»Hast du mich lieb ... Weide meine Schafe.«
(Joh 21,16)

Wenn wir den Entschluß fassen, unserem Eigenwillen zu entsagen, entdecken wir, daß die Treue, die der Heilige Geist uns schenkt, manifest wird in der Hingabe an Jesus Christus. »Hast du mich lieb?« Dann »weide meine Schafe.« Jesus hat nicht gesagt: »Geh hinaus und mach' Werbung für mich«, sondern: »Weide meine Schafe« – nicht unsere Schafe, sondern Seine. Wir neigen dazu, die Treue zu Überzeugungen mit der Treue zu Christus gleichzusetzen. Überzeugungen sind wichtig, doch es gibt Situationen, in denen das Gewissen und Christus zu Gegenspielern werden. Der Apostel Paulus sagte von sich: »Zwar meinte auch ich selbst, ich müßte viel gegen den Namen Jesu von Nazareth tun« (Apg 26,9). Die Treue, die der Heilige Geist gibt, ist nicht die Treue zu unserer eigenen Einstellung zur Wahrheit, sondern die Treue zur Wahrheit selbst – zu Jesus Christus. Das Gewissen ist diejenige Macht in mir, die sich grundsätzlich mit dem Höchsten, das ich kenne, verbindet; wenn ich also Jesus nicht kenne, dann ist auch mein Gewissen nicht Gott verpflichtet, wie er sich in Jesus geoffenbart hat. Es ist zwar möglich, daß das Gewissen und Christus übereinstimmen, doch es muß nicht so sein. Wir begegnen manchmal Gläubigen, die hart sind wie Stahl, weil sie einem bestimmten Stadium der Wahrheit verhaftet sind statt sich daran zu erinnern, daß Jesus Seine Jünger nicht als Verfechter von Wahrheiten aussandte, sondern um Seine Schafe zu weiden und Seine Lämmer zu hegen. Die wahre, vom Geist gewirkte Treue gilt allein Jesus selbst.

In Vers 18 ist der moralische Tod des Eigenwillens bildhaft dargestellt. »Als du jünger warst, gürtetest du dich selbst und gingst, wo du hinwolltest; wenn du aber alt wirst ... (wird) ein anderer ... dich gürten und führen, wo du nicht hinwillst.« Solange wir noch jung und unerfahren im geistlichen Leben sind, tun wir einfach, was wir wollen. Doch dann kommt eine Zeit, in der wir uns mit der Frage nach dem moralischen Tod unseres Eigenwillens auseinandersetzen müssen. Will ich mich der Zucht der Identifikation mit meinem Herrn unterziehen und Jesus Christus zum Mittelpunkt meines Lebens machen? Wenn ich wirklich so leben will, daß es eines Gläubigen würdig ist, dann muß ich bereit sein, meinen Eigenwillen aufzugeben.

Die moralische Zucht des geistlichen Willens

»… doch nun nicht ich,
sondern Christus lebt in mir.«

Das Blut Christi

»Wenn wir aber im Licht wandeln,
wie er im Licht ist,
so haben wir Gemeinschaft untereinander,
und das Blut Jesu, seines Sohnes,
macht uns rein von aller Sünde.«
(1. Joh 1,7)

Wenn wir vom Blut Jesu Christi sprechen, das uns von aller Sünde rein macht, so meinen wir damit nicht sein wirkliches Blut, das auf Golgatha vergossen wurde, sondern das ganze Leben des Sohnes Gottes, das dahingegeben wurde, um die Welt zu erlösen. Alle Vollkommenheit des göttlichen Wesens und das Heiligste, das das Wesen des Menschen ausmacht, war in diesem Blut enthalten. Es war das Leben der göttlichen Vollkommenheit, das auf Golgatha aufgeopfert wurde. »… die Gemeinde Gottes, die er durch sein eigenes Blut erworben hat« (Apg 20,28). Wir statten das Blut Jesu Christi oft mit einer Art magischer Kraft aus, statt darin das Leben des Gottessohnes selbst zu sehen, das hingegeben wurde für uns Menschen. Dem Tode Jesu gleichförmig zu werden heißt dabei nichts anderes, als daß Sein Blut auch durch unsere sterblichen Leiber fließen soll. Identifikation mit dem Tod Jesu Christi bedeutet, daß alle anderen Dinge, die nicht in Ihm waren, sterben müssen. Auf diese Weise werden wir des Blutes Christi im Sinne des ganzen Lebens des Gottessohnes teilhaftig, das uns »rein macht von aller Sünde.«

Das Blut der eigenen Persönlichkeit

»Ihn möchte ich erkennen
und die Kraft seiner Auferstehung
und die Gemeinschaft seiner Leiden
und so seinem Tode gleichgestaltet werden.«
(Phil 3,10)

Paulus' ganze Persönlichkeit war geprägt von der leidenschaftlichen Hingabe an Jesus – »ihn möchte ich erkennen.« Sobald nur noch dieser eine Gedanke einen Menschen beherrscht, wird alles sehr viel einfacher. Dem normalen Menschen ist es jedoch unmöglich, von einem einzigen Motiv beherrscht zu werden. Wenn das Wunder geschieht, daß wir tatsächlich nur noch dieses einzige Ziel verfolgen, können wir daran erkennen, daß die Liebe Gottes wahrhaft in unsere Herzen ausgegossen ist. Die moralische Zucht des geistlichen Willens liegt darin, daß ich mein ganzes Selbst neu ausrichte auf dieses eine Ziel hin. Mein persönliches Leben steht nun nicht länger unter dem Anspruch auf Selbstbestimmung – nicht ich bin tot, sondern mein altes Wesen, das auf sein eigenes Recht pochte, ist gestorben, und Jesu Christi Recht auf mich beherrscht mich voll und ganz. »Was ich jetzt lebe im Fleisch«, das lebe ich von diesem Mittelpunkt her. Ein Gläubiger ist durch Jesus Christus ganz auf Gott ausgerichtet. Er wird gespeist von einer Quelle, die die Welt nicht sieht.

Das Blut des Gebets

»Wenn ihr in mir bleibt
und meine Worte in euch bleiben,
werdet ihr bitten, was ihr wollt,
und es wird euch widerfahren.«
(Joh 15,7)

»Und was ihr bitten werdet in meinem Namen,
das will ich tun.«
(Joh 14,3)

»... bittet, was ihr wollt« – d. h., bittet nicht um etwas Beliebiges, sondern um das, was bestimmend für euer persönliches Leben ist. Unser Beten ist oft kalt und unpersönlich, wir tragen Gott lediglich Gemeinplätze vor und bezeichnen etwas als Gebet, das im Grunde genommen gar keines ist. Worum geht es mir wirklich, wenn ich betend vor Gott trete? Jesus hat uns Sein Wort gegeben, daß alle Bitten, in die wir unser ganzes Herz legen, erfüllt werden. Wir müssen dabei keine Gefühle vortäuschen und uns unsere Bitten auch nicht mühselig abringen; sie quellen ganz von selbst aus unserem Inneren hervor. Durch ein solches Gebet vollbringen wir die »größeren Werke«, denn es ist gleichsam das praktische Wirksamwerden der lebendigen Gegenwart Gottes in uns. Das Gebet soll nicht zur Weiterentwicklung unseres natürlichen Lebens beitragen, sondern dazu, daß das Leben des Sohnes Gottes in uns immer stärker wird und alles Natürliche in uns in Geistliches verwandelt.

Die moralische Hingabe an den allmächtigen Willen

»... und was ich jetzt lebe im Fleisch,
das lebe ich im Glauben an den Sohn Gottes,
der mich geliebt hat und sich selbst für mich dahingegeben.«

Das Evangelium von Jesus fordert eine Willensentscheidung von uns. Nehme ich das Urteil Gottes über die Sünde, das Todesurteil, das Er im Tod Jesu Christi sprach, an? Will ich mich wirklich so mit dem Tod Jesu Christi identifizieren, daß ich für alles andere verloren bin und nur noch auf Ihn hin lebe? Das große Vorrecht der Nachfolge ist die Verpflichtung auf das Kreuz – und das wiederum bedeutet den Tod der Sünde.

Die erste Stelle im Leben

»Denn Christus ist mein Leben ...«
(Phil 1,21)

Lieben heißt, einem anderen die erste Stelle in meinem Leben einräumen, und Jesus sagt uns, daß diese erste Stelle Ihm gebührt. Als Paulus schrieb: »Denn Christus ist mein Leben«, meinte er damit nicht, daß er für nichts anderes lebte, sondern daß das Bestimmende, die große, alles umfassende Leidenschaft, die hinter allem stand, was er tat, seine Liebe zu Jesus Christus war. Wir sind uns oft nicht bewußt, daß Christus die erste Stelle in unserem Leben einnehmen will, und begreifen erst in der Krise, was von uns verlangt wird. Viele von uns verwechseln auch die Begeisterung bei den ersten Schritten hin zum Reich Gottes mit dem Ziel, das Gott mit ihnen verfolgt. Gott aber will, daß wir erkennen, was der Tod Christi für jeden einzelnen von uns ganz persönlich bedeutet. Sobald wir vor Gott treten und bekennen, daß wir dem Tod Jesu Christi gleichförmig werden wollen, auch um den höchsten Preis, erleben wir, wie diese Identifikation auf übernatürliche Weise zustandekommt, und wissen mit einer Gewißheit, die menschliches Erkennen übersteigt, daß unser alter Mensch mit Christus gekreuzigt ist. Und von da an wird diese Gleichförmigkeit unser ganzes Leben lang an uns sichtbar, weil wir, befähigt durch das übernatürliche Leben Gottes in uns, Seinen Willen mühelos erfüllen. So ist die persönliche, leidenschaftliche Hingabe an den Herrn Jesus die Grundlage des christlichen Glaubens.

Geheiligte Gegenwart

»Und siehe, ich bin bei euch alle Tage bis an der Welt Ende.«
(Mt 28,20)

An der Schwelle jeder neuen Erfahrung im Leben sind wir uns der Tatsache bewußt, daß nun etwas Neues beginnt; das gilt auch für unser Leben mit Gott. Wenn wir wiedergeboren werden, empfinden wir ganz stark die Gegenwart Gottes. Doch wenn wir dann ein Leben der Gemeinschaft mit Ihm leben, tritt dieses Bewußtsein allmählich zurück, denn von da an ist unser Leben »verborgen mit Christus in Gott.« »Ich spüre die Gegenwart Gottes nicht«, sagst du – wie wäre das auch möglich, wo du doch in Gott bist und Er in dir? Wenn du Gott in dieser Situation um »Gefühle« bitten würdest, wäre das ein Rückfall in die Anfangszeit deines Glaubens, in die Zeit, als du dein Leben mit Ihm begannst.

Die Ehre eines wahrhaft Gläubigen liegt darin, daß er zugibt, daß »Christus uns tiefer ergreift als Schmerz oder Schuld.« Es geht um die Beziehung zwischen Gott und mir. Wenn ich selbst versuche, heilig zu werden, werde ich zum Verräter an Jesus, denn das Kennzeichen eines wahrhaft christlichen Lebens ist die völlige Hingabe an Ihn. Ein in dieser Hingabe gelebtes Leben ist kein zweifelhaftes Geschäft, bei dem ich darauf achte, eine weiße Weste zu behalten, und mir mit nichts die Finger schmutzig machen will. Ganz im Gegenteil, ein solches Leben mündet in die leidenschaftliche, alles andere vergessende Hingabe an Jesus Christus im Bewußtsein Seiner Gegenwart.

Die höchste Leidenschaft

»Denn ich hielt es für richtig, unter euch nichts zu wissen als allein Jesus Christus, den Gekreuzigten.«
(1. Kor 2,2)

Das Wort »Leidenschaft« hat in der Welt keine besonders hochtönende Bedeutung mehr; es ist für uns zur Bezeichnung eines negativen Zuges der menschlichen Natur geworden. Im Grunde ist die Leidenschaft jedoch die Apotheose aller menschlichen Mühe, Beharrlichkeit und Geduld. Wenn wir das Wort »Leidenschaft« in Zusammenhang mit unserem Herrn gebrauchen, meinen wir damit die Summe Seiner Persönlichkeit, die in einer außergewöhnlichen Ausstrahlung aufblitzt und Seine unerschöpfliche Geduld, Seine Macht, die ganze Eigenart Seines Lebens zum Ausdruck bringt. Paulus' höchste Leidenschaft war Jesus Christus. Einem Christen, in dem der Heilige Geist Wohnung genommen hat, kommt es gar nicht mehr in den Sinn, daß er ein Opfer bringt, denn die Liebe und Leidenschaft des Heiligen Geistes wirkt in ihm. Der christliche Glaube hat nichts mit der Hingabe an eine Sache oder eine Überzeugung zu tun, er ist die Hingabe an eine Person, und der alles beherrschende Lebensinhalt eines wahren Christen ist nicht die Leidenschaft für die Menschen, sondern die Leidenschaft für Jesus Christus.

C.V.J.M.-Treffen, 7. Januar 1917

Sehnsucht nach Gott

Genesis 28,10-22

Jakob war ein Mann, der träumen und warten konnte. Träumen können und Geduld haben – das ist es denn auch, was ein wahrhaft religiöses Leben ausmacht. Wir sind nicht alle Heilige, die völlig unbefleckt durchs Leben gehen; viele von uns sind wie Jakob, ebenso schwach und auf den eigenen Vorteil bedacht wie er. Und doch wurde ausgerechnet ihm diese Vision zuteil, und er wurde zum Repräsentanten des alttestamentlichen Gottesvolkes. Ausgerechnet diesem Mann erschien Gott und veränderte ihn – »Jakob habe ich geliebt.« Esau verkörpert daneben das Urbild aller Laster und Tugenden des natürlichen Menschen. Völlig zufrieden mit seinem Leben, hatte er Gott nicht nötig; in seinem Glück und seiner Selbstbescheidung muß er ein äußerst angenehmer und erfreulicher Zeitgenosse gewesen sein. Jakob war im Grunde das genaue Gegenteil von Esau. Doch Gott liebt den Menschen, der Ihn braucht.

Die Selbstgerechtigkeit des Menschen

»Und Jakob tat ein Gelübde und sprach:
Wird Gott mit mir sein und mich behüten auf dem Wege,
den ich reise ... so soll der Herr mein Gott sein
... und von allem, was du mir gibst,
will ich dir den Zehnten geben.«
(1. Mose 28, 20-22)

In unserem Beten zeigt sich unser wahres Wesen. Das Gebet, das Jakob hier betet, ist sehr menschlich, und wir können wenig Edles oder Schönes daran entdecken. Alle Gebete Jakobs sind derart selbstsüchtig und überheblich; stets denkt er in erster Linie an sich selbst, seine Mitmenschen kümmern ihn wenig. Gerade diese Eigenschaft rückt ihn jedoch uns heutigen Menschen so nahe. Ein fleischlicher Wille kann nicht aus einem verderbten Herzen kommen – das ist die erste wichtige Lektion im geistlichen Leben. Paulus verwendet das Wort »fleischlich« stets nur für einen gläubigen, nie für einen ungläubigen Menschen. Die fleischliche Gesinnung ist die Folge der Einwohnung des Geistes Gottes in einem Menschen, der sich diesem Geist noch nicht völlig untergeordnet hat: »Denn das Fleisch begehrt auf gegen den Geist und der Geist gegen das Fleisch; die sind gegeneinander, so daß ihr nicht tut, was ihr wollt« (Gal 5, 17). Fleischlich gesinnt sein bedeutet »Feindschaft gegen Gott.« Statt Frieden und Freude, wie manche »watteweichen« Prediger uns glauben machen wollen, bringt die Einwohnung des Geistes Gottes zunächst meist eine schwere Krise mit sich. In gewisser Weise ging es uns vorher besser als jetzt, denn die Einwohnung des Heiligen Geistes hat uns einen anderen Maßstab, eine andere Perspektive gezeigt und uns dadurch völlig aus der Bahn geworfen. »Ihr sollt nicht meinen, daß ich gekommen bin, Frieden zu bringen auf die Erde. Ich bin nicht gekommen, Frieden zu bringen, sondern das Schwert« (Mt 10, 34). Ein ganz normaler Mensch, der nichts von Gott weiß, aber zu seinem Wort steht und ein aufrechtes und anständiges Leben führt, ist letztlich ein erfreulicherer Umgang als ein Christ, der zwar immerhin so stark vom Heiligen Geist geprägt ist, daß ihm seine Sünden verleidet sind, aber nicht genug, um Erlösung aus diesen Sünden zu finden.

Das überhebliche Pochen auf die eigenen Rechte ist stets ein Zeichen dafür, daß ein Kampf in uns stattfindet. An uns ist es nun zu entscheiden, wer von jetzt an das Zepter führt. Selten machen wir uns vorbehaltlos den Maßstab für ein wahrhaft christliches Leben zueigen, den das Neue Testament uns zeigt, nämlich Jesus Christus. Meist suchen wir zunächst unser Heil in Ausflüchten. Doch wenn ich Gott wirklich finden will, muß ich nur dahin gehen, wo meine Selbstgerechtigkeit wurzelt. Einer der Gründe dafür, daß unsere Gemeinschaft mit Gott erkaltet, liegt darin, daß wir stets versuchen, uns selbst zu rechtfertigen, statt uns Gottes läuterndem Einfluß zu überlassen, der allen Eigenwillen und alle Überheblichkeit in uns auslöschen kann. Wir sind wie Jakob, wir ringen im Gebet mit Gott – wobei es allerdings etwas anderes ist, vor Ihm zu ringen. Jakob versuchte, Gott eine ganz bestimmte Antwort auf sein Gebet abzutrotzen, doch nach diesem Kampf hinkte er sein Leben lang. Solange wir so überheblich sind, mit Gott handeln zu wollen – »Wenn Gott mir gibt, was ich möchte, dann werde ich das und das für Ihn tun« –, solange werden wir in geistlicher Hinsicht auf der Stelle treten.

Der höchste Traum

»Und ihm träumte, und siehe, eine Leiter stand auf Erden,
die rührte mit der Spitze an den Himmel,
und siehe, die Engel Gottes stiegen daran auf und nieder.«
(1. Mose 28,12)

Wenn diese Vision einem Mann wie Josef oder Daniel zuteil geworden wäre, die völlig unbefleckt vor Gott wandelten, hätte uns das nicht überrascht, doch sie erging an einen schwachen, unvollkommenen Menschen. Der Traum, den Jakob hier träumte, war eine vor der Inkarnation geschaute Vision Gottes, ein Symbol der wiedergefundenen Gemeinschaft zwischen Gott und Mensch (vgl. Johannes 1,51: »Und er spricht zu ihm: Wahrlich, wahrlich, ich sage euch: Ihr werdet den Himmel offen sehen und die Engel Gottes hinauf- und herabfahren über dem Menschensohn.«). Der einzige, der diese verlorene Gemeinschaft wiederherstellen konnte, war Jesus Christus, und er hat uns verheißen, daß er sie bereits in unserem Leben Wirklichkeit werden lassen kann. Gott will nicht, daß die Menschen träumen, daß sie Visionen von Ihm haben und gleichzeitig ein Leben führen, in dem sie für Ihn tot sind. Jesus Christus hat uns versprochen, daß Er beides verbinden wird. Die Fähigkeit zu träumen ist für uns Menschen lebenswichtig – es wäre ein schrecklicher Gedanke, nie von etwas Höherem angerührt zu werden. Und wenn wir dann unser Abgestorbensein schmerzlich empfinden, können wir Trost daraus schöpfen, daß der Mann Jakob diese Vision schauen durfte. Gott taufte Jakob um in »Israel« – als äußeres Zeichen dafür, daß er mit Gott gekämpft hatte. Wenn ein Mensch vom Geist Gottes wiedergeboren wird, erhält er Anteil am Wesen Christi. Doch um wirklich zu Gott vorzustoßen, müssen wir zuallererst die Überheblichkeit unseres Herzens besiegen und uns von Gott sagen lassen, welchen Preis wir für unsere Träume zahlen müssen.

Die tiefste Sehnsucht
»... und (er) nannte die Stätte Bethel.«

(1. Mose 28,19)

Jakob konnte träumen und warten. Das Warten ist die größte Prüfung, die unser Glaube uns auferlegt. In der Geduld zeigt sich der Unterschied zwischen Lust und Liebe. Lust sagt: Ich muß das haben, sofort, auf der Stelle. Liebe kann warten. Lust macht mich leidenschaftlich und ungeduldig, verlockt mich zu Abkürzungen, um sofort zum Ziel zu kommen. Die Geduld der Liebe ist grenzenlos. Wenn ich Gott je gesehen habe und von Ihm berührt worden bin, und wenn der Heilige Geist in mir Wohnung genommen hat, bin ich bereit, auf Ihn zu warten. Ich warte dann in der festen

Gewißheit, daß Er kommen wird. Der Unterschied zwischen einem geistlichen Menschen und einem Menschen, der den Geist Gottes nicht hat, liegt in der Stärke seiner Geduld. Das beste Bild für das Warten auf Gott ist das eines Kindes, das an der Mutterbrust liegt: Unsere Nahrung kommt allein von Gott. Wie stark meine geistliche Sehnsucht ist, zeigt sich in meiner Antwort auf die Frage: Kann ich auf Gott warten? Glaube ich, daß Jesus Christus mich zu Seinem Jünger machen kann, wenn ich Ihm nur freie Hand lasse? Dann werde ich auf Ihn warten können und Ihm anhangen, bis er es schließlich vollendet.

Im Warten werden wir zu einem Sakrament der Liebe Gottes. »Sakrament« bedeutet die wirkliche Gegenwart Gottes, sein Zu-Uns-Kommen in den ganz gewöhnlichen Elementen. Eine wichtige Aussage des Neuen Testaments zur Lehre vom Sakrament ist, daß Gott auch in der Freundschaft, in Luft, Meer und Himmel tatsächlich bei uns ist. Nur wenige von uns sind in der Lage, das zu verstehen. Erst wenn wir in der geistlichen Hingabe an Jesus Christus Fortschritte gemacht haben, entdecken wir Ihn in unserer Freundschaft zu anderen Menschen, in unserem ganz normalen Essen und Trinken. Die kirchliche Lehre von den Sakramenten beschränkt dagegen die Gegenwart Gottes auf einige ganz bestimmte Dinge. Wenn wir das zu wörtlich nehmen, geht uns der Blick dafür verloren, daß das Sakrament ein Symbol allen Lebens ist, das »mit Christus in Gott (verborgen)« ist. Jesus Christus hat gesagt, daß Er durch alle Dinge zu uns kommen kann, und das Große um einen Christen ist es denn auch, daß er Gott in den ganz normalen Dingen und an den ganz gewöhnlichen Tagen seines Lebens finden und hier und jetzt am Sakrament Seiner Gegenwart teilhaben kann.

C.V.J.M.-Treffen, 11. März 1917

Geistliche Untauglichkeit

»Wenn ihr dies wißt – selig seid ihr, wenn ihr's tut.«
(Joh 13,17)

Das ist die große Prüfung, die wir in unserem geistlichen Leben bestehen müssen. Die meisten von uns sind gleichsam »geistlich untauglich«, weil es ihnen nicht gelingt, ihr geistliches Leben auch auf ihr gesamtes »weltliches« Leben zu übertragen. Wir sind fromm in Gebetskreisen, in der Gemeinschaft religiös Gleichgesinnter, in der Erfüllung von Aufgaben, die allgemein als »christlich« gelten, nicht aber im täglichen Existenzkampf. In jedem von uns steckt ein Stück geistlicher Faulheit – wenn wir uns absondern und dabei ständig vor dem drücken, was eigentlich unsere Pflicht wäre, so können wir auf diese Weise zwar eine Art geistliches Leben unter der Glasglocke führen, doch dem Anprall der Realität sind wir so nicht gewachsen. Wir bemühen uns zwar um ein heiliges und reines Leben, doch es bleibt letztlich geistlich unfruchtbar – da ist kein Raum für die Fußwaschung, den Dienst am Nächsten, wie ihn uns Jesus vorgelebt hat, es ist ein Leben, in dem die Erfüllung weltlicher Aufgaben mit Befleckung gleichgesetzt wird. Geistlich heißt aber wirklich, und das einzige wahrhaft geistliche Leben war das Leben unseres Herrn selbst; Sein Leben war nicht getrennt in Heiliges und Säkulares, es war ganz Wirklichkeit. Jesus Christus tat weltliche Dinge und war dabei der fleischgewordene Gott. »Danach goß er Wasser in ein Becken, fing an, den Jüngern die Füße zu waschen, und trocknete sie mit dem Schurz, mit dem er umgürtet war.« Das und nichts anderes bedeutet Christsein – daß Christus uns die Kraft gibt, so zu leben, wie Er es uns vorgelebt hat.

Das alles mögen wir vielleicht wissen, doch Jesus sagt, daß wir erst dann wirklich zufrieden sein können, wenn wir es auch tun. Nur sehr wenige von uns sind gesegnet, und wir verlieren diesen Segen sofort, wenn von uns verlangt wird, jemandem die Füße zu waschen – mit allem, was diese Handlung symbolisiert. Es erfordert einen fleischgewordenen Gott, um sich im Alltag den Segen Gottes zu bewahren. Und genau darin liegt denn auch das große Wunder der Fleischwerdung.

Erfahrung und Tun (Mt 7,21-22)

»Es werden nicht alle, die zu mir sagen: Herr, Herr! in das Himmelreich kommen, sondern die den Willen tun meines Vaters im Himmel.«
(Mt 7,21)

Eine Erfahrung zu machen, reicht nicht aus. Wenn ich nur predige, wenn sich meine Frömmigkeit darin erschöpft, daß ich die Erfahrungen, die Gott mir geschenkt hat, weitererzähle, dann ist das in fast schon gefährlicher Weise unzureichend. Wenn sich in meinem Leben nicht das Leben Jesu Christi spiegelt, dann bin ich eine »geistliche Mißgeburt«, ein illegitimes Kind. Erfahrung muß Wirklichkeit werden, muß in sichtbares Leben münden; Christsein besteht in der Gleichförmigkeit mit Jesus, die sich im ganz normalen, weltzugewandten Leben, und keineswegs nur in der Weltabgeschiedenheit bewährt. Unser Herr hat auf die Menschen Seiner Zeit einen überaus weltlichen Eindruck gemacht, und Er soll unser Maßstab sein.

Jesus Christus ist unendlich viel größer als alle meine Erfahrungen, doch wenn ich Ihn in meinen Erfahrungen besser kennenlerne, dann wird es in meinem Leben auch nicht an der Umsetzung dieser Erfahrungen, an den Früchten des Geistes, fehlen:

»Liebe, Freude, Frieden ...« Die Frucht des Geistes ist der Ausdruck eines Lebens nach dem Willen Jesu. Wir können nicht so tun, als ob wir diese Frucht besäßen, wenn wir sie nicht haben, an diesem Punkt ist keine Heuchelei möglich. Das Gezeichnetsein durch die Frucht des Geistes ist immer unbewußt. »Und sein Name wird an ihren Stirnen sein« – wo jeder es sehen kann außer dem Betreffenden selbst. Wir messen die geistliche Autorität eines Menschen stets daran, ob er das Evangelium predigt, ob er Dämonen austreibt, ob er Erfahrung in diesen Dingen hat. Es gibt viele, die diesem Anspruch genügen, und doch hat Jesus gesagt, daß er von solchen Menschen sagen wird: »Ich habe euch noch nie gekannt; weicht von mir, ihr Übeltäter!« Nur der gehört nach Jesu Worten wirklich zu Ihm, der danach strebt, ein Sohn Seines »Vaters im Himmel« (Mt 5,45) zu sein, so wie Er es vorgelebt hat.

Kraft und Begeisterung (Apg 1,6-8)

»Aber ihr werdet die Kraft des Heiligen Geistes empfangen,
der auf euch kommen wird,
und werdet meine Zeugen sein ...«
(Apg 1,8)

Ein Mensch kann von Jesus Christus und Seiner Wahrheit völlig begeistert sein, ohne sich jemals wirklich durch sie verwandeln zu lassen. Die Jünger jedenfalls sind begeistert: Ihr Herr ist von den Toten auferstanden und erzählt ihnen herrliche Dinge über sein Reich; sie sind völlig gebannt und hingerissen, doch plötzlich holt Er sie auf die Erde zurück mit den Worten: »Es gebührt euch nicht, Zeit oder Stunde zu wissen ... aber ihr werdet die Kraft des heiligen Geistes empfangen ... und werdet meine Zeugen sein.« Wörtlich heißt das: »Der Heilige Geist, der auf euch herabkommen wird, wird euch zu meinen Zeugen machen – nicht zu Zeugen dessen, was ich tun kann, auch nicht zu Berichterstattern dessen, was ihr erlebt habt, sondern zu Zeugen, wie ich sie haben will.« Die Taufe des Heiligen Geistes wird gewöhnlich durch den

Hinweis auf eine spektakuläre Tatsache belegt: »Und an diesem Tage wurden hinzugefügt etwa dreitausend Menschen.« Das war gewiß eine überwältigende Manifestation der Macht Gottes, doch erst, als die Apostel verfolgt und zerstreut wurden, zeigte sich die wirkliche Kraft des Heiligen Geistes. Die Menschen »wußten ... von ihnen, daß sie mit Jesus gewesen waren.« Ein Zeuge ist nicht jemand, der von Jesus, von der Offenbarung, die er uns gegeben, und von dem, was er getan hat, überwältigt ist. Ein Zeuge Jesu Christi ist ein Mensch, der die Kraft, die Jesus selbst besaß, empfangen hat und danach zu einem Zeugen nach Jesu Willen wird, wo auch immer sein Herr ihn hinstellt und was immer er tut, ob in der Öffentlichkeit oder in der Stille. Die Kraft, die in einem solchen Menschen ist, ist die Kraft des Heiligen Geistes, und die Manifestation dieser Kraft in seinem Leben macht ihn zu einem Zeugen nach dem Willen Jesu.

In der Begeisterung, die letztlich spurlos an mir vorübergeht, liegt eine große Gefahr. Ich bin vielleicht überwältigt von der Wahrheit, die Jesus verkörpert, doch wenn es darum geht, daß mein Leben in all seinen weltlichen Einzelheiten von dieser Erfahrung mit der Macht des Heiligen Geistes künden soll, bin ich plötzlich leer, erweise ich mich als geistlich untauglich, von keinerlei Wert für Jesus. Glaubenserfahrungen sind etwas Gutes und auch die Begeisterung hat durchaus ihr Recht, doch beides bleibt wirkungslos, wenn die Erfahrung mit Gott nicht in eine wirkliche Gleichförmigkeit mit Jesus und die Begeisterung nicht in die Kraft des Heiligen Geistes verwandelt wird.

Gotteserkenntnis und Zeugenschaft (2. Kor 3, 1-6)

»Ihr seid unser Brief, in unser Herz geschrieben,
erkannt und gelesen von allen Menschen.«
(2. Kor 3, 2)

Ein »Brief Christi« ist gleichsam eine »erneute Fleischwerdung Jesu«. Danken wir Gott für die Erfahrungen, die er uns schenkt, für die Begeisterung, mit der Er uns erfüllt. Doch das einzige, was in einem christlichen Leben wahrhaft zählt, ist »Christus in euch.« Ich bin vielleicht in der Lage, das Wort Gottes auszulegen, ich mag ein Experte in vielen Dingen sein, doch wenn meine Erfahrung nicht zur tatsächlichen Gleichförmigkeit mit Jesus Christus führt, dann bleibe ich geistlich unfruchtbar. Ich mag überwältigt sein von der Wahrheit, doch wenn meine Begeisterung nicht in Kraft verwandelt wird, die das Zeichen Jesu trägt, dann wird auch sie nur zu meiner geistlichen Untauglichkeit beitragen. Ich mag ein ausgezeichneter Kenner der Heiligen Schrift und ein Fachmann in christlicher Ethik sein, doch wenn mich dieses Wissen nicht zu einem Brief macht, in dem die Menschen den Namen »Jesus« lesen können, dann bin ich in geistlicher Hinsicht völlig nutzlos. Kommt in meinem praktischen, alltäglichen Leben stärker und stärker der Heilige Geist zum Ausdruck, der in mir Wohnung genommen hat? Ist meine Kraft die Kraft, die direkt vom auferstandenen Herrn kommt? Ist mein Leben ein Brief, der nur von einem einzigen zeugt – von Gott? Ist Gott der alles beherrschende Inhalt meines Lebens? Oder habe ich noch andere Interessen außer Ihm? Wenn ja, dann sind meine ganze Kraft und all mein Fachwissen letztlich wertlos für Jesus.

Geistliches Leben darf nicht auf das religiöse Umfeld beschränkt bleiben, es kann nur inmitten der Welt mit all ihren Lastern gelebt werden, dort, wo auch Jesus lebte, unter den Dingen, die das menschliche Leben ausmachen: »Wenn nun ich, euer Herr und Meister, euch die Füße gewaschen habe, so sollt auch ihr euch untereinander die Füße waschen.« Nur so können wir die Wahrheit unseres Bekenntnisses beweisen, daß wir der Gnade Gottes teilhaftig geworden sind. Unsere Erfahrungen mit Gott, unsere Begeisterung angesichts Seiner Macht, unsere Gotteserkenntnis – all das ist nichtig, wenn es nicht in unserem alltäglichen Leben sichtbar wird.

C.V.J.M.-Treffen, 18. März 1917

Mit Gott an der Front

»Seht, wir gehen hinauf nach Jerusalem.«
(Lk 18,31)

Die Stadt Jerusalem steht im Leben unseres Herrn für den Ort, an dem er den letzten Schritt in der Erfüllung des göttlichen Willens tat. Der Gehorsam gegen den Vater war das große, alles beherrschende Anliegen Seines ganzen Daseins, und nichts, was Ihm unterwegs widerfuhr, Freude oder Leid, Erfolge oder Fehlschläge, konnten Ihn von Seinem Ziel abbringen – Er ging unbeirrt weiter auf Seinem Weg nach Jerusalem. Auch für uns Christen gibt es nur ein einziges, entscheidendes Ziel, ein Ziel, das nicht wir festsetzen, sondern das Gott bestimmt. Im normalen Leben verfolgen wir Menschen unsere eigenen Pläne, doch im christlichen Leben haben wir uns unseres Eigenwillens begeben. Manchmal hat es für uns den Anschein, als ob der große Heilsplan Gottes ins Leere gehe, doch das liegt nur daran, daß wir zu kurzsichtig sind, um zu erkennen, worauf Gott hinauswill. Von uns wird nur eines erwartet, daß wir »hinaufgehen nach Jerusalem«, um dort Seinen Willen – nicht unseren eigenen – zu erfüllen.

Die große Berufung

»Er nahm aber zu sich die Zwölf.«
(Lk 18,31)

Es tut not, einmal über diesen Aspekt der Berufung, die Gott an uns ergehen läßt, nachzudenken. Wir hören so viel über unsere Entscheidung für Christus, unseren festen Willen, als Christen zu leben, unseren Entschluß zu diesem und jenem. Doch im Neuen Testament ist sehr viel häufiger von jenem anderen Gesichtspunkt die Rede: von unserer Erwählung durch Gott. »Nicht ihr habt mich erwählt, sondern ich habe euch erwählt …« Wir werden nicht aufgrund einer bewußten Entscheidung unsererseits in den Plan Gottes hineingenommen, sondern völlig ohne unser Dazutun; ja, im Gegenteil, wir wissen nicht, worauf Gott hinauswill, und je weiter wir auf Seinem Weg voranschreiten, desto geheimnisvoller wird uns Sein Plan. Zu Beginn unseres Lebens als Christen haben wir noch unsere eigenen, festen Vorstellungen davon, worin der Plan Gottes besteht – wir meinen, daß es uns bestimmt sei, an diesen oder jenen Ort zu gehen, und daß Gott uns zu diesem oder jenem besonderen Dienst berufen habe. Doch wenn wir dann gehen und tun, was uns aufgetragen ist, stellen wir fest, daß Gottes Ruf weiterhin an uns ergeht. Das meiste von dem, was wir im Leben tun, steht im Dienst dieser Berufung. »Er nahm aber zu sich die Zwölf« – Gott nimmt uns allezeit in die Pflicht, denn wir sind zu mehr berufen – zu etwas, was wir jetzt noch nicht sehen können.

Wenn wir in unserem christlichen Leben standhaft bleiben, wird es mit der Zeit einfacher für uns, weil wir immer seltener fragen: »Warum hat Gott dies oder jenes zugelassen?« Ein Mensch, in dem der Heilige Geist Wohnung nimmt, besitzt denselben Geist, den auch Jesus hatte. »Denn also hat Gott die Welt geliebt …« – diese Liebe pflanzt der Heilige Geist auch in unsere Herzen ein. Das, was uns eigentlich zwingt, den Weg Gottes zu gehen, ist unseren Augen stets verborgen, es macht sich nur geistlich durch den unwiderstehlichen Drang, den die Berufung auf uns ausübt, bemerkbar. »Er nahm aber zu sich die Zwölf und sprach zu ihnen: Seht, wir gehen hinauf nach Jerusalem.« Wie seltsam und befremdlich muß diese Aufforderung in den Ohren der Jünger geklungen haben!

Das Entscheidende in unserem Leben als Christen sind nicht unsere Werke, sondern das Verhältnis, das wir zu Gott und unserer Umwelt haben. Gott verlangt nur dies von uns, daß wir unseren Lebenswandel und die Beziehungen, die wir eingehen, im Lichte des Heiligen Geistes prüfen und von unserem Glauben bestimmen lassen, denn das allein kann uns vor Selbstgefälligkeit, Überheblichkeit und Kummer bewahren.

Sobald ich mich beklage und frage: »Warum hat Gott das zugelassen?«, bin ich nicht nur nutzlos, sondern gefährlich, denn dann beginne ich, Gott zwingen zu wollen, statt mich von Ihm ansprechen zu lassen. Unsere Gebete sind leider selten geprägt von der Bereitschaft, uns hineinnehmen zu lassen in die große Berufung Gottes. Stattdessen sagen wir Gott, was Er tun soll, und klagen Ihm, daß die Menschen verloren sind und daß Er sie retten muß. Damit machen wir Gott einen schrecklichen Vorwurf, denn unsere Klage besagt ja im Grunde, daß Gott schläft. Erst wenn Gott mir die Erkenntnis schenkt, daß ich in Seinen Plan hineingenommen bin, wird meine Seele ruhig, werde ich wirklich frei, Ihm rund um die Uhr mit meinem ganzen Sein zu dienen. Wann immer ich selbst von etwas umgetrieben werde, habe ich keine Zeit für Gott, geht es mir nicht um Sein, sondern um mein eigenes Ziel. Die Bedingungen, die Jesus Seinen Jüngern für die Nachfolge nannte (Lk 14,26-33), machen jedoch deutlich: »Die einzigen Menschen, die ich in meinem Plan gebrauchen kann, sind Menschen, die sich von mir haben in die Pflicht nehmen lassen.« Angesichts dieser Forderung drängt sich der Vergleich mit einem Soldaten auf, der alles hinter sich läßt, um zu kämpfen. Ich bin nicht um meinetwillen auf der Welt. Es ist Gottes Kampf, den ich kämpfe, nicht mein eigener. Welcher Mensch läßt sein Leben allein für König und Vaterland? Nicht ein einziger. Eine solche Verpflichtung wäre nicht tragfähig. Jeder Mensch, der sein Leben hingegeben hat, hat es für etwas unendlich viel Größeres getan, das hinter dem Vordergründigen steht. Wir können zwar versuchen, nur für uns selbst zu leben, doch hinter uns wird immer die Berufung, der Zwang zu etwas anderem stehen, und es bleibt nur zu hoffen, daß das Land, dem wir angehören, diesen größeren Plan erkennt.

Wie kann ich meinen Weg kennen, wenn Gott ihn für mich plant? Wie kann ich den Plan des Architekten verstehen? Wenn ich meinen eigenen Plan verfolge, zerstöre ich die schlichte Fröhlichkeit des Gotteskindes in mir und bringe mich um die Freiheit, die es mir ermöglicht, anderen Menschen zu helfen. Gott allein ist für den Ausgang verantwortlich, wenn er einen Menschen zum Mitarbeiter an Seinem großen Plan beruft. Inmitten aller Schrekken des Krieges gilt es deshalb, sich eines immer wieder vor Augen und ins Herz zu rufen: den Geist der Freiheit und der Fröhlichkeit, der gerade inmitten dieses Schreckens keine Klagen zuläßt. Ein Mensch, der sich hineinnehmen läßt in den Plan und den Kampf Gottes, muß seine Individualität völlig aufgeben, seine Persönlichkeit muß gleichsam aufgehen in der Persönlichkeit seines Regiments. Er verzichtet darauf, als einzelner für irgendetwas verantwortlich zu sein, und hat sich seiner Verantwortung entledigt.

Gott als unser Kamerad

»Seht, wir gehen hinauf nach Jerusalem.«

Wie mutig ist Gott, daß Er uns vertraut! Es ist ein großes Risiko, das Er damit eingeht, und es hat denn auch den Anschein, als habe sich alles gegen Ihn verschworen. Die meisten von uns kümmern sich nicht weiter um Ihn, und dennoch setzt Er ganz bewußt alles, was Er hat, auf uns, bleibt an unserer Seite und läßt Welt, Fleisch und Teufel wüten, wie sie wollen, im Vertrauen darauf, daß wir uns als treu erweisen werden. Alles, was unser Herr in Seinem Leben auf Erden erreichte, war, daß Er eine Gruppe von Fischern um sich scharte – die ganze Kirche Gottes, der mächtige Heilsplan unseres Herrn in einem armseligen Fischerboot!

Wir sagen: »Es steht in keinem Verhältnis, daß Gott gerade mich erwählt – ich bin doch völlig nutzlos.« Doch der Grund dafür, daß Er uns erwählt, ist gerade unsere Wertlosigkeit. Es ist Unsinn zu glauben, daß ein Mensch, der gute natürliche Anlagen hat, deshalb auch ein guter Christ sein muß. Im Gegenteil, die Menschen mit den besten Anlagen stellen sich oft als die schlechtesten Jünger heraus, weil sie sich selbst zum Herrn über ihr Leben aufwerfen. Es ist also nicht eine Frage unserer Anlagen, sondern unserer Armseligkeit; nicht dessen, was wir mitbringen, sondern dessen, was Gott uns schenkt; nicht unserer natürlichen Tugenden, unserer Charakterstärke, unseres Wissens, unserer Erfahrung – all das zählt hier nicht. Das einzig Wichtige ist, daß wir hineingerufen werden in Gottes große Berufung und Er unser Kamerad wird, der uns in Seine Gemeinschaft aufnimmt (1. Kor 1,26-28). Die Gemeinschaft, die Gott um sich sammelt, besteht durchgehend aus Menschen, die um ihre eigene Armseligkeit wissen. Mit Leuten, die meinen, daß sie Ihm nützlich sein könnten, kann Er nichts anfangen. Sie gehen an den Dienst des Herrn mit einer Art Vertretermentalität heran -»wenn wir ihn nur für unsere Sache gewinnen können«, alles andere ist gleichgültig. Doch wir kämpfen als Christen nicht für unsere Sache, sondern für die Sache Gottes, die niemals unsere Sache sein kann. Und es geht auch nicht darum, daß Gott auf unserer Seite ist – wir müssen einzig und allein darauf bedacht sein, daß wir auf der Seite Gottes sind, und das ist etwas völlig anderes. Wir kennen den Plan nicht, den Gott verfolgt, aber wir müssen unsere Gemeinschaft mit ihm bewahren, was auch immer geschieht. Wir dürfen nicht zulassen, daß sich etwas zwischen uns und Gott drängt, sondern müssen alles, was dieser Beziehung gefährlich werden könnte, sofort mit Stumpf und Stiel aus unserem Herzen reißen. Und wenn wir den Kontakt mit Gott trotz aller Bemühung dann doch einmal verloren haben, so müssen wir uns Zeit nehmen und den Weg zu Ihm wieder suchen.

Das Geheimnis der Berufung

»... und es wird alles vollendet werden,
was geschrieben ist durch die Propheten von dem
Menschensohn.«
(Lk 18,31)

Gott ließ es zu, daß Jesu Leben in der Katastrophe endete; und Jesus Christus selbst ließ Seine Jünger Sein Scheitern und Seinen Tod miterleben; Er ließ jeden einzelnen von ihnen Seine Niederlage bis zur bitteren Neige auskosten. In den Augen der Welt war das Leben Jesu ein völlig verfehltes Leben – nicht aber in den Augen Gottes. Was vom menschlichen Standpunkt aus der größte Mißerfolg in der Geschichte war, war vom Standpunkt Gottes aus der größte Triumph, denn die Wege Gottes sind nicht die Wege der Menschen.

Auch an uns ergeht der verwirrende, aufrüttelnde Ruf Gottes. »Laßt uns über den See fahren«, sagte Jesus zu Seinen Jüngern. Sie gehorchten Ihm, doch als sie im Boot waren, erhob sich ein großer Sturm, der die Wellen aufpeitschte, so daß sie in Gefahr waren zu ertrinken. Gottes Ruf ergeht nicht in klaren, allgemeinverständlichen Worten; er ist wie der Ruf der See, den nur der vernimmt, der das Wesen der See begreift. Wir können nicht immer genau sagen, wozu Gott uns ruft, doch wir wissen, unsere Berufung liegt in der Gemeinschaft mit Ihm und in der Erfüllung Seines unerforschlichen Willens. Daran erweist sich aber die Echtheit unseres Glaubens, daß wir gewiß und zuversichtlich sind, daß Gott weiß, was Er will, und alles wohl hinausführen wird. Die Tatsache, daß sich die biblischen Prophezeiungen in der Geschichte der Menschheit erfüllen, wird klein und bedeutungslos neben der Bewahrung unserer Beziehung zu Gott, der Seinen Plan zu Ende bringen wird. Denn alles, was geschieht, geschieht nicht zufällig, sondern auf den Ratschluß Gottes hin.

Mit Gott »an der Front« zu sein, bedeutet Bewahrung der Gemeinschaft mit Ihm. Wenn ich in der Gemeinschaft mit Gott bleibe und mir bewußt bin, daß Er mich in Seinen Plan hineingenommen hat, werde ich nicht länger versuchen, diesen Plan zu verstehen. Der Krieg hat unser Leben und unser Wertesystem verändert, doch das heißt nicht, daß er auch Gott verändert hat. Noch immer steht hinter allem die große Berufung Gottes, und wir erfahren, daß Gott den Mut hat, weiterhin Gemeinschaft mit uns zu halten. Wenn Gott den Mut aufbringt, mir zu vertrauen, dann ist es nun an mir, Ihn nicht »hängenzulassen«, sondern Ihm »anzuhangen«. Vielleicht sagen Sie: »Es war unklug von Gott, mich zu erwählen, denn ich bin ein Nichts.« Doch das ist ein Trugschluß. Solange noch etwas in uns ist, kann Gott uns nicht erwählen, weil wir unsere eigenen Pläne verfolgen; erst wenn wir uns ganz Ihm unterstellen, kann Er uns einladen, mit Ihm nach Jerusalem zu gehen. Damit beruft Er uns als Mitarbeiter an der Vollendung Seines großen Heilsplanes, auch wenn dieser uns verborgen bleibt. Wir gehen mit Ihm und werden schließlich im endgültigen Sieg die Herrlichkeit Gottes schauen. Kein Wunder, daß uns der Weg, den wir gehen, unergründlich ist – Gott allein bestimmt unser Ziel. Welchen Weg auch immer wir wählen, hinter jedem steht die große Berufung Gottes. Ein Christ vertraut auf die Weisheit Gottes, nicht auf seinen Verstand, denn der planende Geist, der hinter seinem Leben steht, ist der Geist Gottes, nicht sein eigener.

Aotea-Heim, 10. Juni 1917

Das unaussprechliche Wunder

Bei der Wiedergeburt vollbringt Gott drei Dinge an uns, die vom rationalen Standpunkt aus eigentlich unmöglich sind. Zum ersten macht Er unsere Vergangenheit ungeschehen, zum zweiten schafft Er uns von Grund auf neu, und zum dritten schenkt Er uns eine Glaubensgewißheit, die so fest ist wie Seine göttliche Selbstgewißheit. Wiedergeburt bedeutet demnach nicht nur Rettung vor der Hölle, sondern etwas weit Radikaleres, das bereits in unserem jetzigen Leben spürbar wird.

Verwandelte Vergangenheit

»Und ich will euch die Jahre erstatten,
deren Ertrag die Heuschrecken, Käfer, Geschmeiß und Raupen gefressen haben,
mein großes Heer,
das ich unter euch schickte.«
(Joel 2,25)

In der Erlösung tut Gott ein Zweifaches mit unserer Vergangenheit: Er vergibt sie uns und Er macht sie zum Ausgangspunkt und Anfang unserer Zukunft mit Ihm. Wir werden nie ganz erfassen können, welch herrliches Wunder die Vergebung ist, denn wir Menschen können nicht wahrhaft vergeben. Weil wir das aber nicht einsehen, können wir auch nicht verstehen, daß die Vergebung Gottes ein Wunder Seiner göttlichen Gnade ist. Glaube ich wirklich, daß Gott mir meine Sünde nicht vergeben kann und darf, ohne zuvor versöhnt worden zu sein? Wenn Gott mir meine Sünde vergeben wollte, ohne versöhnt zu sein, dann hätte ich ein stärkeres Gerechtigkeitsgefühl als Gott selbst. Gott sagt nicht: »Ich sehe nicht mehr auf das, was du getan hast.« Wenn Gott einem Menschen vergibt, dann verwandelt Er nicht nur ihn, sondern auch das, was er getan hat. Vergebung bedeutet nicht nur, daß ich von der Sünde erlöst bin und jetzt in den Himmel eingehen kann; Vergebung bedeutet auch, daß ich aufgenommen bin in eine ganz neue Gemeinschaft mit Gott.

Glaube ich, daß Gott mein »Gestern« besiegen und es ungeschehen machen kann? Oft glauben wir entweder nicht, daß Er das vermag, oder aber wir möchten nicht, daß Er es wirklich tut. Die Vergebung, die für uns alle bereitsteht und die wir nur noch annehmen müssen, hat Gott die Todespein auf Golgatha gekostet. Wenn nun Jesus Christus sagt: »Sündige hinfort nicht mehr«, so verleiht Er uns auch - kraft dessen, was er am Kreuz für uns getan hat – die Fähigkeit, nicht mehr zu sündigen. Das ist das unaussprechliche Wunder der Vergebung Gottes. Heutzutage verlassen die Menschen sich nicht auf das, was Jesus Christus tun kann, oder auf die wunderbare Macht Gottes; sie sehen alles nur von ihrem eigenen Standpunkt, ihrem eigenen Können und Wollen aus – »Ich möchte wohl ein Mensch nach Gottes Herzen sein, doch meine Vergangenheit hindert mich daran.« Gott aber hat verheißen zu tun, was nach menschlichem Ermessen unmöglich ist. Wenn ein Mensch sein »Gestern« unwiderruflich Gott übergibt, im Vertrauen auf das, was Jesus Christus getan hat, wird er bald erfahren, was mit geistlicher Freude gemeint ist – »Dann wird unser Mund voll Lachens und unsre Zunge voll Rühmens sein.« Doch dahin gelangen nur wenige von uns, weil wir uns weigern zu glauben, daß es Jesus Christus ernst ist mit Seiner Zusage an uns. »Es ist unmöglich! Kann Jesus Christus mich, der ich so schwach und schlecht bin, wirklich neu machen, nicht nur mein äußeres Leben, sondern auch meine Gedanken und meine Träume?« Jesus hat gesagt: »Bei Gott sind alle Dinge möglich.« Wenn Gott Sein Erlösungswerk nicht an uns vollbringen kann, so liegt das allein an unserem Unglauben. Das heißt nicht, daß Gott uns in diesem Fall nicht erlösen will. Doch wenn wir nicht bereit sind zur Hingabe, so kann es keine Gemeinschaft zwischen Ihm und uns geben, die doch wesentlich ist zum Wirksamwerden der Vergebung.

Wiedergeschenkte Jugend

»Aber Jesus sprach:
Lasset die Kinder und wehret ihnen nicht,
zu mir zu kommen;
denn solchen gehört das Himmelreich.«
(Mt 19,14)

Ob jemand ein guter Jünger sein kann, entscheidet sich für Jesus Christus daran, ob er ein kindliches Herz hat. Er stellte seinen Jüngern die Kinder nicht als Ideal vor Augen, sondern als ein Bild für die Unschuld, die sie durch die Wiedergeburt erlangen würden. Das Leben eines Kindes ist voller Erwartung, voller Wunder und frei von aller Selbstbezogenheit, und in diesem Sinne sagte Jesus: »Wenn ihr nicht umkehrt und werdet wie die Kinder, so werdet ihr nicht ins Himmelreich kommen.« Wir können nicht per Kopfarbeit ins Himmelreich gelangen. Wer von uns hat sich Gedanken darüber gemacht, wie er auf der Erde leben wird, bevor er überhaupt geboren war? Natürlich niemand. Und trotzdem versuchen viele Leute festzulegen, wie sie als Christen leben sollen und wollen, bevor sie wiedergeboren sind. »Wundere dich nicht, daß ich dir gesagt habe: Ihr müßt von neuem geboren werden«, d. h., ihr müßt werden wie die Kinder, offen und unvoreingenommen gegenüber Gott. Wenn wir Gott Sein Werk tun lassen, werden wir merken, wie wir auf wunderbare Weise verjüngt werden. Am ernsthaftesten gebärden sich im allgemeinen die »frischgebackenen« Christen. Ein reifer Christ dagegen ist wie ein Kind, schlichten Gemüts, fröhlich und guter Dinge. Lesen Sie nur einmal die Bergpredigt – »Sorgt nicht um euer Leben.« In dem Wort »sorgen« schwingt die Vorstellung von »mühen« mit, doch das Christentum, das Jesus predigt, hat beileibe nichts Sorgenbeladenes. Im Gegenteil, unser Herr sagt immer wieder, daß wir in allem geradezu mit Vorbedacht sorglos sein dürfen, bis auf das eine: Unsere Gemeinschaft mit Ihm. Aufregung und Nervosität ist stets ein Zeichen von Fieber, und damit von etwas Krankhaftem. Viele Menschen setzen ihre Begeisterung im Dienst für Gott irrtümlich mit der Geisterfülltheit der wahren Hingabe an Gott gleich. Einen Menschen aber, der wirklich zu Gott gefunden hat, erkennt man einzig und allein daran, daß er außer Gott nichts anderes mehr wichtig nimmt.

Hüten wir uns vor allem, was das Wunderbare aus unserem Leben verbannt und uns zu einer rein prosaischen Haltung veranlaßt. Wenn wir das Wunder verlieren, verlieren wir das Leben. Der Geist Gottes schenkt einem erwachsenen Menschen noch einmal die wache Empfindungsfähigkeit eines Kindes und bringt ihn dadurch in Berührung mit dem Wirklichen und Wahren. Das Wunder des christlichen Glaubens besteht darin, daß der Mensch durch ihn wieder jung wird, jung im Herzen, im Verstand und im Geist.

Die Fülle des »Ja«

»An dem Tag werdet ihr mich nichts fragen.
Wahrlich, wahrlich, ich sage euch:
Wenn ihr den Vater um etwas bitten werdet in meinem Namen,
wird er's euch geben.«
(Joh 16, 23)

Wer erst einmal das große »ewige Ja« kennengelernt hat, dessen ganzes Leben wird sich positiv verändern und zum Guten wenden. So viele von uns kommen nie über das »ewige Nein« hinaus, weil sie sich irgendwie immer selbst im Wege stehen. Sie meinen: »Ja, ich will wohl beten, aber ich weiß ja schon, wie die Antwort lautet.« Wenn wir jedoch hindurchstoßen zur Fülle des »Ja«, dann vollbringt Gott ein inneres Wunder an uns, und wir bitten

Ihn fortan nur noch um das, was vollkommen im Einklang mit Seinem Wesen steht. Damit setzt aber auch zugleich die Fülle ein, die Fülle und das Glück des »ewigen Ja«. »Und an jenem Tag werdet ihr mich nichts mehr fragen.« Das bedeutet nicht, daß Gott uns alles geben wird, worum wir Ihn bitten, sondern daß Er nun mit uns tun kann, was Er will. Wir haben nicht das Recht, Gott zu sagen, daß wir nicht mehr weiterkönnen – Gott muß die Freiheit haben, mit uns zu verfahren, wie Er es für richtig hält, so wie Er es auch mit Seinem Sohn tat. Wenn wir einmal so weit kommen, dann wird unser Leben voller Freude sein, was auch immer geschieht.

Wer aber den Weg zurück in seine Vergangenheit noch nicht gefunden hat, wer noch nicht verjüngt worden ist und die Fülle des »ewigen Ja« noch nicht in seinem Leben erfahren hat, der muß weitersuchen. Das unaussprechliche Wunder liegt darin, daß Gott Sein Werk an den Menschen vollbringt, ganz gleich wie Er sie vorfindet. Die Aussage, der Mensch sei gut, ist nicht mehr als ein frommer Wunsch. Männer und Frauen sind Männer und Frauen, und es ist unsinnig vorzugeben, daß sie besser oder schlechter sind als sie nun einmal sind. Die meisten von uns fordern von den anderen absolute Gerechtigkeit, Güte und Großzügigkeit, und wenn sie dann ihre Fehler und Schwächen sehen oder am eigenen Leib erfahren, werden sie verbittert und zynisch. Jesus Christus hat der menschlichen Natur nie besonders viel zugetraut, und doch ist Er nicht zum Menschenverächter geworden und ist nie an den Menschen verzweifelt. Er vertraute zutiefst auf das, was die Gnade Gottes im menschlichen Leben und im menschlichen Geist bewirken kann.

C.V.J.M.-Treffen, 10. Juni 1917

Vertrautheit mit Leiden

»Aber dies ist eure Stunde und die Macht der Finsternis.«
(Lk 22,53)

Es gibt Zeiten, in denen Gott offenbar ganz bewußt Unrecht zuläßt – diese Erfahrung hat wohl ein jeder von uns schon gemacht. Trotzdem sind wir mit Leiden nicht so vertraut, wie unser Herr es war; wir müssen das Schwere zwar ertragen und durchstehen, doch wir kommen nicht in so enge Berührung damit wie Jesus.

Aussöhnung mit der Sünde

Die menschliche Sünde erreichte ihren Höhepunkt in der Kreuzigung Jesu Christi. Bevor wir Christen werden, leugnen wir die Tatsache, daß wir alle Sünder sind. Wir argumentieren ganz vernünftig, daß ein Mensch, der versucht, seine Instinkte zu beherrschen, sich selbst in den Griff zu bekommen und das Raubtier in sich zu bändigen, ganz allmählich sozusagen von selbst in das Leben Gottes hineinwächst. Doch später stellen wir fest, daß wir dabei etwas übersehen haben – die Sünde –, und das wirft all unsere Überlegungen über den Haufen. Die Sünde hat dafür gesorgt, daß der Grund der Welt nicht vernünftig, sondern unberechenbar ist. Es kommt uns wie ein furchtbarer Absturz vor, daß das Leben Jesu Christi in einer Tragödie endete, und doch geschah es so. Alles, was Jesus in Seinem Leben vollbracht hatte, war, daß Er eine Handvoll Fischer als Jünger um sich scharte, von denen Ihn einer verriet, ein anderer verleugnete und die übrigen Ihn schließlich »verließen ... und flohen.«

Im allgemeinen lehnen wir die Sünde ab; wir halten es nicht für richtig, daß es sie gibt. Denken wir nur an die Einstellung der Menschen zu diesem Krieg: Sie meinten, daß er unmöglich sei, daß es undenkbar wäre, daß christliche Völker einander gegenseitig in Stücke reißen, und doch geschieht nun genau das. Sowohl für unsere Gegenwart als auch für die Zukunft gilt es deshalb, sich mit dem Leiden vertraut zu machen und sich mit der Tatsache, daß es die Sünde gibt, abzufinden. Die Menschen machen es immer wieder Gott zum Vorwurf, daß es die Sünde gibt; sie sagen, er hätte die Welt auch anders einrichten können, dann wäre Jesus Christus nicht getötet worden und es gäbe heute keinen Krieg. Doch wir haben nun einmal Krieg, die Sünde existiert, und überall auf der Welt erweist sich das Wort Jesu als wahr: »Aber dies ist eure Stunde und die Macht der Finsternis.« Es gibt eine Zeit, in der Gott der Sünde nicht wehrt, in der sie übermächtig und überdeutlich, für alle sichtbar hervortritt. Ich muß erkennen, daß die Sünde eine Tatsache ist, nicht etwa ein Versehen; Sünde ist unverschleierte Auflehnung gegen Gott, und hier setzt unsere Vertrautheit mit dem Leid ein, denn eines wissen wir genau: wenn wir nicht die Sünde in uns töten, wird sie uns töten. Wenn die Sünde in mir herrscht, dann wird das Leben Gottes in mir abgetötet; wenn aber Gott in mir herrscht, wird die Sünde in mir abgetötet. Einen dritten Weg gibt es nicht.

Wir müssen uns damit abfinden, daß das Vorhandensein der Sünde in der Welt die einzige Erklärung für das Kommen Jesu Christi ist und zugleich auch die einzige Erklärung für das Leid und den Kummer im menschlichen Leben. Die Menschen können sehr rührend und ergreifend sein, doch sie sind auch falsch und böse. Da ist das schlechthin Verabscheuungswürdige, das in jedem, auch in Ihnen und mir, von Natur aus vorhanden ist, ohne auch nur den Hauch von Güte, und diese Tatsache - die Tatsache, daß es die Sünde nun einmal gibt – müssen wir akzeptieren. Das bedeutet nicht, daß wir Kompromisse mit der Sünde schließen sollen, sondern daß wir ihr Vorhandensein nicht länger ableugnen dürfen. Wenn wir dagegen versuchen, uns selbst oder die menschliche Geschichte zu beurteilen, ohne die Sünde in Rechnung zu stellen, dann verschließen wir unsere Augen vor dem Leid, das die Sünde hervorruft, und wenn wir das tun, werden wir nie verstehen, warum Jesu Leben ausgerechnet diesen Verlauf nahm, und warum Er gesagt hat: »Aber dies ist eure Stunde und die Macht der Finsternis.«

Auch in diesem Augenblick herrscht auf der Welt die Stunde und die Macht der Finsternis. Zwar haben die Menschen mit allen möglichen Taschenspielertricks zu beweisen versucht, daß der Krieg etwas Gutes sei, doch der Krieg ist das Verdammenswerteste und Böseste, das es auf der Welt gibt. Auch wenn Gott aus etwas Bösem doch noch etwas Gutes erwachsen läßt, heißt das nicht, daß die Sache selbst gut ist. Wir Menschen bemühen uns im allgemeinen nicht darum, das Leid, das nun einmal da ist, anzunehmen, sondern wir versuchen, die Ursache des Leidens zu verdrehen. Erst wenn ich angesichts des Krieges endlich soweit bin zuzugeben, daß die Menschen sündigen, bin ich bereit, den Tatsachen ins Auge zu sehen, und stecke meinen Kopf nicht mehr in die Wolken oder wie ein Vogel Strauß in den Sand.

Denn letztlich ist es das Ableugnen der Sünde, das für alles Unglück auf der Welt verantwortlich ist. Wir reden von der edlen Natur des Menschen, seiner Opferbereitschaft, von platonischer Freundschaft – doch das alles ist völliger Unsinn. Solange wir nicht die Existenz der Sünde anerkennen, gibt es etwas, das jedem Ideal, das wir vertreten, ins Gesicht schlägt. Wenn wir nicht einsehen, daß eine Zeit kommen wird, in der Finsternis herrscht – und zwar mit der Erlaubnis Gottes –, dann werden wir uns, wenn die Stunde dieser Macht kommt, mit ihr gemein machen. Wenn wir uns weigern, die Sünde in unsere Kalkulation miteinzubeziehen, wenn wir uns weigern zuzugeben, daß in allen Menschen auch Gemeinheit und Niedertracht stecken, daß es so etwas wie Boshaftigkeit und Egoismus auf der Welt gibt, dann werden wir in unserer Stunde der Finsternis, statt der Sünde und dem Leid, das sie bringt, entgegenzutreten, uns mit ihr gemein machen und von vornherein sagen, es habe keinen Sinn, gegen sie anzugehen. Mit

Leid und Sünde vertraut zu sein bedeutet, auszuharren bis zu den Posaunen des Jüngsten Gerichts, ohne mit der Sünde zu paktieren. Wer sich von Jesus Christus die Erlösung schenken läßt, weiß um die Existenz der Sünde; er ignoriert sie nicht länger und wird daher auch nicht zuviel von den Menschen verlangen.

Selbstfindung im Leid

»Jetzt ist meine Seele betrübt.
Und was soll ich sagen?
Vater, hilf mir aus dieser Stunde?
Doch darum bin ich in diese Stunde gekommen.«
(Joh 12, 27)

Jesus Christus bittet Gott, Ihm in Seiner schweren Stunde beizustehen, nicht etwa, Ihn davor zu bewahren. Das war Jesu grundsätzliche Haltung dem Leid gegenüber: Er fand sich selbst darin, nie hat Er gebetet: »Laß das Leid nicht kommen.« Wir dagegen beten zu Gott: »O Herr, laß mir dies oder jenes nicht widerfahren«, und eben deshalb wird auch soviel Schlechtes und Gotteslästerliches über die Gebetserhörung gesagt. So hören wir von einem Mann, der in der Schlacht bewahrt wurde, und dessen Freunde ihm daraufhin weisgemacht haben, das sei die Antwort auf sein Gebet. Sollen wir daraus schließen, daß die Gebete all derer, die starben, nicht erhört wurden? Wir dürfen nicht vergessen, daß in jedem Leben einmal die Stunde der Finsternis kommen wird, denn wir werden nicht vor dem Unglück bewahrt, sondern im Unglück. »Ihr aber seid's, die ihr ausgeharrt habt bei mir in meinen Anfechtungen« (Lk 22, 28). Unser Herr sagte Petrus zu, daß Er für ihn beten werde, aber nicht darum, daß er nicht von Satan versucht werde, sondern daß sein Glaube sich in der Versuchung bewähre. Jesus Christus bat nicht, daß die Leiden und Schwierigkeiten, die Ihm bevorstanden, an Ihm vorübergehen möchten, sondern daß Er aus Ihnen errettet würde.

Nach Ansicht der Menschen dürfte es kein Leid auf der Welt geben; doch die Tatsache, daß es das Leid gibt, ist nicht wegzuleugnen. Keine einzige Familie bleibt davon verschont, und wir müssen lernen, dieses Leid anzunehmen und uns darin zu finden, wie Jesus es uns vorgelebt hat. Wenn wir versuchen, das Leid zu vermeiden und die Augen davor verschließen, sind wir blinde Narren, denn das Leid ist und bleibt eine der unwiderleglichsten Tatsachen des Lebens. Es ist sinnlos zu sagen, es sollte kein Leid geben; das Leid ist da. Es ist lächerlich zu sagen, die Dinge sollten nicht sein, wie sie sind, denn so sind sie nun einmal. Wer eine Erklärung dafür finden will, warum die Welt so ist, wie sie ist, führt sich auf wie ein geistiger Schlafwandler. Wir gewinnen nichts, wenn wir sagen: »Warum gibt es Sünde, Kummer und Leid überhaupt?« Es gibt sie, und damit genug; es steht mir nicht zu herauszufinden, warum Gott etwas geschaffen hat, was ich mit meiner beschränkten Urteilskraft geruhe, einen Irrtum zu nennen. Mir bleibt nur herauszufinden, wie ich damit umgehen kann.

Jesus Christus lehrt uns, das Leid anzunehmen. Es sind im übrigen niemals die Leidenden, die zweifeln, sondern diejenigen, die dem Leiden anderer hilflos zusehen müssen. In den allermeisten Fällen werden die, die ein Leid durchstehen, sich selbst dabei finden. Das muß nicht gleichbedeutend damit sein, daß sie bessere Menschen werden; Leid macht die Menschen nicht notwendig besser, es brennt allenfalls die Schlacken aus mir heraus und schenkt mir mein »Selbst«, oder aber es zerstört mich. Die Frucht der Vertrautheit mit dem Leid ist die Selbstfindung.

Wir finden unser Selbst nicht im Erfolg, der verdreht uns allenfalls den Kopf; wir finden uns auch nicht in der Eintönigkeit, sie macht uns nur unzufrieden; unser Selbst finden wir einzig und allein im Leid. Warum das so ist, weiß ich nicht. Auf jeden Fall wird diese Aussage sowohl von der Schrift als auch von der Erfahrung bestätigt. Nicht die Menschen zweifeln, die im Krieg bitteres Leid erfahren haben; verbittert wird nur, wer dem Leiden anderer zusehen muß, ohne helfen zu können. Es wird später einmal sehr beeindruckend sein, all die Briefe zu lesen, die Freunde sich in den Schrecken dieses Krieges, in denen sie sich selbst gefunden haben, schrieben.

Selbsterkenntnis in der Fülle der Heiligkeit

»Ich heilige mich selbst für sie.«
(Joh 17,19)

Jesus Christus war heilig, warum also sagte Er: »Ich heilige mich selbst«? Jesus Christus nahm Sein heiliges Ich und übergab es ganz bewußt Gott, damit Er nach Seinem Willen damit verfahre. Aus dieser Tat folgt für mich, daß auch ich annehme, was Gott mir gegeben hat, und es Ihm zurückgebe: Darin besteht letztlich das Wesen des Gottesdienstes. Der Sinn unserer Erlösung und Heiligung ist, daß wir für andere zu Brot und Wein werden, wie Jesus Christus für uns zu Brot und Wein geworden ist. Wenn wir den Plan Gottes anerkennen und uns ihm unterordnen, geben wir uns selbst zurück an Gott, damit Er nach Seinem Willen mit uns tue. Er mag mir dabei ein Leben intensivster Aktivität oder ein völlig stilles und zurückgezogenes Dasein zuweisen – stets werde ich das Heilige, das Gott geschaffen hat, für den heiligen Gott bewahren.

Betrachten wir doch einmal unsere persönlichen Beziehungen. Haben wir Vorkehrungen getroffen für die Stunde und die Macht der Finsternis, oder verschwenden wir keinerlei Gedanken daran? Denken wir daran, daß es die Sünde gibt, auch in unseren persönlichen Liebesbeziehungen und Freundschaften? Wenn nicht, dann werden wir uns bei nächster Gelegenheit dabei ertappen, wie wir gemeinsame Sache mit der Sünde machen. Wenn wir das Vorhandensein der Sünde jedoch ins Auge fassen, wird uns dieser Fehler sicherlich nicht unterlaufen: »Ja, ich sehe, was das bedeutet und wo es mich hinführt.« Hüten wir uns vor einer Freundschaft, einer Religion, vor der Hingabe an eine Sache, die die Augen vor der Sünde verschließt, denn ein solches Verhalten führt zu Kompromissen und damit ins Unglück. Jesus Christus hat der Natur des Menschen nie vertraut und war dennoch nie zynisch oder verbittert, weil Er um Sein erlösendes Werk an den Menschen wußte. Der bewahrte Mensch ist der reine Mensch. Kein Mensch kann einfach unschuldig bleiben; Gott verlangt von uns, daß wir rein und tugendhaft sind. Unschuld ist die Eigenschaft eines Kindes; ein Erwachsener jedoch, der die Sünde nicht anerkennt, ist ignorant und macht sich schuldig. Vorgewarnt sein heißt auch gerüstet sein: Ein Leben im wachen Bewußtsein für die Sünde wird Freundschaften und Beziehungen zwischen Menschen nicht zerstören, sondern sie vielmehr hinführen zu gegenseitiger Rücksicht und Vergebung, in dem Wissen darum, daß der Grund des Lebens letztlich tragisch ist.

Noch einmal: Sie selbst haben vielleicht einen persönlichen Kummer – vielleicht haben Sie einen Verlust erlitten oder Ihre Liebe wird nicht erwidert oder irgendetwas anderes läßt Sie verzweifeln. Haben Sie sich selbst in diesem Leid gefunden? Oder versuchen Sie, Ihren Kummer zu verdrängen? Es wäre falsch, die Tatsache zu leugnen, daß Sie verletzt sind; das einzige, was Sie tun können, ist, Ihr Leid anzunehmen und sich Ihr Selbst aus dem Leid schenken zu lassen. Finde ich mich selbst im Leid, oder macht das Leid mich böse und gehässig? Wenn ich sarkastisch und boshaft werde, so ist das ein Zeichen, daß ich tief verletzt bin, mich aber noch nicht selbst im Leid gefunden habe. Wer zusieht, wie ein anderer im Leid zynisch wird, darf diesen nicht verurteilen, sondern muß erkennen, daß er verletzt, tief verletzt, ist. Doch Zynismus ist niemals allein die Folge einer Verletzung oder eines Leides, meist fehlt zusätzlich die Einsicht, daß das Leid die Chance der Selbstfindung birgt.

Das Leid bringt Menschen hervor wie die, von denen Petrus in seinem Brief spricht – »Darum sollen auch die, die nach Gottes Willen leiden, ihm ihre Seelen anbefehlen als dem treuen Schöpfer und Gutes tun.« Man kann einen Menschen, der gelitten und im Leid sich selbst gefunden hat, auf den ersten Blick erkennen; seine Verletzungen sind ihm nicht mehr anzumerken, doch man spürt deutlich, daß bei ihm wirklich Hilfe in der Not zu finden ist. Nicht der ist hilfreich, der die Male des Leids sichtbar an sich herumträgt, sondern der, der durch das Leid hindurchgegangen ist und sich selbst darin gefunden hat; denn er ist von aller kleinlichen Rücksicht auf sich selbst frei geworden und kann nun ganz für den anderen da sein. Wer das Leid noch nicht kennengelernt hat, der hat keine Zeit für den Leidenden; ja er wird auf einen Hilferuf ungeduldig reagieren oder den Bittenden womöglich sogar verachten. Doch wer sich selbst im Leid gefunden hat, der kann auch anderen im Leid helfen.

Welchen Maßstab habe ich für mein Leben? Als Christ gibt es für mich nur den Maßstab Jesu Christi, der verlangt, daß ich vollkommen bin, wie mein Vater im Himmel vollkommen ist. Es geht Christus nicht darum, gute oder tugendhafte Menschen aus uns zu machen – das ist eine andere Sache; Ihm geht es allein darum, daß wir »Kinder werden unseres Vaters im Himmel«. Und daran erkenne ich, ob ich heilig bin: an meinem Verhalten gegenüber den Schwachen, die meine Hilfe suchen. Wenn ich gelernt habe, mich ihnen gegenüber so zu verhalten, wie Gott sich mir gegenüber in Jesus Christus erwies, dann ist alles in Ordnung; wenn ich jedoch keine Zeit für sie habe, dann bin ich schwächer und egoistischer geworden als früher. Unser Vater ist freundlich zu den Undankbaren und Schwachen, und Er verlangt von uns dieselbe Haltung. Heiligkeit bedeutet deshalb das Bemühen um Vollkommenheit auch in den menschlichen Beziehungen in unserem Leben.

C.V.J.M.-Treffen, 22. Juli 1917

Begeisterung und Tüchtigkeit
Die Freudigkeit des Geistes

»Laßt euch vom Geist erfüllen.«
(Eph 5,18)

Wir setzen im allgemeinen voraus, daß Nüchternheit und Tüchtigkeit Hand in Hand gehen, doch das muß nicht immer der Fall sein. Ein Mensch kann genausogut in nüchternem Zustand unfähig sein wie in trunkenem. Paulus warnt uns vor der Trunkenheit durch Alkohol, doch er sagt auch, daß wir nicht das Recht haben, uns kühl und nüchtern über alles zu erheben oder in allem nur die negativen Seiten zu sehen und uns letztlich für überhaupt nichts zu engagieren. Wir müssen uns für eine Seite entscheiden und diese dann mit Begeisterung verfechten. Lassen wir uns erfüllen von der Begeisterung für die Sache Gottes! Das Neue Testament hat uns Leidenschaftlichkeit gelehrt. Leider ist der Gedanke des Stoizismus mittlerweile schon so weit in die christliche Denkweise eingedrungen, daß wir meinen, der beste Christ sei derjenige, der eine stoische Haltung an den Tag legt. Doch gerade da, wo Stoizismus und Christentum sich am stärksten zu berühren scheinen, sind beide am weitesten voneinander entfernt. Ein Stoiker überwindet die Welt durch Leidenschaftslosigkeit, er drängt alles persönliche Interesse am und im Leben zurück, bis er nur noch eine seelenlose Maschine ist, die einfach nur registriert, was um sie herum geschieht. Das Christentum dagegen überwindet die Welt durch Leidenschaft. Wir Menschen sehen in der Leidenschaft gewöhnlich etwas Negatives, das uns nur Leiden beschert, in Wirklichkeit aber ist sie ein Synonym für Geduld und Begeisterung, für ein in strahlendster Intensität und mit höchstem Einsatz gelebtes Leben. Das ist es, was Paulus unter »Erfülltsein« versteht.

Wenn ein winziges Teilchen Radium in einem Kästchen aufbewahrt wird, dann schimmert das Kästchen noch eine Weile weiter, nachdem das Radium daraus entfernt wurde; erst mit der Zeit wird das Licht unmerklich schwächer und erlischt schließlich. Ganz ähnlich verhält es sich mit dem geistlichen Leben vieler Christen: Es ist geborgt, nicht wirklich. Eine Zeitlang sieht es großartig aus, doch schon bald welkt es dahin und stirbt schließlich, weil es keine eigene Lebenskraft hat, sondern von außen am Leben gehalten werden muß durch die Gemeinschaft mit Glaubensbrüdern.

Die strahlende Intensität des Lebens

»Das sage ich euch, damit … eure Freude vollkommen werde.«
(Joh 15,11)

Die Freude – nicht das Glücklichsein – spielt im Neuen Testament eine wichtige Rolle. Die Zeitgenossen des Apostels Paulus wunderten sich immer wieder über seine unerklärliche Heiterkeit; neben Jesus, seinem Herrn, wurden für ihn alle Dinge unbedeutend. Die Menschen mochten ihn steinigen oder ins Gefängnis werfen, nichts tat seinem geistigen Elan Abbruch. Auch unser Herr selbst machte oberflächlich gesehen in Seinem Leben den Eindruck eines den Menschen und menschlichen Freuden durchaus nicht abgeneigten Mannes, so sehr, daß man sich das Maul über ihn zerriß und ihn einen »Fresser und Weinsäufer«, einen »Freund der Zöllner und Sünder« nannte! Nun war der eigentliche Grund, warum Jesus die Gesellschaft der Leute suchte, Seinen Zeitgenossen zwar verborgen, doch die Tatsache bleibt bestehen, daß Sein ganzes Leben von einer bemerkenswerten Buntheit und Fülle gekennzeichnet war, in der weltverachtende Askese keinen Platz hatte. »Wenn ihr nicht ... werdet wie die Kinder ....« – wenn ein Kind keine spontane Lebensfreude zeigt, dann stimmt etwas nicht mit ihm. Lebenskraft und Frische ist ein Zeichen von Gesundheit, und nicht von Ungezogenheit. Jesus hat gesagt: »Ich bin gekommen, damit sie das Leben und volle Genüge haben sollen.« Lassen wir uns also erfüllen von dem Leben, das Jesus uns schenken will! Ein Mensch, der an Geist und Körper strahlend gesund ist, läßt sich nicht so leicht unterkriegen. Er ist wie eine Zeder des Libanon, deren Saft eine solche Lebenskraft hat, daß alle Parasiten, die den Baum befallen, einfach absterben.

Die wiedergefundene Freude am Leben

»Wach auf, der du schläfst.«
(Eph 5,14)

Bin auch ich erwacht zu diesem strahlenden Leben, dem wirklichen und wahrhaftigen Leben, das von Gott kommt? Augustinus sagte von sich, er wolle lieber nicht aus dem Schlaf geweckt werden: »Ich möchte noch ein Weilchen im Zwielicht leben, ich will noch nicht zum vollen Leben erweckt werden.« Hat sich das Zwielicht, in dem wir so gerne verweilen, allmählich in Furcht verwandelt? Wir alle – Erlöste wie Unerlöste – lieben das geistliche und moralische Zwielicht, wir scheuen die Eindeutigkeit von Schwarz und Weiß, die klar erkennbaren Grenzlinien. Wir ziehen es vor, wenn die Dinge verschwommen bleiben, angenehm undefinierbar, ohne klare Konturen. Wenn dann das Licht kommt, sind wir verwirrt und geblendet, denn im Erwachen nehmen wir plötzlich vieles wahr, das vorher im Dunkel lag. Wir haben uns im Halbdunkel eingerichtet, haben es uns bequem gemacht im grauen Dämmer, doch wenn wir dann auf einmal im hellen Lichte Jesu Christi stehen, fühlen wir uns verwirrt und unbehaglich.

»Steh auf von den Toten, so wird Christus dich erleuchten« – wenn wir von den Toten auferstehen, wird Christus sein Licht über uns leuchten lassen. Christus macht uns strahlen, doch es ist kein künstliches Licht, mit dem Er uns erfüllt. Der Rat »keep smiling« ist ein dummer Rat, denn ein krampfhaft bewahrtes Lächeln ist etwas nur Vorgetäuschtes, ein Strahlen, das bald verlöschen wird. Die Freude jedoch, die Jesus Christus gibt, entspringt der Tatsache, daß wir Ihm gleich gemacht wurden. Wenn wir darauf bedacht sind, daß wir in Seinem Licht bleiben, wird der Geist Gottes uns ganz und gar erfüllen. Wen aber Gott so stärkt, der hat nicht mehr das Recht, schwach zu sein.

»So seht nun sorgfältig darauf, wie ihr euer Leben führt.« Es ist uns aufgetragen, im Licht zu wandeln, »wie er im Licht« war. Stellen wir uns stets mitten ins Licht, verbergen wir nichts. Wer mit dem Leben Jesu erfüllt wurde, muß gewissenhaft über seinen Lebenswandel wachen, offen bleiben für das Leben und darf nicht nachlässig werden. Daran zeigt sich, daß das Leben Gottes wirklich in uns lebt, daß wir das, was aus uns selbst kommt, und das, was aus Jesus Christus kommt, nicht verwechseln. »Wenn ihr gesündigt habt«, sagt uns Johannes, »dann bekennt eure Sünde, bleibt im Licht.«

C.V.J.M.-Treffen, 5. August 1917

Die Geburtswehen des Letzten und Höchsten

1. Petrus 1,3-9

»Dann werdet ihr euch freuen,
die ihr jetzt eine kleine Zeit,
wenn es sein soll, traurig seid in mancherlei Anfechtung.«
(1. Petr 1,6)

Mit dem »Letzten und Höchsten« ist hier das Ziel gemeint, auf das Gott hinwirkt. Wenn wir unser Leben erst einmal auf dieses Ziel hin ausgerichtet haben, sagt Petrus, werden wir sehr schnell merken, daß es nicht ohne schmerzhafte Erfahrungen abgeht, ohne »Wachstumsschmerzen«, wie wir solche Prozesse im alltäglichen Leben nennen. Wenn wir unsere Gedanken unvermittelt auf ungewohnte Pfade lenken, schmerzt uns der Kopf, weil unser Verstand gleichsam eingerostet ist. Das ist die Ursache für die unvermeidlichen Qualen, die es kostet, wenn wir in unserem Denken ein bestimmtes, sehr hohes Ziel erreichen wollen. Dasselbe gilt auch im geistlichen Leben – keiner kann wahre Tugend erreichen ohne Schmerzen, ohne Hangen und Bangen. Hier liegt auch der Unterschied zwischen Esau und Jakob – Esau machte sich gar keine Gedanken über die Tugend. Wer dagegen in die qualvolle Auseinandersetzung mit einem hohen moralischen Ziel verstrickt ist und sich in seinem sittlichen Leben bewähren will, weiß um das schmerzliche Ringen, das mit einer um Vollkommenheit bemühten Lebensführung verbunden ist. Niemand ist von

Geburt an tugendhaft. Wir Menschen werden unschuldig geboren; die Tugend ist erst die Frucht des durchkämpften moralischen Konflikts. Wer nur auf der Ebene des Natürlichen lebt, ist nicht sehr viel mehr als ein Tier.

»... die ihr jetzt für eine kleine Zeit, wenn es sein soll, traurig seid ....« Nur Einer bestimmt, ob »es sein soll«, daß wir bekümmert sind, unser Vater im Himmel. Wir selbst können ebensowenig beurteilen, was für unser Seelenleben am besten ist, wie wir die Jahreszeiten in der Natur anordnen können, doch was immer auch geschehen mag, Er führt alles auf Sein großes Ziel hinaus. Petrus will uns daran erinnern, daß wir schwere Zeiten erleben werden, in denen es so aussehen wird, als ob Gott unsere Gebete nicht erhörte, als ob unser Glaube nichts bewirken könnte und als ob wir an eine Chimäre geglaubt hätten. Das ist die Zeit, in der wir ausharren und festbleiben sollen, sagt der Apostel, und in der wir uns all das ins Gedächtnis rufen sollen, was wir sahen, als wir im Licht standen. Ganz gleich, wie vielfältig auch die Versuchungen, die uns bedrängen, sein mögen, eins ist dennoch gewiß: Gott führt es herrlich hinaus.

Das unbefleckte Erbe

»... zu einem unvergänglichen
und unbefleckten und unverwelklichen Erbe,
das aufbewahrt wird im Himmel für euch.«
(1. Petr 4)

»... das aufbewahrt wird im Himmel für euch.« Das ist ein herrlicher Gedanke im Neuen Testament, der jedoch in der modernen Verkündigung des Evangeliums leider verloren gegangen ist. Wir sind so beschäftigt mit dem, was Gott hier auf Erden von uns verlangt, daß wir den Himmel darüber vergessen haben. Dabei gibt es die eine oder andere Vorstellung vom Himmel, die wir bis zu ihrem Ursprung zurückverfolgen müssen, um herauszufinden, ob sie tatsächlich in unserem Glauben beheimatet ist oder ob sie ihm aufgepfropft wurde. So, wie z. B. in diesem Krieg an allen Ecken und Enden das Unkraut des Skeptizismus aufblüht, der in unserem eigentlichen Glauben nicht das Allergeringste verloren hat, unter dem sich aber letztlich nur die tatsächlichen Anfechtungen verbergen, mit denen die Menschen zu kämpfen haben, so gibt es auch Vorstellungen vom Himmel, die nicht eigentlich im Christentum wurzeln. Eine dieser Vorstellungen besagt, daß der Himmel ein Zustand und nicht ein Ort ist, doch das ist nur teilweise richtig, denn es gibt keinen Zustand ohne einen Ort. Das Bild, das das Neue Testament vom Himmel entwirft, ist das eines sündlosen »Danach« – »einen neuen Himmel und eine neue Erde nach seiner Verheißung, in denen Gerechtigkeit wohnt.« Petrus erinnert uns Christen daran, daß uns ein unbeflecktes Erbe erwartet, das uns aufbehalten wird und das in sich alles birgt, was wir je erhofft, erträumt oder uns ausgemalt haben, und noch mehr. Unser ganzes christliches Leben ist eine Reihe fortgesetzter geistlicher Segnungen, bis wir schließlich am Ende »das Beste von allem« empfangen.

Und noch eine zweite fremde Pflanze, die nicht aus dem Neuen Testament stammt, wuchert heutzutage unter uns – die Vorstellung, daß ein Mensch, der für König und Vaterland stirbt, seine Seele gerettet habe; auch ein solcher Gedanke ist dem christlichen Glauben fremd. Die Menschen meinen, wenn jemand in treuer Pflichterfüllung stirbt, so sei das auf jeden Fall Gott wohlgefällig. Das stimmt natürlich, doch der Betreffende kann dadurch keinesfalls seine Seele retten – das bleibt ganz allein Gottes Werk. Die Offenbarung, die uns in der Person Jesu Christi zuteil wurde, besagt ja eben dies, daß die Menschheit erlöst wurde. »Es ist vollbracht« – am Kreuz Jesu Christi ist über alle Menschen das Urteil gesprochen: Sie sind gerettet. Das hat wiederum nichts mit dem Gedanken der Allversöhnung zu tun. Die Erlösung steht zwar allen Menschen offen, doch das bedeutet nicht, daß damit auch jegliche menschliche Verantwortung fortfällt. Der Gedanke der Allversöhnung scheint aus dem Christentum zu kommen, und doch wurzelt er nicht im christlichen Glauben. Jesus selbst betont im Gegenteil mit äußerster Strenge die Tatsache, daß derjenige, der Sein Erlösungswerk bewußt ignoriert oder zurückweist, ewig verdammt sein kann. In Johannes 3,19 spricht unser Herr mit Nikodemus darüber, wie die einzelnen Menschen mit ihren Erfahrungen mit Gott umgehen. »Das ist aber das Gericht«, d. h. der entscheidende Augenblick – nicht die souveräne Absicht Gottes und auch nicht sein Ratschluß, sondern der entscheidende Augenblick in der menschlichen Erfahrung –, »daß das Licht«, Jesus Christus, »in die Welt gekommen ist, und die Menschen«, jeder einzelne, »liebten die Finsternis«, ihre eigene Weltsicht, ihre eigenen Vorteile und vorgefaßten Meinungen »mehr als das Licht.« Und damit ist nach Jesu Worten das Urteil über sie gesprochen.

Das also ist die Grundlage unseres Glaubens. Petrus sagt: »Verzweifle an keinem Menschen und denke daran, daß ein unbeflecktes Erbe auf dich wartet.« Das ist das höchste und letzte Ziel, und in seinem Licht sollen wir leben. Es ist etwas Wunderbares, einem Menschen zu begegnen, der im Lichte von etwas lebt, was man nicht sehen kann. Ein solcher Mensch wird sich immer wohltuend von anderen abheben: Irgendetwas läßt ihn da gütig bleiben, wo er nach allem menschlichen Ermessen böse oder verbittert sein sollte. Das ist das Kennzeichen des wahren Christen: Er geht nicht unter in den Schwierigkeiten der Welt. Was ihn hält, ist ein Anker, der im Unsichtbaren haftet. Die Triebfeder unserer Handlungen liegt grundsätzlich tiefer, als unser äußeres Leben erkennen läßt. Sie ist bestimmend für unser Verhältnis zur Welt und zu den Menschen. Wenn ein Mensch nun in Jesus Christus verankert ist und weiß, auf welches große Ziel die Menschheit zusteuert - auf eine Zeit, in der alles vollkommen offenbart werden wird und in der wir alles verstehen werden –, so erfüllt dieses Wissen sein Herz mit unerschütterlicher Zuversicht und Freude.

Die ungemilderten Härten

»Damit euer Glaube als echt
und viel kostbarer befunden werde
als das vergängliche Gold, das durchs Feuer geläutert wird,
zu Lob, Preis und Ehre,
wenn offenbart wird Jesus Christus.«
(1. Petr 1,7)

Petrus spricht davon, daß es im Leben des Christen Zeiten gibt, in denen ihm das Licht nicht scheint, in denen er Jesus Christus nicht spürt, in denen das Wirken des Heiligen Geistes in ihm zum Stillstand gekommen scheint und er bedrängt ist von der gnadenlosen Härte des Lebens und der Anfechtung. Jesus Christus war allein mit den wilden Tieren in der Wüste – der äußerste Grad menschlicher Einsamkeit. »Da verließ ihn der Teufel. Und siehe, da traten Engel zu ihm und dienten ihm.« Das ist der Beweis dafür, daß wir eine Glaubensanfechtung durchgestanden und überwunden haben. Es bleibt uns keine Siegestrophäe nach der schweren Zeit, in der wir scheinbar jeden Halt verlieren, durch nichts Mut fassen können und keine Freude mehr erleben, in der uns alles zwischen den Händen zerrinnt und nichts mehr bleibt als das eine: daß wir blindlings auf unser unbeflecktes Erbe vertrauen. Das erste Zeichen dafür, daß die Prüfung vorüber ist, ist, daß wir die Nähe zum Höchsten wieder spüren. Fühlen Sie wieder etwas von der alten Begeisterung in sich? Fühlen Sie wieder dasselbe Zusammengehörigkeitgefühl mit Ihren Glaubensbrüdern wie früher? Dieselbe Zuneigung zu denen, die nach dem Höchsten und Letzten streben und sich um einen reinen Lebenswandel bemühen? Wenn all dies der Fall ist, dann haben sie die Anfechtung bewältigt und durchgestanden.

Glaube muß versucht werden, sonst ist es kein Glaube, denn der Glaube ist keine mathematische Gleichung und kein logischer Schluß. Ein schriftgemäßer Glaube kann nicht an dem Glauben verdeutlicht werden, den wir in unserem normalen Leben an den Tag legen, er ist vielmehr das Vertrauen auf das Wesen einer Person, die wir nie gesehen haben, auf die Integrität Jesu Christi, und er muß auf die Probe gestellt werden. »Sammelt euch aber Schätze im Himmel ... denn wo dein Schatz ist, da ist auch dein Herz.« Es ist eine schlimme Zeit, wenn Ihr gesunder Menschenverstand und Ihr Glaube an Jesus Christus zueinander in Widerspruch stehen, und Sie gehen im Vertrauen auf Sein Wort hinaus in die Finsternis; wenn Sie die Prüfung jedoch bestanden haben und fest geblieben sind, so haben Sie sich sozusagen ein Guthaben erworben, und wenn die nächste Anfechtung kommt, gibt Ihnen Gott einen ausreichenden Betrag dessen, was Sie sich selbst erspart haben, um die schwere Zeit durchzustehen. »Sammelt euch aber Schätze im Himmel«, und zwar in der Anfechtung. »O ja, ich glaube, daß Gott alles vermag«, doch habe ich bewiesen, daß Er ein einziges tun kann? Wenn mir das gelungen ist, dann kann ich in der nächsten Anfechtung nicht nur selbst standhaft bleiben, sondern auch noch einen anderen mit hindurchtragen. Es ist etwas Wunderbares, einem Menschen zu begegnen, der wahrhaftig an Gott glaubt und dessen Glaube nicht nur gleichbleibt, sondern beständig zunimmt.

Außerhalb der religiösen, geistlichen Sphäre gibt es keinen Beweis für die Existenz Gottes. Das Neue Testament mehrt und bildet vielmehr den Glauben derer, die Gott kennen. Ich brauche niemanden, um etwas über Jesus Christus zu erfahren. Ich trage Ihn in mir. Es ist etwas Großes, einem anderen helfen zu können, der in Bedrängnis ist, doch Gemeinplätze helfen in einem solchen Fall sicherlich nicht. Es ist leicht gesagt: »Vertrau einfach auf Gott.« Wenn der andere dann aber sieht, daß ich selbst es nicht tue, hilft ihm ein solcher Satz nicht. Erlebt er dagegen, daß ich fest auf Gott vertraue, so kann ich ihm wirklich eine Hilfe sein. Wenn ich einen Menschen sehe, der eine Zeit der Anfechtung überstanden hat und seinen Gott wirklich kennt, und der dann in irgendeiner Glaubensanfechtung den Mut sinken läßt, so schäme ich mich beinahe stellvertretend für ihn. Zu sehen, wie ein Christ sich von Launen oder äußeren Umständen unterkriegen läßt, ist für mich eine Lästerung Jesu Christi. Es ist schlimm mitzuerleben, wie jemand, der Jesus Christus kennt, in Schwierigkeiten mürrisch und deprimiert wird (wobei es natürlich etwas anderes ist, wenn jemand die erste Anfechtung seines Glaubenslebens durchmacht), wie er sich gehenläßt und das unbefleckte Erbe vergißt und nicht mehr daran denkt, daß ein Jünger die Ehre Jesu Christi zu wahren hat. Das ist unehrenhaft und niederträchtig. Ich möchte ihm zurufen: »Reiß dich zusammen und pack die Dinge wieder an!« Physischer Mut ist etwas Besonderes, noch beeindruckender ist moralischer Mut, doch am höchsten steht der geistliche Mut: er erweist sich in der unerschütterlichen Treue zu Jesus Christus in allen Unbillen und Härten des Lebens.

Wenn Sie einen Menschen kennen, der ein beträchtliches geistliches »Guthaben« hat, borgen Sie sich soviel wie möglich von ihm, denn er wird Ihnen alles geben, was Sie wollen, ohne je auf einer Rückzahlung zu bestehen. Hier liegt auch der Grund dafür, warum ein Gläubiger solche Zeiten der Düsternis durchmachen muß – Gott will prüfen, ob Er ihn als »Brot« für andere brauchen kann. Denn wer durch das Läuterfeuer der Anfechtung gegangen ist, kann unzähligen anderen in der Not beistehen.

Die verborgene Offenbarung

»Ihn habt ihr nicht gesehen und habt ihn doch lieb;
und nun glaubt ihr an ihn, obwohl ihr ihn nicht seht;
ihr werdet euch aber freuen mit unaussprechlicher
und herrlicher Freude,
wenn ihr das Ziel eures Glaubens erlangt,
nämlich der Seelen Seligkeit.«
(1. Petr 1,8-9)

»Seele« bedeutet sehr viel mehr als wir im Blick haben, wenn wir von einer »geretteten Seele« sprechen. »Wenn ihr das Ziel eures Glaubens erlangt«, dann wird all euer Denken und eure ganzen Vorstellungen vollkommen hinübergerettet werden in das herrliche Licht und die Freiheit Gottes. Wenn wir standhaft bleiben, nicht bei unserem Glauben, sondern bei Dem, der uns diesen

Glauben gibt, kommt die Zeit, wo all unsere Eindrücke, Gedanken und Fragen zu unserer Zufriedenheit geklärt und aufgelöst werden. In der Zwischenzeit müssen wir uns bescheiden und stillhalten. Wir können ja für Christus nur in geistlicher Weise eintreten. Wenn jemand Jesus Christus lästert und sagt: »Warum macht Gott dem Krieg nicht ein Ende?«, so wäre jede Antwort unsinnig. Die gegenwärtige Zeit ist für uns besonders schwer, denn wir hängen einem Glauben an, dem die ganze Realität offensichtlich zu widersprechen scheint, einem Glauben, der darüber hinaus gekennzeichnet ist von Schwäche und Unbeständigkeit – unserer eigenen und der anderer Menschen. In dieser Situation spricht uns Petrus Mut zu: »Jetzt seid ihr bekümmert und verstört durch mannigfaltige Anfechtungen, doch bleibt fest, denkt an das unbefleckte Erbe, seht auf Jesus, und ihr werdet an das Ziel eures Glaubens gelangen.« Es wird eine Zeit kommen, wo alles, was jetzt beunruhigend und problematisch erscheint, gelöst sein wird. Bis es so weit sein wird, wollen wir uns getrost von den Menschen auslachen und sie für den Augenblick triumphieren lassen, während wir selbst dem größeren Ziel anhangen, dem Entscheidenden des Christseins – der persönlichen Gemeinschaft mit Jesus Christus. Sehen wir auf Ihn, der unser Licht ist, und denken wir daran, daß es ein Verbrechen wäre, angesichts der Stärke Gottes schwach zu sein oder sich überwältigen zu lassen, wenn unser Herr Jesus Christus der ist, der Er ist. Wenn Sie selbst eine Glaubensanfechtung durchleben, harren Sie aus, bis sie überwunden ist. Und wenn Sie in der Vergangenheit solche Anfechtungen überwunden haben, so wird Gott Ihnen Seelen zuführen, die in ihrer Glaubensentwicklung noch nicht so weit sind. Sie haben nicht das Recht, diese Menschen zu verachten, Ihre Aufgabe ist es, ihnen beizustehen und ihnen gleichsam als Nahrung zu dienen. Dabei wird es Ihnen genauso ergehen wie dem Herrn: »Jesus spürte sogleich an sich selbst, daß eine Kraft von ihm ausgegangen war.« Manche Menschen werden Sie in geistlicher und moralischer Hinsicht geradezu aussaugen, und wenn Sie dann Ihren Kraftvorrat nicht ergänzen können aus dem Leben Jesu Christi, werden Sie bald sein wie ein erloschener Krater. Doch wenn Sie im lebendigen Austausch mit Jesus bleiben, können Sie den anderen Speise geben, bis sie imstande sind, auf eigenen Füßen zu stehen und ihre Kraft selbst aus Jesus zu schöpfen.

Die Geburtswehen des Höchsten und Letzten! Carlyle sagte einmal von Tennyson: »Alfred trägt immer das Chaos in sich und verwandelt es in einen wohlgeordneten Kosmos.« Das Chaos hat etwas Positives; es birgt in sich unendliche Entwicklungsmöglichkeiten. Das gilt auch im geistlichen Bereich – dort ist es das Chaos in unserem Leben, das Gott in eine wohlgeordnete Welt verwandelt. Bis es soweit ist, sieh auf Jesus und nimm an, was kommt! Wenn Schweres dich trifft, so halte aus und du wirst anderen, die dasselbe durchleiden, eine unschätzbare Hilfe sein. Es steht dir nicht zu, sie dafür zu tadeln, daß sie noch nicht so weit sind wie du. Du sollst vielmehr die Nahrung sein, die Gott ihnen reicht.

C.V.J.M.-Treffen, 12. August 1917

Das befreiende Wort

»So sollen sagen, die erlöst sind durch den Herrn.«
(Ps 107,2)

Oft gebrauchen wir Worte ohne zu wissen, was sie eigentlich bedeuten. In einer Krise kann ein Wort als eine Art »Sesam öffne dich« wirken, und in bestimmten geistlichen, sittlichen, gefühlsmäßigen oder emotionalen Krisen hängt unsere ganze Befreiung davon ab, daß wir dieses Wort auch aussprechen. Wir können uns das auf ganz einfache Weise verdeutlichen: Wenn ein Kind weiß, daß es etwas Falsches getan hat, und ich möchte, daß es sagt, daß es ihm leid tut, so wird das Kind sich von Natur aus zunächst einmal eigensinnig weigern, doch solange es die Bitte um Verzeihung nicht ausspricht, ist es gleichsam gefangen und kann den nächsten Entwicklungsschritt in seinem Leben nicht tun. In diesem Beispiel liegt der Schlüssel zum Verständnis für alle Menschen; was wir über das Kind gesagt haben, gilt genauso für den ganzen sittlichen Bereich und fast noch stärker für den geistlichen. Viele von uns stehen vor einer geistlichen Offenbarung, die ihnen verschlossen bleibt, weil sie das »Zauberwort« nicht sagen. Wir müssen dieses Wort aussprechen, bevor sich das entsprechende Gefühl einstellt. Der Verfasser des Hebräerbriefes spricht vom »Lobopfer.« Wenn wir Gott nur dann loben, wenn uns danach zumute ist, ist unser Gotteslob einfach ein unbeherrschter Gefühlsausbruch, doch wenn wir bewußt durch unsere Unlust hindurch zum Lob finden und das »Lobopfer« darbringen, sind wir durch unser Lob, durch unsere eigenen Worte freigeworden. Wir können eine unzufriedene Stimmung überwinden, indem wir unser Glaubensbekenntnis sprechen, und werden dadurch sofort auf eine höhere Stufe des Lebens gehoben; doch das »Zauberwort« ist unerläßlich, damit die Befreiung stattfinden kann.

Gefangen in der Wortlosigkeit

»... wenn man mit dem Munde bekennt,
so wird man gerettet.«
(Röm 10,10)

Das heißt, daß die Rettung, an die wir glauben, Wirklichkeit wird. In der Bibel haben Bekenntnis und Zeugnis einen besonderen Stellenwert, und wo ein Mensch sittlich einzuordnen ist, wird deutlich an dem, was er sagt. Ich kann mich abmühen und tausenderlei glauben, doch ich werde dessen, was ich glaube, erst dann gewiß sein, wenn ich es ausspreche. »Wenn man von Herzen glaubt ...« Das »Herz« ist das Zentrum des Ich. Wenn ich mit meinem ganzen Selbst sage, was ich glaube, und es mit meinem Mund bekenne, dann werde ich emporgehoben in das Reich dessen, was ich bekannt habe. Das ist der Preis geistlicher Befreiung. Wenn ein Kind aus einer Mißstimmung herausgerissen werden will, so muß es zunächst seine Unlust und Zurückhaltung überwinden und etwas sagen; das gilt ganz genauso im moralischen und geistlichen Leben. Wenn ich nicht mit meinem Munde bekenne, was ich mit dem Herze glaube, dann werde ich dieses Glaubens nie wirklich teilhaftig werden. Nicht über Zurückhaltung gelangen wir zur Glaubensgewißheit, sondern nur durch rückhaltlose Hingabe. Auch in der menschlichen Liebe ist es ja eine große Befreiung, wenn ihr Ausdruck gegeben wird; wir glauben uns geliebt, aber wir wissen es erst dann sicher, wenn der andere es ausgesprochen hat. Unser moralisches und geistliches Leben spielt sich gleichsam in einzelnen Abteilungen ab, und nur durch bestimmte Losungsworte können wir von einer Abteilung in die andere gelangen. Solange wir diese Worte nicht sagen, wird uns die Tür zur anderen Abteilung verschlossen bleiben. Das

»rechte Wort« setzt jedoch immer voraus, daß wir die Unlust abtöten, die der vorigen, niedrigeren Abteilung angehört.

Zurückhaltung ist ganz eindeutig ein Fluch. Damit ist nicht die Zurückhaltung gemeint, hinter der eine große Kraft spürbar wird, sondern jene, die aus der Weigerung erwächst, den eigenen Stolz über Bord zu werfen. »Wenn ich erst einmal dies oder jenes bekenne, muß ich meine Reserve womöglich ganz fallen lassen und noch weitergehen.« Diese falsche Zurückhaltung ist es, die sich zerstörerisch auf unser geistliches Leben auswirken kann. Befreiung ist nur möglich durch das »Wort«. Wenn wir offen bekennen, tut sich die Tür auf, und unser Leben wird emporgehoben auf eine höhere Ebene.

Befreiende Wirklichkeit

»Wenn ihr betet, so sprecht: Vater!«
(Lk 11,2)

»Aber ich habe nicht das Gefühl, daß Gott mein Vater ist.« Jesus hat uns geboten, Gott mit dem Vaternamen zu rufen: »Sprecht: Vater!«, und wenn wir Sein Gebot befolgen, werden wir mit einem Mal entdecken, daß Gott tatsächlich unser Vater ist. Der beste Schutz gegen das Befangensein in einer bestimmten moralischen Haltung ist das Gebet. Beten Sie nicht so, wie Ihnen zumute ist, sondern werfen Sie sich Gott entschlossen in die Arme. Sagen Sie: »Vater«, und bevor Sie sich versehen, werden Sie sich in einem weiten Raum befinden. Das Tor zur ersehnten moralischen oder geistlichen Freiheit ist ein Wort. Sobald Sie bereit sind, Ihre Zurückhaltung aufzugeben und dieses Wort zu sprechen, öffnet sich das Tor, das Göttliche strömt herein, und Sie werden im gleichen Augenblick emporgehoben in ein höheres Sein. »An der Rede erkennt man den Mann« (Jes Sir 27,8). Wenn Sie Ihren Glauben stärken wollen, sprechen Sie über ihn. Hüten Sie sich vor einer religiösen Zurückhaltung, die alles mit sich selbst abmacht und eine geistliche Entwicklung im stillen Kämmerlein anstrebt;

echter, gelebter Glaube muß sich offen entfalten können. Schüchternheit ist oft nur versteckter Hochmut, eine unbewußte Überschätzung des eigenen Wertes. Man ist nicht bereit zu sprechen, bis man nicht das geeignete Publikum hat. Wer jedoch umgekehrt aus der falschen inneren Haltung heraus spricht, wird in dieser Haltung steckenbleiben und das Falsche verherrlichen. Wer aber aus einer Haltung heraus spricht, die aus wahrer Glaubensoffenbarung erwächst, wird selbst frei werden und auch andere frei machen. Ein Prediger hat nicht das Recht, bei seinen Zuhörern Emotionen zu wecken, ohne ihnen gleichzeitig den Weg zu einer Entscheidung für Gott zu eröffnen.

Befreiende Offenbarung

»Geht hin und tretet im Tempel auf
und redet zum Volk alle Worte des Lebens.«
(Apg 5,20)

Wir können Jesus Christus verraten, indem wir zu viele Worte machen, und wir können Ihn durch unser Schweigen verraten. Verständnis kann nur dort wachsen, wo jemand rückhaltlos bekennt, was er glaubt. Wenn Sie sich vor Ihre Mitmenschen hinstellen und Zeugnis ablegen für Jesus Christus, so werden Sie zunächst das Gefühl haben, daß Sie völlig auf sich gestellt sind, doch noch während sie reden, werden sie merken, welch unendlicher geistlicher Reichtum Ihnen zufließt, und die Erkenntnis eines vollkommen neuen Lebens wird in Ihnen aufsteigen. »Seid stille und erkennet, daß ich Gott bin.« Wenn ein Mensch den Mut findet zu bekennen, daß er an Gott glaubt, wird sich das auf alle seine menschlichen Beziehungen auswirken. Das einzige, was ihn in der Welt vor blinder Angst bewahrt, ist seine Beziehung zu Gott; wenn er sich nur auf sich selbst und seinen Mut verläßt, dann wird dieser Mut ihn irgendwann im Stich lassen.

Manche von uns leben auf einer allzu niedrigen Stufe. Machen wir uns klar: Die Tür ist nur auf unserer Seite verschlossen, nicht auf Gottes Seite. Sobald wir das Zauberwort sprechen, öffnet sich die Tür, und die Rettung, die wir glauben, wird uns zur Gewißheit. Die Dinge werden erst klar, wenn wir sie aussprechen. Allzu oft verhalten wir uns wie schmollende Kinder. Wir nörgeln und sträuben uns, das befreiende Wort auszusprechen, das uns die ganze Zeit zu Gebote stünde. Sobald wir dieses Wort aussprechen, entriegeln wir die Tür, ein höheres und besseres Leben durchströmt uns und die Offenbarung wird Wirklichkeit für uns. »Ich will unbedingt aus diesem eingesperrten, beschränkten Dasein herauskommen« – dann sprechen Sie das rechte Wort! Wenn Sie es noch nicht kennen, fragen Sie danach, wenn Sie es noch nicht gefunden haben, suchen Sie, wenn die Tür geschlossen ist, klopfen Sie an. Wenn Sie vor Schranken stehen, dann lautet das »Zauberwort«: »Sprecht.« Nehmen Sie dieses Codewort auf, und Sie werden frei sein, und mit Ihnen auch andere. Wir müssen die Zurückhaltung ablegen, die uns von unseren Mitmenschen und von dem, was uns eigentlich angehört, trennt. Wir haben nicht das Recht, ein sinnloses Leben zu führen, in dem wir kaum genug für uns selbst haben, sondern wir sollten in das Vorratshaus Gottes gehen und mit vollen Händen zurückkommen, so daß wir auch andere an unserem Überfluß teilhaben lassen können. Es gibt Begegnungen mit Menschen, die uns weiterbringen; diese Leute führen keine frommen Reden, aber irgendwie geben sie uns ein Gefühl der Befreiung; sie haben einen weiteren Horizont. Sie haben die Tür für sich aufgestoßen, indem sie das »Zauberwort« sprachen, und nun wird das Wort Gottes durch sie zu Geist und Leben auch für andere.

C.V.J.M.-Treffen, 2. September 1917

Geistliche Kraft

»Weil nun Christus im Fleisch gelitten hat,
so wappnet euch auch mit demselben Sinn;
denn wer im Fleisch gelitten hat,
der hat aufgehört mit der Sünde.«
(1. PETR 4,1)

Petrus spricht hier von den Gefahren, die demjenigen drohen, der ein wahrhaft geistliches Leben führen will – Gefahren, von denen der Durchschnittsmensch gar nichts ahnt. Solange es einem Menschen lediglich um seine Gemütsruhe zu tun ist, geht es ihm denn auch besser, je weiter er sich von Jesus Christus fernhält. Der geistlich gesinnte Mensch dagegen muß sich ganz bewußt damit auseinandersetzen, daß er im Fleisch leiden wird. Wenn ich Jesus Christus gleich werden will, muß ich mich darauf einstellen, daß ich auf eine Art und Weise im Fleisch leiden werde, die mir erspart bliebe, wenn mir nichts an der Beziehung zu Ihm läge, denn die letzte Bastion des Feindes ist das Fleisch.

Die Zucht des Fleisches

»Weil nun Christus im Fleisch gelitten hat.«

Leiden

Inwiefern hat Jesus im Fleisch gelitten? Er war nicht krank und sicherlich auch nicht von empfindlicherer Konstitution als wir es sind, aber Er hatte eine ganz besondere Beziehung zu Gott. Er litt »nach dem Willen Gottes«, d. h., Er unterwarf sich dem Willen Gottes ganz und gar; Sein Leben diente Ihm nicht zur Selbstverwirklichung. Viele von uns leiden im Fleisch, ohne mit der Sünde aufgehört zu haben, doch Petrus geht es hier darum, daß, »wer im Fleisch gelitten hat« (wie Christus im Fleisch litt), »aufgehört (hat) mit der Sünde.«

Gott erläßt uns die Anforderungen nicht, die an einen wahrhaft Gläubigen gestellt werden. Wenn wir erst einmal auf der Grundlage der Erlösung zu einem Leben in Gleichförmigkeit mit Jesus gefunden haben, dann erwartet Er von uns, daß wir für andere das sind, was Er für uns war, und das ist gleichbedeutend mit »Leiden im Fleisch«, denn es verlangt von uns, jeglicher Selbstverwirklichung zu entsagen und alles aufzubieten für die Verwirklichung Christi. Sobald wir uns aber mit solcher Radikalität in den Dienst Christi stellen, werden die anderen Menschen uns als Fußabstreifer benutzen. Nun ist kein Mensch von Natur aus dazu geschaffen, den anderen als Fußabstreifer zu dienen; ein solches Leben kann nur ertragen, wer mit dem Apostel Paulus sagen kann: »Ich kann niedrig sein.« Hüten wir uns vor einem Selbstmitleid, das uns in Distanz zu Christus bringt. Wappnen wir uns mit dem Geist Christi, und die Leiden, die wir durchmachen, werden anderen zum Segen gereichen.

Die Zucht des Geistes

»So wappnet euch auch mit demselben Sinn.«

Eifer

Manche Menschen schützen sich mit einem Panzer der Unschuld, wie Tennysons Ritter, der »die Kraft von zehn Männern besaß, weil sein Herz rein war.« Andere tragen den Schild der Liebe. Paulus schreibt: »Zieht an die Waffenrüstung Gottes.« Verlassen Sie sich auf nichts geringeres als auf die Waffenrüstung Gottes, gürten Sie sich mit Ihrer Beziehung zu Gott und legen Sie diese Rüstung nie wieder ab! Wer nicht die Waffenrüstung Gottes anlegt, ist in seinem verborgenen persönlichen Leben von den Angriffen übernatürlicher Mächte bedroht, über die er keine Gewalt hat. Deshalb gilt: Gürten Sie sich, bleiben Sie in lebendiger Berührung mit Gott, und Sie sind geschützt – nicht nur im Bereich des Bewußten, sondern auch in den unbewußten Tiefen Ihrer Persönlichkeit. »Betet allezeit«, sagt Paulus. Immer, wenn wir beten, ändert sich unser Horizont, unsere Einstellung den Dingen gegenüber; buchstäblich jedesmal, nicht nur manchmal. Umso mehr muß es überraschen, daß wir Christen nicht mehr beten. Im Gebet liegt die vollkommene Freiheit, es hebt uns empor auf die geistliche Ebene und schafft uns Raum. Wenn Sie eins sind mit einem anderen Geist, dann spüren sie jederzeit wie auf telepathische Weise den Einfluß dieses Geistes, und wenn Sie wiedergeboren sind, dann haben Sie Gemeinschaft mit Gott. Bewahren Sie diese Gemeischaft, wie Petrus sagt: »So wappnet euch auch mit demselben Sinn.«

Haben Sie in Ihrem Glaubensleben das Gebet vernachlässigt? Ganz gleich, was Sie gerade tun, lassen Sie alles stehen und liegen und beten Sie, denn wer träge ist im Gebet, übt zwangsläufig einen schlechten Einfluß auf die Menschen um ihn herum aus. Hüten Sie sich vor der Falle des Selbstmitleids, das Ihnen zuflüstert: »Warum soll ich das alles auf mich nehmen?« Hüten Sie sich, daß Sie nicht zur Gefahr für andere werden. Ich habe manchmal den Eindruck, als sei Jesus Christus sehr überrascht über manche von uns, befremdet über die Dinge, die wir zu Ihm sagen, erstaunt angesichts unseres Verhaltens Ihm gegenüber, unangenehm berührt ob der schlechten Laune, unter der wir immer wieder leiden, weil wir es versäumt haben, uns mit Seinem Geist zu wappnen.

Die Zucht der Erfahrung

»Denn wer im Fleisch gelitten hat,
der hat aufgehört mit der Sünde.«

Heiligung

Das Kennzeichen Ihres neuen Lebens, nun, da Sie »aufgehört haben mit der Sünde«, ist, daß Sie Ihr vertrautes Verhalten ändern. »Denn es ist genug, daß ihr die vergangene Zeit zugebracht habt nach heidnischem Willen … Das befremdet sie, daß ihr euch nicht mehr mit ihnen stürzt in dasselbe wüste, unordentliche Treiben, und sie lästern« (1.Petr 3-4). »All das sei für euch nun vorbei«, sagt Petrus, »stellt euch auf einen neuen Grund, führt nun ein geistliches Leben. Achtet darauf, daß ihr treu bleibt in der Nachfolge der Leiden Jesu, und ergänzt, was an den Leiden Christi noch fehlt.« Darin liegt geistliche Kraft.

Wie kann ich meine Beziehung zu Gott bewahren, wie kann ich dauerhaft den weiten Horizont gewinnen, der mich befähigt, anderen Menschen zu helfen? »Wer an mich glaubt«, sagt Jesus, »von dessen Leib werden Ströme lebendigen Wassers fließen.« Man kann nicht vorhersagen, welchen Einfluß ein Mensch ausübt, der in Gemeinschaft mit Gott lebt; er braucht gar nicht viel sagen, doch sogleich fühlen wir uns besser; der Druck weicht von uns, denn wir begegnen hier einem Menschen, der einem anderen Reich angehört.

Wappnen Sie sich mit dem Geist Christi, versuchen Sie, ein geistliches Leben zu führen, und Sie werden feststellen, daß Sie anderen Menschen Schutz und Erquickung bieten können. Ihre eigenen Stärken werden Sie im Stich lassen, und wenn Sie Jesus nicht treu bleiben, werden Sie zusammenbrechen. Was Sie brauchen, ist eine beständige Kraftquelle – die unerschöpfliche Quelle des Reichtums Jesu Christi.

C.V.J.M.-Treffen, 9. September 1917

Ehrfürchtige Scheu

Die Fremdheit Jesu

»Die ihm aber nachfolgten, fürchteten sich.«
(Mk 10,32)

Die Jünger hatten in engster Gemeinschaft mit Jesus gelebt und gemeint, Ihn wirklich zu kennen, doch allmählich mußten sie feststellen, daß es eine dunkle, fremde Seite in Seinem Leben gab. Immer häufiger war ihnen Sein Verhalten unverständlich, und Furcht beschlich sie. Nun hat die Angst verschiedene Gesichter. Wir kennen die körperliche Angst und auch die moralische; im geistlichen Bereich dagegen fürchtet der Mensch nicht um seine eigene Haut, sondern er hat Angst, daß sein »Held« – der, an den er glaubt – versagen könnte. Davor fürchteten sich auch die Jünger, denn es hatte auf einmal den Anschein, als ob alles, was sie von Jesus erwartet hatten, einfach im Sande verliefe. Nicht ein einziger von ihnen wußte, worum es Jesus eigentlich ging und welches Ziel Er verfolgte, und doch gingen sie weiter mit Ihm, allerdings mit gemischten Gefühlen. Manche von uns legen in religiösen Dingen eine übertrieben feierliche Haltung an den Tag, und zwar deshalb, weil ihre Religion nichts Reales für sie hat. Wenn aber unser Glaube Wirklichkeit für uns geworden ist, finden wir auch unseren Humor wieder. Dennoch gibt es natürlich Gelegenheiten, in denen Humor nicht angebracht, ja völlig unpassend wäre; in diesen Augenblicken empfinden wir eine seltsame Losgelöstheit, eine Entfremdung von unserer gewöhnlichen Haltung, die uns mit ehrfürchtigem Entsetzen erfüllt. Wir alle neigen dazu, Jesus von unserem eigenen Standpunkt her zu verstehen und schaffen so eine unangemessene Vertrautheit mit Ihm, die schließlich eine Art moralischen Einschnitts nötig macht, damit wir Ihn neu begreifen können. Manchmal erhaschen wir einen flüchtigen Blick auf das, worum es Jesus eigentlich geht, und gewinnen dabei den Eindruck, als sei Er unseren eigenen Zielen gegenüber vollkommen gleichgültig, als diene Er einer Sache, von der wir nicht das Geringste verstehen, und mit diesem Gefühl wächst dann die Entfremdung Ihm gegenüber. Jesus behandelt uns, wie Er Maria und Martha behandelte: Weil Er sie liebte, zögerte Er zwei Tage zu kommen, obwohl sie Ihn so dringlich darum gebeten hatten. Jesus Christus kann es sich leisten, mißverstanden zu werden; wir können es nicht. Unsere Schwäche liegt darin, daß wir uns stets selbst rechtfertigen wollen. Jesus versucht erst gar nicht, Fehler zu bereinigen; Er weiß, daß sie schließlich von selbst in Ordnung kommen.

Durch das Leben unseres Herrn zieht sich wie ein roter Faden der Satz »Siehe, wir ziehen hinauf nach Jerusalem«, Er ließ sich weder durch Furcht noch durch übertriebene Eile von Seinem Vorsatz abbringen. Stetig und unbeirrbar setzte Er Seinen Weg nach Jerusalem fort, wo Er dem Willen Seines Vaters das letzte, schwerste Opfer bringen sollte. Es bestand kein Zweifel darüber, was Ihn dort erwartete: der Tod; doch ein Tod, der eine ganz besondere Bedeutung haben sollte. Jedesmal, wenn Jesus Seinen Jüngern vom Kreuz zu erzählen versuchte, verstanden sie Ihn nicht; doch schließlich wurden sie einer Tiefe Seines Wesen, einer Bedeutung Seines Lebens gewahr, die ihnen fremd geblieben war. Da sie nicht wußten, welchem Schicksal Jesus entgegenging, fürchteten sie sich, als sie Ihm folgten.

Es ist eine sehr demütigende Erfahrung, feststellen zu müssen, daß wir einen vertrauten Menschen unterschätzt haben, daß sein Leben letztlich eine größere Bedeutung hat, als unseres je besaß. Wenn wir den Standpunkt eines anderen (der genausoviel Berechtigung hat wie unser eigener) richtig einschätzen wollen, müssen wir die Mühe auf uns nehmen herauszufinden, wie der

Mensch aussieht, der hinter den Worten steht. In bezug auf Jesu Wort vom Kreuz heißt das, daß wir uns wenigstens darum bemühen müssen, die Gedanken hinter diesem Wort zu verstehen. Jesus lebte und handelte von einem anderen Standpunkt als dem unsrigen aus, und ehe wir nicht Seinen Geist empfangen, haben wir nicht die leiseste Ahnung, worauf Er hinaus will. Er »spricht zu ihnen: Nehmt hin den heiligen Geist« (Joh 20,22). »... der Tröster, der heilige Geist ... wird euch alles lehren ...« (Joh 14,26).

Die erzieherische Wirkung des Wartens auf Jesus

»Ich habe euch noch viel zu sagen,
aber ihr könnt es jetzt nicht ertragen.«
(Joh 16,12)

»Herr, warum kann ich dir diesmal nicht folgen?«, fragte Petrus. »Wo ich hingehe, kannst du mir diesmal nicht folgen; aber du wirst mir später folgen«, antwortete Jesus. Die Wartezeiten, die Jesus uns immer wieder auferlegt, erweisen sich trotz aller Qual, die sie für uns bedeuten, doch als segensreich. »Bist du der Christus, so sage es frei heraus«, forderten die Menschen, doch Jesus antwortete ihnen: »Ich habe es euch gesagt, und ihr glaubt es nicht.« Sie konnten Ihn ja gar nicht verstehen. Verstehen kann allein aus dem Gehorsam erwachsen, nicht aus dem Verstand. Unser Herr verbirgt nichts vor uns, doch wir können manche Dinge erst ertragen, wenn wir innerlich reif dafür sind. »Warum teilt Gott uns diese Dinge nicht mit?« fragen wir. Das tut Er die ganze Zeit, doch wir sind nicht imstande zu begreifen, was Er sagt. Die erzieherische Wirkung dieser Verzögerung der Erkenntnis liegt darin, daß Gott uns zuerst durch äußere Einwirkungen reif machen muß für das, was Er uns zu sagen hat. »Ehe ich gedemütigt wurde, irrte ich; nun aber halte ich dein Wort.« Daß und wie sehr die Erkenntnis sich verzögert, hängt von unserer Bereitschaft zu gehorchen ab, denn das Geheimnis des Verstehens liegt im Gehorsam. Solange wir z. B. auch nur den leisesten Groll gegen einen Mitmenschen hegen, ist uns die Erkenntnis Gottes versperrt. »Darum, wenn du deine Gabe auf dem Altar opferst«, sagt Jesus, »und dort kommt dir in den Sinn, daß dein Bruder etwas gegen dich hat, so laß dort vor dem Altar deine Gabe und geh zuerst hin und versöhne dich mit deinem Bruder und dann komm und opfere deine Gabe.«

Wenn ein Mensch einsieht, daß geistliche und moralische Wahrheiten nur im Gehorsam erworben werden können, niemals durch intellektuelle Neugier, dann wirkt das befreiend auf ihn. Alle Offenbarungen Gottes sind versiegelt, und diese Siegel lassen sich weder durch die Philosophie noch durch das Denken öffnen. Doch schon die kleinste Andeutung von Gehorsam schenkt dem Menschen Zugang zum Geheimnis Gottes. Rein verstandesmäßige Übung macht einen Menschen in psychologischer Hinsicht zu einem Vogel Strauß: An seinem Denken ist nichts auszusetzen, doch im wirklichen Leben steckt er den Kopf in den Sand. Wie können wir die Dinge verstehen, die uns jetzt noch verborgen sind? Intellektuelle Neugier wird uns, was moralische Probleme angeht, nicht das kleinste Stück voranbringen, doch sobald wir auch nur im Geringsten gehorsam sind, lernen wir mit einem Mal das Handeln Gottes begreifen.

Die ehrfürchtige Scheu vor Seiner Gottheit

»Und als ich ihn sah, fiel ich zu seinen Füßen wie tot.«
(Offb 1,17)

Diese Worte sprach der Jünger, der Jesus am besten kannte, der seinen Kopf an Seine Brust gelegt hatte, der Jünger, »den Jesus lieb hatte.« Als er Ihn nun in Seiner ganzen, unverhüllten Gottheit erblickte, fiel er wie tot zu Seinen Füßen, gelähmt vor Erstaunen und Entsetzen. Doch da vernahm er die Stimme, die er kannte aus den Tagen, da Jesus noch im Fleisch unter den Jüngern geweilt hatte: »Fürchte dich nicht! Ich bin der Erste und der Letzte.«

Ist unser Leben als Jünger Christi von Ehrfurcht bestimmt, oder behandeln wir unseren Herrn gönnerhaft, von oben herab? Zuerst waren wir sicher, alles über Jesus zu wissen, doch jetzt beginnen wir, an dieser Sicherheit zu zweifeln; Jesu Haltung wird uns unbegreiflich, und unsere Vertrautheit mit Ihm schwindet. Statt zum Sieg, wie die Jünger es von ihrem Meister erwarteten, ging Er in Sein Unglück; statt Frieden zu bringen, brachte Er das Schwert. Jesus übersteigt Grenzen in Bereiche, die uns mit scheuer Ehrfurcht erfüllen. Es kommt die Zeit, in der Er nicht länger unser Ratgeber und Kamerad ist. Mit einem Mal stellt Er sich vor uns hin und spricht: »Folgt mir«, und führt uns hinein in eine Zukunft, die ungewiß vor uns liegt und uns mit Grauen erfüllt. Jetzt hat Er nichts Vertrautes mehr an sich, sondern entgleitet uns auf schreckliche Weise.

Vielleicht dienen die Wartezeiten, die Jesus uns auferlegt, der Fortentwicklung unseres geistlichen Lebens. »Ich dachte, daß Gott mein Gebet erhören würde, doch Er hat es nicht getan.« Er zwingt uns zum Gehorsam, denn erst im Gehorsam erkennen wir, welchen Plan Er verfolgt. Möglicherweise ist Jesus uns ähnlich vertraut wie dem Jünger Johannes, doch plötzlich verwandeln sich Seine vertrauten Züge vor unseren Augen, und wir sinken wie tot zu Seinen Füßen nieder. Es gibt Zeiten, in denen Gott sich nur in Seiner Majestät offenbaren kann. Aber mitten in unserer Angst hören wir dann die vertraute Stimme, die uns aufrichtet: »Fürchte dich nicht!« Wer solchen Zuspruch erfahren hat, den kann nichts mehr auf der Welt in Angst versetzen.

C.V.J.M.-Treffen, 23. September 1917

Geistliche Drückebergerei

»O ihr Toren, zu trägen Herzens, all dem zu glauben ...«
(Lk 24,25)

Glauben heißt, sich Gott ganz auszuliefern. Der Glaube beruht auf einer moralischen Willensentscheidung, und die Forderung Jesu, an Ihn zu glauben, verlangt dem Menschen denn auch das Äußerste ab. An Jesus zu glauben bedeutet, Ihm von ganzem Herzen zu vertrauen, für Seine Ehre die eigene Seele aufs Spiel zu setzen – »Ich weiß, an wen ich glaube ...« Wir beten: »Herr, stärke unseren Glauben«, und versuchen gleichzeitig, unseren Glauben selbst zu vergrößern, doch das können wir nicht. Was machen wir falsch? Uns fehlt die völlige Hingabe an Jesus. Will ich mich wirklich mit meinem ganzen Leben Jesus übergeben, will ich ganz bewußt all mein Vertrauen auf das setzen, was Er sagt? Viele von uns reden nur fromm daher; wir sprechen von unserem Glauben an Gott, doch unser wirkliches Leben beweist, daß wir nicht ein Zehntel dessen, was wir bekennen, tatsächlich glauben.

Wenn Sie Ihre Probleme ohne Jesus lösen können, dann tun Sie das, aber bleiben Sie sich Ihrer Grenzen bewußt. »Euer Herz erschrecke nicht«, sagt Jesus. Meint er damit wirklich, daß wir uns keine Sorgen machen sollen? »... und glaubt an mich« – d. h., laßt mich euch helfen, vor allem bei den Dingen, die ihr allein nicht bewältigen könnt. Wenn wir das, was Jesus uns sagt, wie ein Kind aufnehmen, dann wird sich in uns ein Wunder ereignen und unser Herz wird fröhlich und ohne Sorge sein, denn unser Herr hat am Kreuz alles besiegt, was die Herzen der Menschen schwer und sorgenvoll macht.

Das mangelnde Wissen um die Vergebung

»... zu verkündigen den unausforschlichen Reichtum Christi.« (Eph 3,8)

»Den unausforschlichen Reichtum Christi« – und doch leben wir oft so, als habe unser himmlischer Vater uns mit leeren Händen alleingelassen! Wir halten es für ein Zeichen wahrer Bescheidenheit, wenn wir am Ende eines Tages sagen: »Gut, ich habe es heute geschafft, aber es war nicht leicht.« Wir »ertragen« unsere Religion, als wäre sie ein Kopfschmerz; wir finden weder Freude noch Kraft noch Begeisterung in ihr, wir haben keinen Anteil am unausforschlichen Reichtum Christi, wir zeigen nicht einmal eine Andeutung heiteren, freudigen Vertrauens auf Gott. Und mit einem Mal sehen wir ein, daß wir, wenn es um Gotteserkenntnis geht, nichts als unverständige Kinder sind, und begreifen Jesu Frage: »Wann werdet ihr glauben, was ich sage?« Statt eine Empfehlung für das Christentum zu sein, veranlaßt unser Lebenswandel die anderen Menschen meist eher zu der Äußerung: »Und das nennt ihr Christentum? Da habe ich doch ein gutes Stück mehr Anstand in mir, als ich in diesem verwässerten Wein sehen kann!« Wir zeigen nichts von dem unerschütterlichen Vertrauen auf Gott, das sich in allen Schwierigkeiten bewährt und bis zum Äußersten für die Ehre Christi einsteht. Dabei sollte das Christsein die lebendige Verwirklichung des unausforschlichen Reichtums Christi sein.

»In ihm haben wir die Erlösung durch sein Blut, die Vergebung der Sünden ...« (Eph 1,7). Denken Sie einmal über diesen Satz nach. Die göttliche Vergebung ist Teil des unausforschlichen Reichtums, der unser geworden ist in der Erlösung, doch weil wir das Wunder der Vergebung Gottes nicht erkennen, werden wir zu »geistlichen Drückebergern«, d. h., wir bleiben schwach und blutleer in unserem Glauben, um auf diese Weise den ungeheuren Forderungen, die dieser Glaube an uns stellt, zu entgehen. Solange uns noch kein Unrecht widerfahren ist, sprechen wir meist sehr beredt über die Vergebung, doch wer einmal wirklich verletzt worden ist, weiß, daß kein Mensch dem anderen vergeben kann ohne die Gnade Gottes. »Ich werde nicht mehr davon reden, aber ich werde nicht vergessen, was du getan hast.« Die Vergebung Gottes dagegen sieht völlig anders aus. Wenn Gott vergibt, dann hält Er uns unsere Gemeinheiten nicht mehr vor. »Ich tilge deine Missetat wie eine Wolke und deine Sünden wie den Nebel.« Wenn eine Wolke sich aufgelöst hat, ist sie verschwunden.

»Aber dieser Mensch wird die Vergebung Gottes nur ausnützen.« Die Frage ist doch: »Werde ich die Vergebung Gottes ausnützen?« Kein anderer Mensch ist schwächer als ich, keiner eher imstande, Böses zu tun, und doch machen wir uns immer mehr Gedanken um den anderen als um uns selbst. Die Vergebung Gottes bewirkt, daß wir in eine neue Beziehung aufgenommen sind, in die Gleichförmigkeit mit Gott in Christus, und wem so vergeben wurde, der ist heilig. Die einzige Ursache für die Vergebung Gottes und die unermeßliche Tiefe Seines Verzeihens ist das Blut Jesu. Wer glaubt, daß es daneben noch eine andere Vergebung gibt, der verachtet das Blut des Gottessohnes. Vergebung ist ein Wunder der göttlichen Gnade.

Die unerforschte Kraft des Gebets

»Weil wir … durch das Blut Jesu die Freiheit haben zum Eingang in das Heiligtum.«
(Hebr 10,19)

Wir neigen dazu, im Gebet eine Art ästhetische religiöse Übung zu sehen. Der Verfasser des Hebräerbriefes macht uns an dieser Stelle jedoch deutlich, daß wir als Christen die Freiheit haben, direkt zum Herzen Gottes vorzudringen, so leicht, wie ein Kind zu seiner Mutter geht, und zwar durch einen »neuen und lebendigen Weg«, »den er uns aufgetan hat.« Jesus hat durch Seine stellvertretende Übernahme der Sünde den Weg zu Gott für uns frei gemacht. Nicht unser ernstes Bemühen und nicht unsere festgesetzten Gebetszeiten bringen uns zu Gott, sondern einzig und allein der Tod unseres Herrn Jesus Christus, der uns das Leben schenkt.

Die uneigennützige Heiligung

»Darum hat auch Jesus,
damit er das Volk heilige durch sein eigenes Blut …«
(Hebr 13,12)

»Ich heilige mich selbst für sie.« Jesus unterstellte Seine Heilige Person dem Willen Seines Vaters. Das ganze menschliche Dasein unseres Herrn stand unter dem Zeichen des Gehorsams gegenüber dem Vater. »Der Sohn kann nichts von sich aus tun.« Unser Herr kam nicht auf die Welt, um Seinen eigenen Willen zu tun. Und genauso werden auch wir nicht für uns selbst geheiligt. Heiligung bedeutet, Jesus gleich zu werden, bis unser ganzes Dasein nur noch aus Ihm lebt. »… damit sie eins seien, wie wir eins sind.« Wir werden für kein anderes Ziel geheiligt als für Gottes Ziel.

Die Vergebung der Sünden ist ein Geschenk Gottes, der Eingang in das Heiligtum ist ein Geschenk Gottes und auch die Heiligung ist ein Geschenk Gottes. Ein Mensch kann seine Seele nicht aus eigener Kraft retten, er kann sich seine Sünden nicht selbst vergeben, er kann sich Gottes nicht aus eigener Kraft im Gebet bemächtigen, und es ist ihm unmöglich, sich selbst zu heiligen; doch Jesus offenbart uns, daß Gott all das für uns in der Erlösung bereits getan hat. Vertrauen wir nun auch auf das, was Er vollbracht hat? Wenn wir Ihm vertrauen, wird unser Leben aus dem unerforschlichen Reichtum Christi, der durch die Erlösung auch unser Eigentum geworden ist, mit neuer Kraft erfüllt werden. Christlicher Glaube ist das unbedingte Vertrauen in die Wirksamkeit des Werkes Christi.

Wenn Gott sagt, daß wir »die Erlösung durch sein Blut« haben, sind wir dann auch bereit, uns Ihm zu übergeben und Seinem Wort zu vertrauen? Wenn Gott sagt, daß wir durch das Blut Jesu

»die Freiheit (...) zum Eingang in das Heiligtum« haben, werden wir uns Ihm dann auch wirklich im Glauben nähern? Auf dem Weg, den Er für uns geebnet hat, haben wir unbegrenzten Zugang ins Heiligtum. Glauben wir Gott, wenn Er sagt: »... Jesus, damit er sein Volk heilige durch sein eigenes Blut ...«? Erst durch die Heiligung begreifen wir wirklich, was Paulus in 1. Korinther 1,30 schreibt: »Durch ihn aber seid ihr in Christus Jesus, der uns von Gott gemacht ist zur ... Heiligung.« Heiligung ist Teilhabe, sie ist ein Geschenk; Heiligung bedeutet: »Christus in euch.« In der Heiligung schenkt Jesus uns das Leben, das in Ihm ist.

»Doch wenn der Menschensohn kommen wird, meinst du, er werde Glauben finden auf Erden?« Wird Er den Glauben finden, der auf Ihn vertraut, auch angesichts aller Zweifel und aller Verwirrung? Oder werden wir sagen müssen: »Nein Herr, ich habe Dir nicht eine einzige Sekunde lang geglaubt; ich habe zwar fromm dahergeredet, ich habe ein religiöses Pflaster aufgelegt, wenn ich verletzt war, doch ich hatte kein Vertrauen in das, was Du sagtest.« Wir haben das Christentum zu einer Religion gemacht, mit der wir unsere Haut retten wollen. Doch Christsein bedeutet, sein Leben für die Ehre Jesu aufs Spiel zu setzen; und Jesu Ehre liegt darin, daß Er uns durch Zeit, Tod und Ewigkeit bewahren wird. Glauben wir Jesus, daß Er weiß, wovon Er spricht, oder stößt diese Wahrheit bei uns auf taube Ohren?

Wenn wir erst einmal von Angesicht zu Angesicht vor Jesus stehen und Er zu uns spricht: »Glaubst du das?«, dann ist der Glaube für uns so selbstverständlich wie das Atmen, und wir antworten: »Ja, Herr«, und können nicht mehr verstehen, daß wir früher so dumm waren und Ihm nicht vertraut haben.

C.V.J.M.-Treffen, 30. September 1917

Gott läßt dich nicht

Hosea 11

Wenn ein Mensch, der Gott kannte, sich von Ihm abkehrt, dann wird Gott das nicht einfach so hinnehmen, sondern wird ihm Hindernisse und Widrigkeiten in den Weg legen. Gott richtet Warnschilder und Barrieren vor uns auf, um uns zu sagen: »Nicht diesen Weg, mein Sohn, er schlägt dir zum Unheil aus.« Gott läßt es nicht zu, daß ein Mensch einfach in die Irre geht. Man kann sich wohl lange Zeit treiben lassen und manchmal auch den rechten Weg aus dem Blick verlieren, doch wer tatsächlich wider besseres Wissen handelt, der ist nicht unmerklich auf diesen Abweg geraten. »Aber der Verächter Weg bringt Verderben« (Spr 13,15).

Gottes liebende Sorge (Hos 11,1-4)

»Als Israel jung war, hatte ich ihn lieb ...«
(Hos 11,1)

Die liebende Sorge Gottes für die Menschen zieht sich wie ein roter Faden durch das ganze Alte Testament. Sie ist etwas so Kostbares, daß es sich kaum in Worte fassen läßt. »Ich habe Kinder großgezogen und hochgebracht« (Jes 1,2). »Ich will euch trösten, wie einen seine Mutter tröstet« (Jes 66,13). »Ich gedenke der Treue deiner Jugend« (Jer 2,2). Wenn ein Mensch vom Geist Gottes wiedergeboren ist, wandelt er nicht im Glauben, sondern im Schauen; alles, was er sieht, läßt sein Herz höher schlagen, denn es macht große Freude, den geistlichen Weg zu gehen.

Wir alle haben diese liebende Sorge Gottes schon gespürt – wenden wir uns nun von dem ab, was wir damals sahen? »Mein Volk ist müde, sich zu mir zu kehren.« Sich von Gott abzuwenden heißt, sich von dem, was wir als das Beste erkannt haben, ab- und dem nur Zweitbesten zuzuwenden. Wenn Sie Gott früher näher waren als heute und sich jetzt freiwillig mit dem Zweitbesten zufriedengeben, dann sehen Sie sich vor: Sie werden Gott nicht entkommen; Er wird Ihnen überall Hindernisse in den Weg legen, in Ihrem Seelenleben und in Ihrer Familie; Er wird Sie von allen Seiten bedrängen. Vergleichen Sie doch einmal Ihr Leben mit dem von Menschen, die Gott nie gekannt haben – »Sie sind nicht in Mühsal wie sonst die Leute und werden nicht wie andere Menschen geplagt.«

Geistliche Reife (Hos 11, 5-7)

»Mein Volk ist müde, sich zu mir zu kehren …«
(Hos 11, 7)

Beurteilen Sie einen Menschen unter dreißig niemals nach denselben Richtlinien wie einen, der die vierzig überschritten hat, denn die Fehler eines Menschen, der noch nicht zu seelischer Reife gelangt ist, sehen meist schlimmer aus, als er selbst eigentlich ist, wie umgekehrt auch seine Vorzüge stärker hervortreten, als es ihnen eigentlich zukommt. Doch wenn ein Mensch erwachsen geworden ist, dann sind seine Fehler und Tugenden kein Zufall mehr, sondern haben sich zu Eigenschaften verfestigt. Dasselbe gilt auch im geistlichen Bereich. Eine Zeitlang scheint Gott nachsichtig gegenüber den Fehlern und Unarten Seiner Kinder – »Zwar hat Gott über die Zeit der Unwissenheit hinweggesehen; nun aber gebietet er den Menschen, daß alle an allen Enden Buße tun« (Apg 17, 30) –, doch wenn sie erwachsen sind, macht Er ihnen keine Zugeständnisse mehr. Geistliche Reife stellt sich nicht einfach von selbst mit der Zeit ein; man kann sie nur durch Gehorsam erwerben. Von Salomo wird erzählt, daß sein Herz sich, als er älter wurde, von Gott ab- und anderen Göttern zuwandte; doch Gott ließ ihn auf diesem Weg nicht weitergehen, sondern wehrte ihm und stürzte ihn in Verwirrung und Trübsal.

Es ist einfach, sich als religiöser Mensch zu gebärden, doch wir müssen dabei auch auf unsere innere Einstellung achten, denn es sind nicht die falschen Werke, die uns Gott entfremden, sondern unsere Haltung im Dienst für Ihn. Ein Mensch kann schon unzählige Male vor anderen gepredigt und viel erreicht haben, doch früher oder später kommt ans Licht, wo er gefehlt hat und wo seine Hingabe mangelhaft war; früher oder später wird offenbar, daß sein Herz sich von Gott abgekehrt hat. Wenn wir nur deshalb an Jesus glauben, weil er uns vor der Hölle bewahrt, werden wir Ihn sofort vergessen, wenn Er nur ein einziges Mal unsere Pläne durchkreuzt oder etwas von uns verlangt, das wir nicht bereit sind zu geben.

Auch hinter einem guten Werk kann ein schlechtes Motiv stehen. Unrechtes Handeln kann oft zufällig sein, eine falsche innere Einstellung aber ist niemals etwas Zufälliges. Sie ist eine bewußte Abkehr von Gott und Hinwendung zu anderen Dingen. Ein Mensch mag nach außen hin ein geordnetes religiöses Leben führen und eine lebendige Geschichte mit Gott haben, sein innerstes Leben kann dennoch verderbt sein. Es ist schrecklich, wenn jemand innerlich stumpf und unempfänglich wird. Die Sünde zerstört das Sündenbewußtsein in uns, und das Schlimmste, was aus einer solchen falschen Haltung gegenüber Gott erwachsen kann, ist eine religiöse Besserwisserei, die die Augen vor den eigenen Fehlern verschließt.

Die Überwindung widerstrebender Kräfte

»... er wird brüllen wie ein Löwe ...«
(Hos 11,10)

Krieg, Unruhe und Katastrophen werden über die Menschen hereinbrechen, und dann, so sagt Gott, »werden sie mir wieder folgen.« Wenn ein Mensch erwachsen geworden ist und etwas anderes als Gott zum Mittelpunkt seines Lebens gemacht hat und nicht mehr in Demut vor Gott wandelt, dann wird Gott ihm Widerstände in den Weg legen und Kräfte gegen ihn mobilisieren. So hat Er Sein eigenes Volk in die Hände von Nationen gegeben, die Ihn nicht kannten. Andere mögen scheinbar mit ihren Fehlern davonkommen, doch uns läßt Gott keinen Ausweg; Er bedrängt uns von allen Seiten. »Wenn du mich gekannt hast«, sagt Jesus, »und mir Hingabe heuchelst und doch keine Frucht bringst, so wird dich entweder Gott aus dem Weg räumen, oder die Menschen werden dich, wenn du mit der Maskerade fortfährst, umhauen und im Feuer verbrennen.« Die Bloßstellung von Heuchelei kann der Sache Gottes niemals schaden, denn das Gericht beginnt im Hause Gottes. Kein Mensch, der tut, was er soll, kann jemals zum Stolperstein für einen anderen werden.

»Glaubt an das Licht, solange ihr's habt.« Glauben Sie das, was Sie in Ihren besten Augenblicken sehen, und nicht das, was Sie sehen, wenn Sie innerlich in der Finsternis stehen! Beobachten Sie Ihre innere Einstellung genau! Warum beten Sie? Warum sind Sie religiös? Weil Sie von einer verzehrenden Leidenschaft für bestimmte Überzeugungen ergriffen sind, die Sie auf den Schild heben und deren Richtigkeit Sie beweisen wollen, oder weil die Leidenschaft für Jesus Christus Sie antreibt? Hüten Sie sich davor, den Heilsplan Gottes wichtiger zu nehmen als den Heiland, der ihn vollendet.

C.V.J.M.-Treffen, 7. Oktober 1917

Schritthalten mit Gott

»Henoch … wandelte (mit Gott).«
(1. Mose 22.24)

Das religiöse Leben und wahre Wesen eines Menschen zeigt sich nicht in außergewöhnlichen Situationen, sondern im Alltag, dann, wenn er nicht im Rampenlicht steht, wenn gar nichts Besonderes von ihm verlangt wird. Als Johannes Jesus erblickte, sprach er: »Sieh, das ist Gottes Lamm …!« Wenn wir lernen wollen, in Gemeinschaft mit Gott zu leben, so ist das Schwerste daran, uns Seinem Schritt anzupassen; wenn uns das erst einmal gelungen ist, wird auch das Wesen Gottes in unserem Leben offenbar werden. Die Bibel sagt nicht nur, daß wir gerettet werden, sie verheißt uns darüber hinaus noch etwas viel Kostbareres, nämlich daß wir Söhne und Töchter Gottes werden, und das bedeutet auch, daß wir lernen, die Welt mit Gottes Augen zu sehen.

Persönliche Entmutigung und geistliches Wachstum (2. Mose 2,11-14)

»Zu der Zeit, als Mose groß geworden war,
ging er hinaus zu seinen Brüdern
und sah ihren Frondienst.«
(2. Mose 2,11)

Moses war unterrichtet in aller Weisheit Ägyptens, er war ein reicher und mächtiger Mann im Staat. Als er das Leid seines unterdrückten Volkes sah, fühlte er, daß Gott ihn dazu ausersehen hatte, es in die Freiheit zu führen, und in gerechtem Zorn ging er daran, das Unrecht, das den Kindern Gottes zugefügt wurde, wieder gutzumachen. Doch Gott hat es nicht eilig. Nach dem ersten großen Schritt für Gott und Sein Recht ließ Er es zu, daß Mose, der einzige Mensch, der Sein Volk in die Freiheit führen konnte, vierzig Jahre lang in der Wüste Schafe hütete – vierzig lange, mutlose Jahre. Als Gott ihm danach erneut erschien und ihn anwies, zum Pharao zu gehen und sein Volk zu befreien, antwortete Mose nur noch demütig: »Wer bin ich, daß ich zum Pharao gehe?« Sein einstiges übergroßes Selbstbewußtsein hatte sich während der harten Prüfungszeit in der Wildnis in Bescheidenheit verwandelt. Anfangs war Mose überzeugt gewesen, daß er der richtige Mann sei, das Vorhaben durchzuführen. Das stimmte zwar, doch er war noch nicht reif für die Aufgabe, die ihm bevorstand, er paßte seine Schritte nicht dem Schritt Gottes an. Mose brachte zwar die richtigen Anlagen mit, doch er war erst dann wirklich der Rechte für seinen Auftrag, als er zu wahrer Gemeinschaft mit Gott gefunden hatte, und das dauerte vierzig lange Jahre - vierzig Jahre des Ausharrens und Wartens, in denen Gott ihn läuterte, bis er den ihm zugedachten Platz erkannte und akzeptierte.

Wir mögen, ähnlich wie Mose, ein bestimmtes Bild von Gott haben, eine ganz genaue Vorstellung von dem, was Gott will: Unrecht muß wiedergutgemacht, Sünder müssen gerettet und Gläubige geheiligt werden. Und wir sind uns auch ganz sicher, auf welche Weise wir diese Aufgaben anzugehen haben. Doch nach der Berufung werden auch wir erst einmal – zumindest sinnbildlich – für vierzig Jahre in die Wüste geschickt: Die Schwierigkeiten türmen sich, Unglück bricht über uns herein und Entmutigung beschleicht uns, denn es ist, als ob Gott nichts mehr wüßte von dem Auftrag, den er uns doch erteilt hat. Erst wenn wir völlig am Boden liegen, wendet Gott sich uns wieder zu und beruft uns erneut, und auch wir antworten mit demütiger Stimme wie Mose: »Wer bin ich, daß ich ... gehe?« Bevor wir uns in Bewegung setzen, müssen wir den ersten großen Schritt Gottes erkennen: »Ich werde sein, der ich sein werde ... der hat mich ... gesandt.« Wir müssen lernen, daß unser persönliches Bemühen in den Augen Gottes eine Anmaßung ist; unsere Einzelexistenz muß durch die Gemeinschaft mit Gott zum Leuchten gebracht werden, und das lernt sich nicht leicht. Im Einssein mit Gott verlieren wir unsere Individualität, und dann wird in unserem Leben nur noch eines sichtbar: Das Wesen und die Macht Gottes. »Ich taufe euch mit Wasser zur Buße; der aber nach mir kommt, ist stärker als ich, und ich bin nicht wert, ihm die Schuhe zu tragen; der wird euch mit dem heiligen Geist und mit Feuer taufen« (Mt 3,11).

Diese Lektion mußte damals Mose lernen, und unser Herr lehrte sie auch seine Jünger: »Nicht ihr habt mich erwählt, sondern ich habe euch erwählt und bestimmt, daß ihr hingeht und Frucht bringt und eure Frucht bleibt, damit, wenn ihr den Vater bittet in meinem Namen, er's euch gebe« (Joh 15,16), und in Johannes 17 hebt Er hervor: »Damit sie eins seien, wie wir eins sind.«

Wieviele von uns haben bereits einmal die Erfahrung gemacht, daß sie sich dem Schritt Gottes anpassen müssen? Wir haben unsere Vorstellungen, und ihnen gegenüber steht das reale Leben, doch wir wollen uns dem Schritt Gottes nicht anpassen, sondern beharren auf unseren eigenen Vorstellungen und sind überzeugt: »Das ist es, was Gott von mir will.« Doch meist meine ich damit nur meine persönliche Auffassung dessen, was Gott wirklich von mir will. Alle unsere Bemühungen entspringen der Gewißheit, daß wir Gott verstehen, ja, in unseren Gebeten diktieren wir Gott geradezu, was Er unserer Ansicht nach zu tun hat. Deshalb werden wir solange immer wieder in unseren persönlichen Plänen entmutigt werden, bis wir gelernt haben, in wahrer Einheit mit Gott zu leben. Dann aber wird unser Geist in einen neuen, weiten Raum eintreten. Wenn der Geist Gottes mich zum Gehorsam gegenüber Gott bewegt, gießt Er zugleich die Liebe Gottes in mein Herz aus – »Denn also hat Gott die Welt geliebt ...« (Joh 3,16). Ich habe mein persönliches Leben, mein Leben mit meiner Familie, mein Leben als Angehöriger eines bestimmten Volkes, meine eigene Einstellung gegenüber den Dingen, und es braucht Zeit, bis ich einsehe, daß der Allmächtige all dem keine Beachtung schenkt; nur langsam begreife ich, daß Gott meine Vorurteile ignoriert, ja daß Er sie völlig auslöscht.

Persönliche Vorstellungen und geistliche Führung (Hes 3,12-17)

»Da hob mich der Geist empor und führte mich weg.
Und ich fuhr dahin im bitteren Grimm meines Geistes,
und die Hand des Herrn lag schwer auf mir.«
(Hes 3,14)

Hesekiel vernahm die Stimme Gottes und die Botschaft brannte in ihm: »Warte, bis ich zu den Menschen komme; ich werde ihnen mitteilen, was Gott gesagt hat.« Doch als er dann wirklich zu den Menschen kam, setzte er sich völlig verstört nieder und schwieg sieben Tage lang, denn er hatte nicht den Mut, auch nur ein einziges Wort zu reden. Er war vom Geist erleuchtet, von Gott geführt und in seinem Herzen brannte die Botschaft Gottes, doch als er sah, wie elend sein Volk im Exil lebte, konnte er sich nur noch zu seinen Leidensgenossen setzen und trauern. Hesekiel hatte zwar die Botschaft Gottes, doch er hatte keine Gemeinschaft mit Gott und handelte daher auch nicht nach Seinem Gebot, sondern saß sieben Tage lang stumm da, in der Hoffnung, doch noch von seiner Aufgabe entbunden zu werden. Aber Gott entließ ihn nicht aus der Verantwortung; nach sieben Tagen sprach Er zu ihm: »Jetzt kannst du meine Botschaft völlig frei, unbeeinflußt von deinen eigenen Vorstellungen, verkündigen, jetzt wirst du genau das sagen, was ich meine.« Die Botschaft war dieselbe geblieben, doch als Hesekiel sich der Führung Gottes unterworfen hatte, urteilte er von einem anderen Blickwinkel aus.

Auch uns ist eine Botschaft von Gott zuteil geworden; wir sehen sehr wohl, daß bestimmte Dinge im argen liegen, und wir wissen genau, daß Gott das Unrecht nicht bagatellisieren wird, doch wir wissen nicht, wie wir uns konkret verhalten sollen. Wir haben das Gebot vernommen, wir wissen, daß Gott will, daß die Menschen befreit werden, doch wenn wir uns dann wie Hesekiel einfach unter sie begeben und mit ihnen solidarisch sind, müssen wir bedenken, daß diese Haltung Gefahren birgt und uns möglicherweise unsere moralische Unterscheidungsfähikgeit und unser Urteilsvermögen kostet. Die Gefahr für uns liegt darin, daß wir uns von dem, was die Sünde im Leben der Menschen angerichtet hat, so überwältigen lassen, daß wir vergessen, die Botschaft Gottes auszurichten. Doch Gott ruft uns: »Erinnere dich, ich bin ein heiliger Gott, und wenn du zur Gemeinschaft mit mir gefunden hast, dann verkünde meine Botschaft.« Als Jesus zu den Pharisäern und Schriftgelehrten sagte: »Wie wollt ihr der höllischen Verdammnis entrinnen?«, sprach Er nicht aus persönlicher Rachsucht heraus, sondern weil Er das Unvermeidliche ganz klar sah: Er hatte zu ihnen von Gott gesprochen, und doch wandten sie sich von Ihm ab und verachteten Ihn. Diese Worte sprach der, der auf Golgatha starb, und sie müssen denn auch im Lichte des Kreuzes verstanden werden.

Unerforschliches Unheil und persönliche Gotteserfahrung

»... und er konnte drei Tage nicht sehen und aß nicht und trank nicht.«
(Apg 9,9)

Saulus von Tarsus hatte einen völligen geistigen und körperlichen Zusammenbruch erlitten. Es dauerte drei Tage, bis er wieder richtig zu sich kam und versuchen konnte, sich dem Schritt Gottes, der ihn berührt hatte, anzupassen. Wer war Saulus von Tarsus? Ein Pharisäer aus Pharisäern, ein Mann von höchster Integrität und peinlichster Gewissenhaftigkeit. Wenn es jemals einen gewissenhaften Widersacher des Christentums gab, dann Paulus – »Zwar meinte auch ich selbst, ich müßte viel gegen den Namen Jesu von Nazareth tun.« Er tat sich hervor als einer der fanatischsten und grausamsten Verfolger der Anhänger Jesu Christi. Doch dann brach mit einem einzigen Schlag sein ganzes Weltbild auseinander. Gott packte ihn, »... und er konnte drei Tage nicht sehen und aß nicht und trank nicht.« Aus diesem unbegreiflichen Einbruch in seinem Leben erwuchs ihm eine ganz persönliche Gotteserfahrung. »Als es aber Gott wohlgefiel, der mich von meiner Mutter Leib an ausgesondert und durch seine Gnade berufen hat, daß er seinen Sohn offenbarte in mir, damit ich ihn durchs Evangelium verkündigen sollte unter den Heiden, da besprach ich mich nicht erst mit Fleisch und Blut« (Gal 1,15-16). Drei Jahre lang hielt der vom Saulus zum Paulus Gewandelte sich im Gebiet um den Sinai auf, wurde vom Heiligen Geist erleuchtet und lernte in der persönlichen Gemeinschaft mit Gott all das, was später zum Gegenstand seiner Briefe werden sollte.

Es ist ein schmerzlicher Prozeß, sich dem Schritt Gottes anzupassen. Wir müssen dazu moralisch und geistlich den toten Punkt, an den wir oft stoßen, überwunden haben. Wenn ich meinen Weg mit Gott beginne, so muß ich schon nach den ersten Schritten erkennen, wie weit Er mir voraus ist. Gott geht anders mit den Dingen um, und ich muß mich darin üben, mich seinen Wegen anzupassen. Jesaja sagte von Jesus: »Er selbst wird nicht verlöschen und nicht zerbrechen.« Das war möglich, weil Jesus nie etwas von sich aus tat, sondern stets nach dem Willen des Vaters handelte. Unsere Entmutigung ist nichts anderes als »enttäuschter Egoismus«. Wir begreifen die geistlichen Wahrheiten intuitiv, nicht durch Verstandesarbeit; der Geist Gottes verändert unseren Blickwinkel, und es werden Dinge möglich, die zuvor unmöglich waren.

Wenn Sie eine Zeit der Mutlosigkeit erleben, dann seien Sie gewiß, daß Gott etwas mit Ihnen vorhat, daß Sie, wenn Sie die Mutlosigkeit überwunden haben, in einen völlig anderen, weiteren Horizont eintreten werden. Uns Christen sind Heilung, Heiligung und die Wiederkunft Christi verheißen; all das ist wahr und richtig, doch worauf es Gott im Grunde einzig und allein ankommt, ist nichts weniger, als daß wir mit Ihm eins werden.

Aufzeichnungen der letzten Predigt in Zeitoun, 4. Oktober 1917

Lähmende Schatten über der Seele

»Wenn man vor Höhen sich fürchtet
und sich ängstigt auf dem Wege,
wenn der Mandelbaum blüht
und die Heuschrecke sich belädt
und die Kaper aufbricht;
denn der Mensch fährt dahin,
wo er ewig bleibt,
und die Klageleute gehen umher auf der Gasse.«
(PRED 12,5)

Salomo beschreibt an dieser Stelle den Zustand eines Menschen, der unmittelbar vor einem Nervenzusammenbruch steht. Die kleinsten Kleinigkeiten werden für ihn zu einer unerträglichen Belastung. Dieses Gefühl kann uns ganz plötzlich, wie aus dem Nichts befallen, so daß wir kaum sagen können, woher es kam, und wir werden reizbar oder traurig. Dann ärgert uns die Fliege an der Wand und das Sirren einer Mücke kann uns mehr zusetzen als der Teufel selbst. Das ist im geistlichen Bereich nicht anders. Es gibt Zeiten, in denen uns die geringfügigsten Nebensächlichkeiten völlig niederdrücken oder zur Weißglut treiben, und wir sind nicht imstande, dieser Empfindung Herr zu werden. Der oben zitierte Vers ist ein Bild für die Schatten, die die Seele eines Menschen plötzlich verdunkeln können, ohne daß er Unrecht getan hätte oder in frühere Sünden zurückgefallen wäre. Wir wissen selbst nicht nicht, warum, aber wir müssen an allem herumnörgeln und alles schlecht machen; die ganze Zukunft liegt eng und beschränkt vor uns, alle Zuversicht und Verheißung haben uns verlassen. Dabei haben wir nichts getan, und es gibt keinen Grund, warum unsere Füße wie Bleiklötze an uns hängen und unser Herz wie ein Eisblock in unserer Brust liegt; wir fühlen uns winzig klein, wir scheinen etwa die Intelligenz einer Amöbe zu besitzen; und ganz gleich, was auch geschieht, es ärgert uns und reizt uns zum Zorn. »Hat das Ganze überhaupt irgendeinen Sinn? Was nützt es, daß ich meine Pflicht erfülle? Daß ich bete, daß ich an Gott glaube?« Wieder und wieder stehen die Gestalten aus der Bibel und auch wir in unserem persönlichen Leben vor diesem rätselhaften Abgrund. Das Ganze wird auch äußerlich sichtbar: Wir fühlen uns auf einmal scheinbar ohne jeden erkennbaren Grund völlig am Boden zerstört, doch dieses äußerliche, bis ins Körperliche reichende Geschehen ist nur ein Symbol für einen dahinterliegenden geistlichen Prozeß.

Müdigkeit auf dem Weg

»Laßt uns aber Gutes tun und nicht müde werden;
denn zu seiner Zeit werden wir auch ernten,
wenn wir nicht nachlassen.«
(Gal 6,9)

Wenn ein Mensch eine schwere Sünde begeht, dann wird er mit einer großen Erschöpfung, einer tiefen Mattigkeit der Seele bestraft, das ist das Besondere an der Strafe (wie etwa bei Simson). Wir alle kennen diese Müdigkeit, die auf ein Unrechttun unsererseits folgt, doch Paulus spricht von etwas ganz anderem, wenn er sagt: »Laßt uns aber Gutes tun und nicht müde werden.« Die Müdigkeit, die die Sünde nach sich zieht, haben wir wohl alle schon erlebt, doch ich möchte hier von jener anderen Müdigkeit sprechen, die über uns kommt und uns ärgert, weil wir uns nicht erklären können, woher sie rührt, warum wir plötzlich alle Freude am Leben verloren haben. Angesichts dieser Mattigkeit müssen wir begreifen lernen, daß auch Gutestun müde und gleichgültig machen kann. Dann hat es keinen Sinn, hart gegen sich zu sein, denn unsere Seele ist krank. Doch was kann uns von dieser Krankheit heilen? Heilung bringt nur eine neue Vision, wiedergefundene Gemeinschaft mit Gott. Jeder Mensch hat die Kraft, seine Müdigkeit zu überwinden, doch nicht, indem er sich zusammenreißt und gewaltsam aufrafft, wie wir es etwa bei körperlicher Erschöpfung tun, sondern indem er seinen Standpunkt ändert und eine völlig neue Sicht gewinnt. »Was betrübst du dich, meine Seele, und bist so unruhig in mir? Harre auf Gott; denn ich werde ihm noch danken, daß er meines Angesichts Hilfe und mein Gott ist« (Ps 43, 5). Es ist erhebend zu wissen, daß Gott im Regimente sitzt, daß bei Ihm Freude die Fülle ist und daß Seine Freude unsere Stärke ist. Ein Christ darf darauf vertrauen, daß Gott niemals »schlechte Laune« hat – » ... von dem Vater des Lichts, bei dem keine Veränderung ist noch Wechsel des Lichts.«

Verzetteltes Leben

»Vor der Pest, die im Finstern schleicht,
vor der Seuche, die am Mittag Verderben bringt.«
(Ps 91, 6)

Unserem modernen christlichen Wortschatz ist ein Begriff verlorengegangen, den die Mönche noch kannten: die Sünde der »Acedia«. Sie überkommt die Menschen am hellichten Tag und machte sie nervös, reizbar und völlig unausstehlich. Es sind die unausgesprochenen, kleinen Dinge, die am zerstörerischsten auf unser Seelenleben wirken. Dante verbannte denn auch nicht umsonst die Menschen in die tiefste Hölle, die sich der Sünde der Schwermut oder des Trübsinns schuldig gemacht haben, denn wer sich dieser Sünde überläßt, verzettelt in sträflicher Weise sein Leben, das ihm doch geschenkt ist, und wird reizbar, übellaunig und melancholisch. In einer solchen Stimmung kann man sich beim besten Willen nicht mehr »zusammenreißen«, und ist ein trüber Gast für seine Mitmenschen.

Vergessener Gottesdienst

»Wenn du deinen Fuß am Sabbat zurückhältst
und nicht deinen Geschäften nachgehst
an meinem heiligen Tage
und den Sabbat ›Lust‹ nennst ...«
(Jes 58, 13)

Wenn ich Gott erkannt und Ihn in meinen klaren Augenblicken geschaut habe, und mich dann in einem Anfall von Trägheit von ihm abkehre, überfällt mich sofort eine große Müdigkeit. Die Gefahr dieser Müdigkeit für unser geistliches Leben besteht in erster Linie darin, daß wir die Wirkung zur Ursache machen. Sobald wir unsere eigenen Ziele verfolgen, werden wir von Müdigkeit erfaßt. Der Apostel Paulus hat beschrieben, wie wir in einem solchen Fall zur rechten Haltung zurückfinden. Wir müssen uns zurückbesinnen auf unseren Ausgangspunkt: »Denn wir predigen nicht uns selbst, sondern Jesus Christus, daß er der Herr ist, wir aber eure Knechte um Jesu willen« (2.Kor 4, 5). Wenn ich meine Augen von Ihm abwende, werde ich müde. Vor der Gefahr der Verzettelung werde ich nur bewahrt, wenn ich unter dem Schatten des Allmächtigen bleibe und mein Vertrauen einzig auf Gott setze. Die Folgen meines Tuns gehen mich nichts an, das einzige, worauf ich sehen muß, ist, daß ich die Gemeinschaft mit meinem Herrn bewahre.

»... und nicht deinen Geschäften nachgehst an meinem heiligen Tage.« In jeder Familie, in jeder christlichen Gemeinschaft bietet uns die Einhaltung des Sabbatgebots die Möglichkeit, der ganzen Welt unmißverständlich zu zeigen, daß wir erkannt haben und bekennen, daß Gott unser Herr ist.

Wer sich abkehrt von dem, was er einst schauen durfte, der wird müde und verzettelt sich. Sie haben geistliche Höhepunkte erlebt und in diesen Momenten eine ganz bestimmte Sicht gewonnen. Glauben Sie, was Sie damals sahen, und nicht das, was Sie sahen, als Sie traurig waren (vgl. Joh 12, 36). Das beste Stimulans in einer solchen trüben, matten Stimmung ist ein Mensch, der Ihrer

Müdigkeit keine Nachsicht entgegenbringt und Sie fest anpackt, denn eine Müdigkeit zu hätscheln, die keine klar erkennbare Ursache hat, wäre Sünde. Wenn Sie krank sind, ist das natürlich etwas anderes, doch wenn Sie nur auf einmal eine Müdigkeit spüren, die Sie sich nicht erklären können, dann hat sie mit Sicherheit etwas damit zu tun, daß sie das Gebet oder den Gottesdienst vernachlässigt haben oder ganz bewußt etwas unterließen, von dem Sie wußten, daß es Ihre Pflicht war. Dadurch haben Sie noch keine Sünde begangen, nur einen Fehler, von dem wahrscheinlich noch kein Mensch weiß – und doch wird immer Traurigkeit Ihre Seele befallen, wenn Sie sich vom Höchsten abkehren, das Sie erkennen und glauben durften.

Die anderen Menschen und ihr Urteil gehen Sie nichts an; achten Sie nur auf Ihr eigenes Leben, und Sie werden zum Segen für alle werden, die mit Ihnen in Berührung kommen (Joh 7,38). Kümmern Sie sich nicht um Ihre eigene Wirkung auf andere, sondern sehen Sie nur auf die Quelle, aus der Sie Ihre Kraft schöpfen, und es werden Ströme lebendigen Wassers aus Ihnen hervorbrechen, von denen Sie nichts geahnt haben. Doch wenn Sie sich von der Quelle abschneiden und sich im Hader von Gott zurückziehen, wird Ihre Müdigkeit wie eine Epidemie um sich greifen und zu einer großen Gefahr nicht nur für Sie selbst, sondern auch für Ihre Glaubensbrüder werden.

Gott, laß mich darauf sehen, daß ich allein aus Dir, dem Höchsten, das ich kenne, lebe; laß mich erkennen, daß ich nicht allein bin. Die Verzettelung, die mich auf der Höhe meines geistlichen Lebens bedroht, die Müdigkeit, die mich überwältigt, schadet auch meinen Mitmenschen. Laß mich wieder an den Ort zurückfinden, wo Deine Luft, Dein Licht und Deine Freiheit herrschen, und laß mich das, was ich dort erfahre, an andere weitergeben.

Raum für persönliche Notizen

Raum für persönliche Notizen

Leseprobe aus:
»Das gute Wort für heute«

14. JANUAR

Da sprach der Herr: Wie könnte ich Abraham verbergen, was ich tun will?

Ich sage hinfort nicht, daß ihr Knechte seid; denn ein Knecht weiß nicht, was sein Herr tut. Euch aber habe ich gesagt, daß ihr Freunde seid. ◆Euch ist's gegeben, die Geheimnisse des Himmelreichs zu verstehen. ◆Uns aber hat es Gott offenbart durch seinen Geist; denn der Geist erforscht alle Dinge, auch die Tiefen der Gottheit. ◆Die Weisheit Gottes, die im Geheimnis verborgen ist, die Gott vorherbestimmt hat vor aller Zeit zu unserer Herrlichkeit.

Wohl dem, den du erwählst und zu dir lässest, daß er in deinen Vorhöfen wohne; der hat reichen Trost von deinem Hause, deinem heiligen Tempel. ◆Der Herr ist denen Freund, die ihn fürchten; und seinen Bund läßt er sie wissen. ◆Die Worte, die du mir gegeben hast, habe ich ihnen gegeben, und sie haben sie angenommen und wahrhaftig erkannt, daß ich von dir ausgegangen bin, und sie glauben, daß du mich gesandt hast.

Ihr seid meine Freunde, wenn ihr tut, was ich euch gebiete.

1. Mose 18,17. Joh15,15. Mt 13,11. 1. Kor 2,10. 1. Kor 2,7. Ps 65,5. Ps 25,14. Joh 17,8. Joh 15,14.

15. JANUAR

Und der Herr suchte Sara heim, wie er gesagt hatte, und tat an ihr, wie er geredet hatte.

Bei Gott ist mein Heil und meine Ehre, der Fels meiner Stärke, meine Zuversicht ist bei Gott. ◆David aber stärkte sich in dem Herrn, seinem Gott. ◆Gott wird euch gnädig heimsuchen und aus diesem Lande führen in das Land, das er Abraham, Isaak und Jakob zu geben geschworen hat. ◆»Ich habe gesehen das Leiden meines Volkes, das in Ägypten ist, und habe sein Seufzen gehört und bin herabgekommen, es zu erretten. Und nun komm her, ich will dich nach Ägypten senden.« Dieser Moses führte sie heraus und tat Wunder und Zeichen in Ägypten, im Roten Meer und in der Wüste vierzig Jahre lang. ◆Es war nichts dahingefallen von all dem guten Wort, das der Herr dem Hause Israel verkündigt hatte. Es war alles gekommen.

Denn er ist treu, der sie (die Hoffnung) verheißen hat. ◆Sollte er etwas sagen und nicht tun? Sollte er etwas reden und nicht halten? ◆Himmel und Erde werden vergehen; aber meine Worte werden nicht vergehen. ◆Das Gras verdorrt, die Blume verwelkt, aber das Wort unseres Gottes bleibt ewiglich.

1. Mose 21,1. Ps 62,8. 1. Sam 30,6. 1. Mose 50,24. Apg 7,34.36. Jos 21,45. Hebr 10,23. 4. Mose 23,19. Mt 24,35. Jes 40,8.

16. JANUAR

Der Herr sieht.
Gott wird sich ersehen ein Schaf zum Brandopfer.

Siehe, des Herrn Arm ist nicht zu kurz, daß er nicht helfen könnte, und seine Ohren sind nicht hart geworden, so daß er nicht hören könnte. ◆Es wird kommen aus Zion der Erlöser, der abwenden wird alle Gottlosigkeit von Jakob.

Wohl dem, dessen Hilfe der Gott Jakobs ist, der seine Hoffnung setzt auf den Herrn, seinen Gott. ◆Siehe, des Herrn Auge achtet auf alle, die ihn fürchten, die auf seine Güte hoffen, daß er sie errette vom Tode.

Mein Gott aber wird all eurem Mangel abhelfen nach seinem Reichtum in Herrlichkeit in Christus Jesus. ◆Der Herr hat gesagt: Ich will dich nicht verlassen und nicht von dir weichen. So können auch wir getrost sagen: Der Herr ist mein Helfer, ich will mich nicht fürchten; was kann mir ein Mensch tun? ◆Der Herr ist meine Stärke und mein Schild; auf ihn hofft mein Herz, und mir ist geholfen. Nun ist mein Herz fröhlich, und ich will ihm danken mit meinem Lied.

1. Mose 22,14. 1. Mose 22,8. Jes 59,1. Röm 11,26. Ps 146,5. Ps 33,18.19. Phil 4,19. Hebr 13,5,6. Ps 28,7.

17. JANUAR

Isaak war ausgegangen, um zu beten auf dem Felde gegen Abend.

Laß dir wohlgefallen die Rede meines Mundes und das Gespräch meines Herzens vor dir, Herr, mein Fels und mein Erlöser.

Wenn ich sehe die Himmel, deiner Finger Werk, den Mond und die Sterne, die du bereitet hast: Denn was ist der Mensch, daß du seiner gedenkst, und des Menschen Kind, daß du dich seiner annimmst? ◆Groß sind die Werke des Herrn; wer sie erforscht, der hat Freude daran.

Wohl dem, der nicht wandelt im Rat der Gottlosen noch tritt auf den Weg der Sünder noch sitzt, wo die Spötter sitzen, sondern hat Lust am Gesetz des Herrn und sinnt über seinem Gesetz Tag und Nacht! ◆Laß das Buch dieses Gesetzes nicht von deinem Munde kommen, sondern betrachte es Tag und Nacht. ◆Das ist meines Herzens Freude und Wonne, wenn ich dich mit fröhlichem Munde loben kann; wenn ich mich zu Bette lege, so denke ich an dich, wenn ich wach liege, sinne ich über dich nach.

1. Mose 24,63. Ps 19,15. Ps 8,4.5. Ps 11,1.2. Jos 1,8. Ps 63,6.7.

hänssler

Was mich betrifft – Lebensworte für jeden Tag

Mit Worten der Bibel durch den Tag und durch das Leben

Die »Lebens-Worte« sind für Menschen gesammelt und zusammengestellt worden, die anderen missionarisch und seelsorgerlich weiterhelfen wollen, die einen kleinen Ratgeber für biblische Lebenshilfe suchen, die für sich und andere nach Gottes Verheißungen und Geboten fragen

Die »Lebens-Worte« bieten ausgewählte Bibelverse für Situationen und Fragen des Glaubens und Lebens:

* zu Grundfragen jedes Menschen
* zu Einstiegsfragen des Christseins
* zum Wachstum des Glaubens
* zur »Seelsorge an der eigenen Seele«
* zum Christsein in den vielfältigen Fragen des täglichen Lebens.

Dazu gehören Themen wie:

* die Frage nach Gott
* Gottes Plan für mich
* Liebe, Ehe und Familie, Sexualität
* Angst
* Krankheit
* Zweifel ...

Gottes Zusagen und Weisungen
– für zu Hause und unterwegs